예배와 삶의 일치

무너진
세계를 재건하라

고든 맥도날드 지음
박 가 영 옮김

비전북출판사

예배와 삶의 일치

복음에는 하나님의 의가 나타나서

믿음으로 믿음에 이르게 하나니; 기록된바,

"오직 의인은 믿음으로 말미암아 살리라" 함과 같으니라.

로마서 1 : 17

무너진 세계를 재건하라

2판 1쇄 발행 : 1999년 3월 15일
2판 2쇄 발행 : 2006년 4월 30일

저 자 : 고든 맥도날드
역 자 : 박가영
발행인 : 이원우 / 발행처 : **비전북출판사**
주 소 : (413-832) 경기도 파주시 교하읍 문발리 535-13호
전 화 : (031)955-4421 / 팩 스 : (031)955-4432
E-mail : vsbook@hanmail.net
등록번호 : 제10-1452호

공급처 : **미스바출판유통**
전 화 : (031)955-4433 / 팩 스 : (080)300-9191

Copyright ⓒ 1999 **비전북출판사** Printed in Korea
값 10,000원

ISBN 89-5750-021-9 03230

나의 무너진 세계를 재건하는 데
도움을 준 많은 이들 중에서도
가장 중심이 되어 준
"게일 맥도날드"와 "에인젤스"에게
이 책을 바친다.

서 문

풋내기 목사였을때, 나는 스코틀랜드인 설교자요 학자, 그리고 달변가이기도 했던 아더 가쉽(Arthur Gossip)이 쓴 아주 감동적이며 기운을 북돋아 주는 설교를 하나 읽었다. 그분은 아내가 고통 속에서 세상을 떠난 후 자신에게, 또 성도들에게 "삶이 휘청거릴 때 어떻게 하면 좋을까요?"라는 설교를 했던 것이다. 무슨 이유에서건 당신을 둘러싼 세계가 산산조각나 버릴 때, 살아있다는 것에 감사할 뿐 또 무슨 일을 할 수 있을 것인가? 당신이 존재하던 어떤 구조 전체가 딱딱한 마룻바닥에 떨어진 귀중한 꽃병마냥 산산이 부서질때, 그 조각들이 과연 모아져서 신기한 회복의 기적에 의하여 다시 잘붙게 되 본래의 아름다움과 쓸모있음을 뽐낼 수 있을까? 험프티 덤프티(Humpty Dumpty - 동요집 '마더 구스'에 나오는 달걀 모양의 인물, 담장에서 떨어져 산산조각이 나서 원상 복구되지 못했다 : 역주)가 일단 와장창하고 깨져버렸을 때, 왕이 거느린 그 모든 말과 시종들은 그 깨진 몸 조각을 잡석 더미로 넘겨주며 한탄하는 것 외에 또 무슨 일을 할 수 있겠는가?

그것이 바로 하나님께서 예레미야서에서 말씀하고 계신 문제라고 할 수 있다. 하나님께서는 종에게 명령하셨다. "너는 일어나 토기장이의 집으로 내려가라 내가 거기서 내 말을 네게 들리리라 하시기로 내가 토기장이의 집으로 내려가서 본즉 그가 녹로로 일을 하는데 진흙으로 만든 그릇이 토기장이의 손에서 파상(破傷)하매…." 여기서 잠시 이야기를 중단해 보자.

그 다루기 어려운 진흙이 토기장이의 손에서 말을 듣지 않을 때, 망가진 그릇은 그저 내던져지고 말 것인가? 결코 그렇지 않다! 예레미야의 이야기는 계속된다. "그가 그것으로 자기 의견에 선한 대로 다른 그릇을 만들더라"(렘 18 : 2-4). 예레미야에게 주신 하나님의 메시지, 찬양과 겸양함, 소망을 격앙시키는 회복의 은혜를 담은 그 메시지는 세기를 거슬러 내려와 고든 맥도날드(Gordon MacDonald)를 통하여 우리에게 전해지고 있다.

몇 년 전 내가 만약 '미국 선교 사업에서 가장 뛰어난 지도자 열 명을 대라'는 질문을 받았다면, 나는 서슴치 않고 내 친구 고든 맥도날드를 리스트에 포함시켰을 것이다. 나는 어릴 때부터 그와 친하게 지내 왔고, 그의 성장을 지켜보면서 그가 진짜 내 가족인 것처럼 자랑스러움을 느꼈다. 그것은 하나님께서 선택하신 종과, 그가 가진 열매맺는 재능을 허락하신 하나님께 드리는 감사에서 나오는 진정한 그리스도인으로서, 베스트 셀러 작가로서, 끊임없이 요청이 오는 강연회의 강사로서, 마지막으로 헌신적인 남편이자 아버지로서, 그는 복음 사역의 행동파로서 영적인 모델이라고 할 수 있었다. 그런데 별안간 그의 세계는 무너져 뒹굴었다. 그동안 쌓아온 경력은 요란하게 끼익 소리를 내며 곤두박질쳐 버렸다. 도처에 도사린 악한 영의 세력에 맞서온 우리 그리스도인들의 절대 끝나지 않는 전쟁 속에서, 그는 또 한 사람의 눈에 띄는 사상자가 된 셈이었다. 그러나 이것이 이야기의 마지막이 아님을 나는 기쁜 마음으로 덧붙이고 싶다. 또한 그로 인해 소망의 메시지가 가득 담긴 이 책이 나왔다는 것도 말하고 싶다.

디트리히 본회퍼(Dietrich Bonhoeffer)가 "진정한 남자다움"이라고 부른 자제심에 대해 잘 숙고해 보면서, 나의 친구이자 형제인 고든은 세속적인 호기심을 만족시키기보다는 영적인 생활에 촛점을 맞춤으로써 같은 죄인이며, 고통받는 인간이며, 투쟁자들인 우리 모두를 돕기 위해서 자신의 체험을 기꺼이 밝히고 있다.

그가 물론 심리학자의 역할을 맡은 것은 아니지만, 자신과 우리의 영혼이라는 복잡한 미로를, 알렉산더 화이트(Alexander Whyte)나 오스왈드 챔버스(Oswald Chambers)에 버금가는 안목을 가지고 면밀히 조사하고 있다. 그는 우리가 저지르는 나쁜 범죄의 원인- 왜 우리는 당연히 지켜야 한다고 인식하고 있는 규범과 이상을 가지고 있으면서도 행동에 있어서는 그렇게 위선적으로 모순을 저지르는가 하는 문제를 심오한 통찰력을 가지고 분석해 주고 있다. 그는 또한 우리 내면에 은닉하고 있는, 삶을 뒤틀고 파괴하려는 성향과 공모하는 외면적인 요소에 대해서도 분석하고있다. 그렇다고해서 우리가 지은 죄에 대한 책임을 회피해도 된다고 주장하는 것은 물론 아니다.

그러나 고든은 그저 이런 기술적인 분석으로 책장을 메워버리지는 않는다. 그는 성령이 인도하는 회복의 과정, 고백으로 인한 감정적인 고뇌, 그리고 무너진 세계의 재건을 가능하게 하는 회개의 이야기를 독자와 나누고 있다.

그러므로, 설명하기도 힘든 노고를 거쳐 탄생된 이 책은, 죄에서 완전히 깨끗하게 되지 못했기에 이 세상의 명리(名利)와 육욕(肉慾)과 사심(邪心)이라는 거룩치 못한 삼위일체에 맞서 분투하는 모든 그리스도인-정말 예외가 있을 수 없는-에게 꼭 필요한 메시지라고 할 수 있겠다. 죄인의 구세주이실 뿐만 아니라 무너진 세계의 재건축자로서의 우리 주 예수님에 대한 강력한 증언으로서, 이 책은 죄가 가득한 곳에는 하나님의 은혜가 더욱 충만하다는 신약의 중심적인 진리에 대한 20세기의 가장 두드러진 증거라고 할 수 있다.

덴버 신학교
버넌 그라운즈(Vernon Grounds)

무너진 세계를 재건하라
차 례

PART 3 재건 과정

PART 4 재건을 도와주는 사람들

PART 5 개인 세계를 무너지지 않도록 하려면

PART 6 무너진 세계를 재건하라

경주를 시작하며

> "저를 같은 병원에 있는 동료 환자로
> 여겨 주십시오. 다만 조금 더 일찍
> 들어와 있었기 때문에 약간의 충고를
> 해 줄 수 있는 사람으로 말입니다."
> C. S. 루이스

젊었을 때 나는 육상과 크로스컨트리 선수로서 뛸 기회가 있었다. 이제 스타트 담당자의 탕! 하는 총소리를 듣고 총알처럼 달려나가 승리의 테이프를 향해(내가 끊으리라는 희망을 갖고) 돌진했던 그 때가 10년 전 일이 되어 버렸다.

하지만, 하긴 지금은 '잘 걷는 사람' 정도로 그치고 있지만 육상이라는 운동에 대한 나의 애정은 결코 식지 않았다. 바로 이 때문에 나는 요 근래 본 두 개의 경기가 빚어낸 극적인 드라마에 강하게 매료되었다.

첫번째 경기는 약 60년 전에 열렸던 어떤 경기를 영화로 옮겨놓은 것이었다. 그 영화, '불의 전차 (Cha-riots of Fire)'의 주인공인 에릭 리들 (Eric Liddell)은 경주자들 속에 섞여서 선두를 차지하려고 달리고 있었는데, 갑자기 균형을 잃고 트랙 안쪽 잔디 위로 무겁게 구르고 말았다. 고개를 들어 다른 경주자들이 절대 뒤돌아보지 않고 멀어져가는 모습을 응시하는 그의 얼굴을 카메라가 클로즈업했다.

그 순간은 겨우 1, 2초 정도 계속됐으나, 영화를 보고 있던 나는 그게 마치 몇 분이나 지난 듯 느껴졌다. 다시 일어날 수 있을까? 일어난다 해도 경주를 끝낼 수나 있을 것인가?

그는 일어났다! 그리고 달리기

시작했다. 나를 비롯한 영화를 보고 있던 사람들은, 리들이 그 유명한 얼굴 표정을 지으면서 이제 저만치 멀어져버린 경쟁자들의 무리를 혼신의 힘을 다해 쫓아가는 것을 보고 저도 모르게 환호했다. 결과는? 그가 이겼다. 그 것도 큰 차로 이긴 것이다

자주 생각하곤 하는 두 번째 경기는 불과 몇 년 전에 있었다. 세계 정상을 다투는 두 여성 선수가 로스앤젤레스 올림픽에서 맞붙었다. 전 세계 수백만의 사람들이 그 두 선수의 경쟁에 지대한 관심을 보이며, 그들과 다른 많은 경주자들이 스타트 라인을 박차고 나가는 장면에 채널을 맞추었다. 둘은 어깨를 나란히 하며 처음 1000미터를 뛰었다. 그 때 그들은 서로를 파악하며 전략상 중요한 순간인 선두를 차지할 기회를 준비하고 있었음이 분명하다. 그때 갑자기, 슬로우 모션 재생 카메라조차 흡족히 보여줄 수 없을 만큼 순식간에 일이 벌어졌다. 둘 중 하나가, 바로 리들 선수가 60년 전에 그랬던 것처럼 트랙 안쪽 잔디 위로 구르고 만 것이다.

그러나 이번엔 상황이 달랐다 : 잔디로 뒹굴고 만 그 선수는 일어나지 못했다. 영화에서처럼 카메라는 멀어져가는 경쟁자들을 바라보며 고통, 분노, 순간적으로 패배의 쓴 표정이 나타난 그 얼굴을 클로즈업 해 보여주었다. 그녀는 다시 일어나서, 고통과 심리적인 타격을 떨쳐버리고 그 경쟁에 다시 들어갈 생각을 해 보았을까? 나는 모른다. 그 선수 자신도 나만큼이나 몰랐으리라. 후에 다행스럽게도 그녀는 트랙으로 복귀하여 자신이 최고임을 증명할 수 있게 된 경기를 치를 수가 있었다.

잔디에 뒹굴어버린 이 두 육상 선수들의 모습은 내 마음 속 깊숙이 각인되었다. 그들은 내게 있어서는 일종의 상징과도 같았다. 사람들이 살아가면서 괴롭고 망설여지는 선택을 해 버렸거나, 다른 사람들이 저지른 일에 밀리고 상처입음으로 해서 무너질 때 '인생의 경주'에서 일어날 수 있는 상황을 보여주는 선명한 상징이었던 것이다.

이 인생이라는 트랙의 안쪽 잔디에 나가떨어진 사람들은, 위의 두 선수가 해야 했던 것과 비슷한 결정을 내려야 한다. 다시 일어날 것인가? 그렇잖으면 그저 잔디에 앉아 억울해하고 있어야 하나?

이 결정을 내려야 하는 상황에 처한 이들을 묘사하기 위해 나는 명칭을

하나 생각해 냈다. '세계가 무너져버린 사람들' - 그들에게 일어난 상황을 이만큼 잘 설명하고 있는 명칭도 없을 것이다. 특별한 목표를 정하고, 꿈에 부풀어 준비하고, 컨디션을 잘 조절하며 싸워왔던 몇 년, 그런데 실패한 것이다(대개 본인들 생각이긴 하지만). 그동안 잘 쌓아왔던 '세계'가 별안간 산산조각나 버렸다. 단 하나 남은 질문이 바로 육상 선수들에게 주어졌던 그것이리라 : 다시 일어날 것인가? 이 무너진 세계를 재건할 것인가?

나는 이 경우에 처한 사람들에 대해 무척 민감한데, 그도 그럴 것이 나 자신이 그 그룹에 속해 있기 때문이다. 이들은 그동안 해 왔던 일들을 돌아보고, 자신이나 주위 사람들에게 커다란 고민을 안겨주었던 행동들을 심히 후회하며 떠올려보는 사람들이다. 더 좋지 않은 것은, 그렇게 해왔던 일들이 하나님께 무서운 범죄가 된다는 사실이다.

내가 이 사람들과의 관계라고 부르는 것은, 보고 만질 수 있는 주위 사람들과의 관계를 말하는 것은 아니다. 그저 어떤 특정한 종류의 고통 속에서 인생을 살아가는 사람들에 주목하고 있는 것이다. 그 사람들은 사랑하는 사람과의 사별, 부정당한 대우, 학대, 고통스런 육신의 병, 가난 등으로 겪는 고통 때문이라기보다는 실수, 잘못, 그릇된 선택 등의 스스로 야기한 상처로 인해 아파하고 있다. 다른 말로 하면 나쁜 행실(misbehavior) 정도가 될까. 이런 고통을 야기시키는 행동에 대한 가장 모질지만 그래도 가장 생생한 단어는 바로 죄(sin)이다.

나중에 이스라엘이라고 불리게 된 한 나라를 하나님께서 세우셨을 때, 그분께서 지도자인 모세를 통해 문제삼고자 하셨던 것들 중 가장 첫번째 것이 바로 나쁜 행실의 문제였다. 열 개의 율법이 있었다. 하나님께 영광을 돌리는 인간 행위와, 그분과 사회를 욕되게 하고 범죄하는 인간 행위를 구분지으려는 목적으로 주신 침해할 수 없는, 타협이 없는 규율들이었다. 내가 '나쁜 행실'이라고 부르는 것, 성경이 '죄'라고 부르는 것들은 바로 이 열 가지 법과 그 하위 규율들을 범할 때 나오는 것이다.

그때나 지금이나 대개 죄를 지었을 때는 고통스런 결과가 따르며 그 결과는 직접 하나님의 손에서 나온다. 성경의 수많은 경우가 그러했다. 분명 하나님의 심판이 죄 지은 사람들에게 갑자기 덮쳤던 것이다. 조금 다른 상황도 있는데, 예를 들면 타인을 통하여 나타나는 경우이다 : 행실 나쁜 국가를 향한 적군의 침입이라든가, 죄를 지은 개인이나 가족에게 집단의 지도자를 통하여 내려지는 처벌, 사악한 왕 혹은 세속화된 교회에 예언자나 사도를 통해 주어지는 죄지은 결과의 선포가 그것이다.

많은 경우에, 그 결과는 나쁜 행실로 인한 결정적인 사건을 통하여 나타나게 된다. 하나님의 법은 하나님으로부터 나오며 또한 인생의 계획하심 속에서 우리에게 이로운 것이므로 반드시 지켜져야 한다. 그것을 어길 때 해로운 결과가 오는 것이다. 사람들은 서로 해하고 빼앗고 중상모략하고 죽이기까지 한다. 그런 행위는 고통, 슬픔, 분노, 애달픔, 그리고 복수로 이어지게 된다.

나쁜 행실에 대한 결과는 보통 빨리 나타나지만, 그 행위가 그냥 슬쩍 넘어가는 사람의 경우도 있다. 한 마디로 '나쁜 짓이 들키지 않고 넘어가는' 삶을 사는 사람들, 그들은 누구에게도, 어느 것에도 아무런 책임이 없는 듯 보여진다.

시편 73편에서 기자(記者)는 나쁜 짓을 들키지 않고도 잘 사는 이들이 있다는 개념에 대해 다소 혼란해하고 있는 듯 보인다.

> 이는 내가 악인의 형통함을 보고 오만한 자를 질시하였음이로다
> 저희는 죽는 때에도 고통이 없고 그 힘이 건강하며
> 타인과 같은 고난이 없고 타인과 같은 재앙도 없나니 ⋯
> 살찜으로 저희 눈이 솟아나며 저희 소득은 마음의 소원보다 지나며
> 저희는 능욕하며 악하게 압제하여 말하며 거만히 말하며 ⋯
> 말하기를 하나님이 어찌 알랴 지극히 높은 자에게 지식이 있으랴 하도다
> (시 73 : 3-11)

시편 기자는 들키지 않고 넘어갈 수 있다는 게 자신에게는 해당되지 않기에 혼란해한다. 그의 일생에 행하는 모든 나쁜 행실이 하나님의 감찰하심 아래 있으며, 그 행동이 드러났을 때 해당하는 댓가를 치루기 때문이다. 그에게 있어 하나님의 법은 한 순간 모순되며 변덕스럽고(그의 좁은 생각으로는) 다소 불공평해 보이는 것이다.

사실이다. 하나님께서 그릇된 행동을 한 인간들을 가르치시고 벌하시는 이유와 그 방법에 대해 성경을 연구해 보면 결론을 내리기가 상당히 힘들다는 것을 알 수 있다. 살인을 하고도 하나님의 끊임없는 축복 속에서 충만한 삶을 살아가는 이가 있으며, 안식일에 땔감을 조금 모았다고 사형당하는 이가 있다. 악한 행실로 인해 어떤 왕은 왕국이 완전히 멸망하는 심판을 받으나 개인적으로 회개하여 오래오래 사는가 하면, 어떤 병사는 전리품을 장막 안에 감추었다가 돌에 맞아 죽는다.

이 모든 사실은, 나쁜 행실의 결과만을 보고 누가 더 나쁘다 하고 왈가왈부 할 수 없음을 보여주고 있다. 거기서 얻는 메시지는? 모든 나쁜 행실은 심각한 것이며 하나님 보시기에는 죄라는 것이다. 그러므로 사람이 올바르게 행동하지 않을 때 생길 결과를 하나님 외에 누가 알 수가 있겠는가?

대다수의 경우로 봐서, 인간이 죄를 지을 때 눈에 보이는 파괴적인 결과가 온다는 사실에 어느 누구도 이의를 제기할 수 없을 것이다. 대부분 그 결과들은 인간이 평생 쌓아 온 명성과 책임, 심지어는 안전까지도 완전히 황폐화시켜 버린다. 정직함과 존경, 신용은 말할 것도 없고, 그동안 맺어왔던 관계조차 끊어질 위기에 처한다. 이혼의 경우가 그렇고, 친한 친구간이나 사업 동료들간의 불화를 보라. 직업을 가질 권리가 전문적인 운영자들에 의해 거부당하는 경우도 있다. 이 모든 것들이 나쁜 행실로 인한 결과로 산산조각나는 개인 세계의 일부분들이다.

소련의 체르노빌 핵 발전소가 터졌을 때, 그 공장의 관리자들만 고통받은 것이 아니다. 그 근처에 살고 있는 몇 천 명의 사람들이 집을 잃고, 확산되는 방사능 때문에 수백 만이 먹을 식량 공급이 심각한 영향을 받았다. 그것처럼, 무너진 세계라는 것은 잘못을 저지른 사람 혼자만의 피해로 끝나는 것이 아니다. 발전소가 터질 때 주위의 몇 천 명이 쏟아지는 낙진으로 피해를 입었듯, 무너진 세계의 여파로 수십 명의 정직한 사람들이 피해를 당하게 된다. 하나님 보시기에 좋지 않은 행동을 저지를 때 많은 손실이 뒤따르며, 그 손실은 주위 사람들에게 순식간에 퍼지고 심지어는 몇 대를 내려가며 계속될 수도 있는 것이다.

성경 말씀대로 모든 사람이 죄를 범하였고 그릇된 행동을 한 자들이라면,

가장 엄격하게 말해 우리 모두는 '세계가 무너져버린 사람들'이다. 그러나 이 책에서, 나는 심상찮은 결과를 낸 스캔들이나 큰 손실, 심각하게 오래 끄는 고통을 가져온 행동이나 인간 행위만을 다루기 위해 인위적인 선을 하나 그어야 했다. 이 선을 넘어가는 행위에 관해서는, 나는 독자 스스로 정의를 내려주기를 원하는 바이다.

나는 세계가 무너져버린 사람이다. 몇 년 전에 결혼 서약을 저버렸기 때문이다. 나는 남은 일생동안 아내와 자식들과 친구들과, 몇 년 동안이나 나를 신뢰해 온 다른 사람들에게 깊은 슬픔을 가져다 주었다는 사실을 안고 살아야 할 것이다.

무너진 세계를 재건함으로써 이 치명적인 타격을 극복했을 뿐만 아니라 그 결과로 얼마간의 활력과 생기를 얻게 되었다는 것은, 게일과 내가 나누는 결혼 생활이 어렵지만 못지 않게 질기다는데 대한 증거가 된다. 재건 과정은 나의 죄와 실패에 대한 소식이 공공연한 사실이 되기 오래 전에 시작되었으며, 회개와 용서, 은혜, 그리고 삶의 새 방향을 정하는 일에 촛점을 맞추었다. 이것은 철같이 단단한 띠로 무장한 귀중한 사랑을 우리에게 가져다 주었다.

'무너진 세계를 재건하라(Rebuilding Your Broken World)'는 나쁜 행실들만을 모아 쓴 자서전이 아니며, 자기연민이나 변명을 늘어놓은 작품은 더욱 아니다. 이 책은 다음과 같은 전제로 시작한다. 잘못을 저지른 인간은 솔직함과 책임감, 의무를 자각하고 하나님 전으로 나아가야 한다는 것이다. 이 원칙을 가장 먼저 이해하지 못한다면 이 책의 나머지 내용은 아무 소용이 없다.

나쁜 행실을 하게 만드는 비통한 원동력에 대해 독자들은 오해하지 않기를 바란다. 죄짓기 더 쉬운 환경에 대해 말한다고 할 때 내가 환경 탓을 하고 있다고 생각지 말아 주기를 바라는 것이다. 다만 C.S.루이스(C.S.Lewis)가 말했듯이 만약 내가 병원 안에서 일어나는 일들(나의 경험)에 대해 조금이라도 충고를 해주게 된다면, 그 충고로 인해 사람들이 짓는 죄악을 둘러싸고 있는 배경에 대해 필연적으로 잘 숙고해 보게 될 것이다.

이 책은 내가 지금까지 써온 책들 중 가장 쓰기 힘들었다. 때로는 내가 하나님의 회복의 은혜에 대하여 쓰려고 할 때마다 방해하는 악한 영이 힘쓰는 듯 보이기도 했다. 그게 정말이었다면 나는 여기 쓰인 말들 - 안식과 은혜의 말들이 다른 이들을 위하여 쓸모있고 은혜로이 읽힐 수 있으리라 생각한다.

나는 도처의 세계가 무너져버린 사람들과의 (앞에서 말한) 관계를 의식하게 되었기에 이 글을 쓴 것이다. 많은 사람들이 내게 편지를 보냈고, 내 전화번호를 알게 된 이들은 전화를 했으며, 직접 방문한 사람도 몇 있었다. 그런 사람들이 대단히 많이 있으며, 몇 번이고 되풀이하여 비슷한 질문들을 하고 있는 것을 나는 알게 된 것이다. 내 세계가 재건될 수 있을까요? 내가 정말 가치있는 사람입니까? 다시 귀하게 쓰임받을 수 있을까요? 그런 잘못을 한 후에도 살 인생이 남아 있단 말씀입니까?

나의 대답은 '그렇습니다'이다. 그것이 바로 은혜인 것이다. 놀라운, 용서와 치유의 은혜가 모든 것이 새로워질 수 있음을 말하고 있다. 나는 하나님과 다른 많은 이들이 내게 주신 그 은혜에 대하여 앞으로 말하고자 한다.

어렸을 때 나는 부모님이 소중히 여기시는 램프를 떨어뜨린 적이 있었는데, 바닥에 부딪힐 때 세라믹으로 된 몸체 한 쪽에 그만 금이 가고 말았다. 그 때 방 안에 혼자 있었기에 나는 램프를 다시 식탁에 올려놓고 금간 데가 보이지 않게 슬쩍 돌려놓았다. 그것은 며칠 동안 그대로 놓여 있었고, 나는 아침에 일어날 때마다 "자, 오늘이야말로 부모님이 깨진 걸 발견하시고 불같이 화를 내시겠구나!"하며 두려움에 휩싸이곤 했다.

그분들이 램프에 가까이 가실 적마다 나는 몸이 얼어붙는 느낌이었다. 깨진 곳을 발견하셨을 때 그분들이 보이실 반응을 나는 눈앞에 그려 보았는데, 대결의 순간이 지연될수록 그 그림은 점점 지독해져 갔다.

그 날이 왔다. 어머니께서 램프의 먼지를 털다 금을 발견하셨다. "네가 그랬니?" 나는 "네"라고 겨우 대답하고는, 마음을 다잡고 무슨 일이 있었던가를 말씀드렸다.

어머니는 아무 말씀도 없으셨다. 그것을 부엌으로 가져가서는 갈라진 부분을 접착제로 붙이셨을 뿐이다. 램프는 다시 단단히 붙었고, 몇 시간이 지나 마르자 다시 테이블로 돌아올 수 있었다. 금간 자국은 항상 보였으나 분명 다시 회복된 것이다. 그리고 몇 년 동안 제 구실을 다 했다.

무너진 세계는 언제나 금간 자국을 가지고 있어 우리로 하여금 과거를 떠올리게 만든다. 그건 어쩔 수 없는 현실이다. 그러나 하나님의 은혜는 어머니가 램프에 사용하셨던 접착제같은 것이어서, 다시 붙은 부분은 원래 부분보다 더 튼튼해지는 것이다.

이 책에는 나의 재건 과정동안 참으로 중요한 도움을 주었던 핵심구들이 있다. 나는 그것들을 도처에 있는 '세계가 무너져버린 사람들'과 나눈다. 금간 램프가 아직 발견되지 않았거나, 발견된 후의 여파에 휩쓸려 살고 있는 남녀들과 나눈다. 내 주위의 수많은 신실한 하나님의 사람들이 내게 준 사랑과 애정을 통해 내가 경험한 것을 그들이 알게 되기를 바란다. 무너진 세계는 재건될 수 있다는 사실을.

어쩌면 나는 이 서론을, 알콜 중독자 갱생회(Alcoholics Anonymous)의 일원이었던 사람들에게는 퍽 익숙한 말로서 시작해야 할런지도 모른다. 나는 고든이고, '세계가 무너져버린 사람'입니다 라고. 갱생회의 전통에 따르면, 모임에서 말하게 되는 사람은 누구나 다음과 같은 선서로서 시작한다는 것이다. "나는 OO이고, 알콜 중독자입니다. 내가 마지막으로 술을 입에 댄 것은 ···"하는 식으로 말이다. 나는 우리 기독교 공동체의 모임에서도 비슷한 방법으로 서로를 소개해야 한다고 생각한다. "나는 고든이고, 죄인입니다." 이것이 바로 우리가 예수님 전에 모일 때 진정으로 결합될 수 있는 근본적인 맹세이리라. 그런 선언이 기분좋게 들릴 리는 없지만 그럴 때만이, 십자가로 가까이 갈 때만이 우리는 더 이상 죄인이 아니다. 그때 바로 놀라운 일이 일어난다. 무너진 세계가 재건되기 시작하는 것이다.

인생의 경주에서 안쪽 잔디로 한 번도 넘어지지 않은 주자는 아마 없을 것이다. 대부분이 그 고통스러운 순간을, 경기를 그만 두고 라커룸으로 향하느냐 다시 일어나 달리느냐의 생각으로 마음 속에서 전쟁을 치른 경험을 나름대로 가지고 있다. 이 책은 잔디를 박차고 일어나 다시 인생의 경주장으로 들어가기로 작정한 한 넘어진 달리기 선수에 의해 쓰여진 것이다.

이 책을 쓰는 데 있어 27년간을 함께 해 온 신실한 동료인 게일만큼 많은 도움을 준 사람도 없을 것이다. 우리는 문단 하나하나를 꼼꼼히 검토해 보았으며, 장마다 놓고 기도하고, 자기 연민이나 변명이 보이는 내용이 혹 있는가 원고를 구석구석 뒤져가며 보았다. 이 글을 쓰면서 우리가 나눈 친교란 얼마나 소중한지! 나는 그녀를 마음으로 깊이 사랑하며 또 존경하고 있다. 그녀는 단순한 친구 이상의 존재이다.

그밖에 아이들과 형님, 부모님, 매사추세츠 렉싱턴에 있는 그레이스 채플의 상임 목사님과 많은 분들, 격려해 준 그 모든 분들께 감사한다. 그리고 예전에 게일과 나를 둘러싸고 우리의 무너진 세계가 재건될 것임을 확실히 해 준 놀라운 하나님의 사람들 '에인젤스'에게 감사하며, 그들과 아내에게 이 책을 바친다. 마지막으로, 내 오랜 친구이자 발행인이 되어준 빅터 올리버에게 감사한다. 내가 저술가가 될 수 있도록 도움을 준 그를 결코 잊지 못할 것이며, 내 평생에 빚진 자임을 고백한다.

1988년 5월
뉴 햄프셔 주 캔터베리에서
고든 맥도날드

CHAPTER1

무너진 세계

재난을 소재로 한 영화를 좋아하는 사람들이 있다. 난 전혀 좋아하진 않지만 늦은 밤 잠이 오지 않을 때 텔레비전에서 하는 것들을 잠깐씩 보았기 때문에 어느 정도 알고는 있다. 내가 보기에 그것들은 사람이라면 누구나 공통적으로 두려워하는 것, 예를 들어 상식적으로 무너질 리가 없다고 여기는 거대한 것이 무너질 징조가 보인다거나 하는 소재를 이용, 줄거리를 만드는 것 같다. 그러기에 거대한 원양 정기선이 침몰한다든가 지진으로 인해 거대도시들이 붕괴되고 한 나라 전체가 별안간 커다란 곤충이나 선사시대 파충류로 들끓는 등

> 개인 세계가 무너진다는 것은 결코 희귀한 경험이 아닌 누구에게나 일어날 수 있는 일이다. 그렇게 될 때 우리는 그 손상을 감내할 수 없게 될 수도 있다. 이것에 대해서는 예외가 없다.

등의 영화들이 나오는 것이다. 이런 재앙을 주제로 하는 SF 영화들의 소재에서 빼놓을 수 없는 것이 바로 외계로부터 오는 물체들, 지구를 향해 곧바로 날아오는 커다란 운석이나 별같은 것이다. 만약 방문자의 경로가 바뀌지 않는다면 지구와 그 모든 생물체들의 생태계는 단번에 박살이 나버릴 게 틀림없다. 그래서 이런 B급 영화 속 등장인물들은 그 결과를 막는 방법을 찾기 위해 동분서주한다.

재앙을 주제로 하는 영화의 또 다른 종류라 하면 아주 다루기 곤란한 악한이 나오는 얘기를 들 수 있을 것이다. 그는 지구를 날려버릴

만큼 강력한 폭탄을 숨겨두고, 위협하기 위해 온 인류를 인질로 삼으려고 든다. 그 가공할 폭탄이 어디 숨겨져 있으며 어떻게 작동하는지는 오직 그 악당만이 알고 있고, 보통 그 영화의 영웅(또는 영웅들)은 폭탄이 막 터지기 직전에 소재를 파악하고는 제거해 버린다. 이런 영화들은 꽤 재미를 보며 오래 상영되는데, 누구나 결과 - 결국 악당은 파멸하고 영웅은 승리한다는 해피 엔딩 - 를 잘 예측할 수가 있기 때문에 놀라기보다는 즐거워하며 영화를 감상하곤 한다.

그러나 기억할 것은, 이것들은 행복한 결과를 봐야 직성이 풀리는 옛날 영화라는 사실이다. 나는 그런 종류들 중에 외계의 운석이나 또는 악당이 역할을 해내어 지구를 산산조각내버리는 내용을 지금까지 본 적이 없지만, 사람들이 말하는 '영화광'이 아니라서 꼭 확신할 수는 없다. 요즘에는 기괴한 스릴을 갈망하고 있는 관객들을 즐겁게 해 줄 목적으로 끔찍한 재난으로 끝을 맺는 작품들도 있다고 하니 말이다.

이미 말했듯이 그런 영화는 내게 아무 영향도 끼치지 않지만, 그 중 몇 개에서 나는 인생의 은유를 읽는다. 우리의 개인적인 세계가 우리 힘으로는 어쩔 수 없는 운석같은 힘에 의해서 부서지거나, 우리 자신의 내면 깊숙한 곳으로부터 나오는 폭발적인 힘에 의해 붕괴되는 등 갑자기 위협받고 곧이어 조각조각 부서질 때 일어나는 일에 대한 상징으로 볼 수가 있는 것이다.

이런 영화속의 은유에서 나는 무너진 세계(broken world)라는 것이, 스스로 자초하거나 다른 사람이 저지른 운이 나쁜 행동 혹은 배반의 결과로 크나큰 타격을 입을 때 일어나는 일을 묘사하는 데 꼭 들어맞는 말임을 단번에 알 수 있었다. 나는 그것들이 영혼에, 마음에, 육신에, 인간관계에, 명성에, 개인적인 유용함에 끼치는 재앙을 생각해 본다.

우리는 '세계'라는 단어를 보통 지구와 그 안의 모든 생태계를 지칭하는 데 사용한다. 하지만 나는 한 인간의 존재를 언급할 때도 무척 도움이 되는 단어라는 것을 알게 되었다. 세계라는 것은 한 인간의 생활과 친분관계, 소유권이나 에너지, 능력, 감정, 고통이나 기쁨, 소명과 선택같은 복잡한 개념을 적절히 응축하여 표현할 수 있다.

대략 추측해 본다면 50억이 넘는 개별적인 인간들이 가진 '세계'가 각각 살아 있으며, 이 지구 위에서 공간을 차지하며 살아가고 있는 것이다. 50억! 그리고 빙산의 일각이라는 말이 가리키는 비율처럼, 7분의 1인 외면의 세계 (the public world)만이 다른 사람에게 보여지고, 나머지 7분의 6인 내면 세계(the private world)는 하나님 외에는 누구에게도 보이지 않는 세계가 되어 있다.

우리의 세계중 외면의 영역은 우리가 가능한 한 밀어부치는 데까지 확장된다. 할 수만 있다면 우주의 가장자리까지도 넓힐 수 있는 것이다. 이 외면의 영역에서 우리는 다른 인간들, 그리고 다른 피조물들과 부딪히며 산다. 또 흥미를 가지고 주의를 기울이기만 한다면 우리는 주님이 만드신 이 모든 것들 안에서 스스로를 나타내심에 따라 창조주인 그분의 음성을 들을 수도 있다.

또한 내면의 영역도 있다. 우리를 싸고 있는 거죽 아래, 우주가 육적인 차원에서 확장 영역이듯 내면의 공간도 영적인 차원에서 그만큼 광범위하다. 창조주 하나님의 확신과 인도, 은혜의 음성을 들을 수 있는 곳이 이 내면 세계이다. 그러나 우리가 악함(evil)이나 죄악(sinfulness)이란 단어로 정의할 수 있는 어둡고 그늘진 세력이라는 섬뜩한 진실이 있는 곳 역시 이 내면 세계인 것이다. 많은 사람들이 이 차원에 대해 말하기를 꺼리지만, 이것에 대해 무지(無知)하거나 무시하게 된다면 결국 붕괴로 가는 우리의 약점을 나타내는 꼴밖에 되지 않을 것이다. 하나님께서 속삭이신다면, 악한 영은 대개 소리친다. 그 외침에 우리가 주의를 기울이게 될 때 개인 세계는 무너지는 것이다.

여러분이 나같이 사람 사귀기 좋아하는 부류라면 주위 사람들의 공적 세계와 내면 세계에 대해 알고 싶어할 것이다. 그것은 대개 이런 인사를 하면서 시작된다. "요즘 어떻게 지내세요?" 가끔은 만난 그 사람 기분이 어떤가를 함께 나누고 싶어 묻기도 한다. 수박 겉핥기의 수준을 넘어 상대방이 흥미를 가지고 있거나 마음을 두고 있는 게 뭔가를 알고 싶어질 때는 이런 질문으로 대화를 시작한다. "요즘 개인적으로 가장 중요한 생각거리가 뭔지 두세 개만 말해 주시겠습니까?"

꽤 많은 사람들이 이렇게 응답을 해 온다. "그렇게 물어오는 사람이 아무도 없었는데." 하지만 그런 질문들을 받음으로써 대개 사람들은 질문의 대답을 여러모로 생각해 보고, 현재 자기 기분이 어떤가를 살피고 중대한 우선사항을 정리하는 등의 자기 진찰의 기회를 얻게 된다. 그들은 일어나는 사건들과 주위 환경을 어떻게 받아들이며 사는지 말해줄 수도 있고, 두번째 질문에 대한 대답으로, 자신에게는 중요하나 다른 이들은 전혀 상관하지 않는 일을 털어놓기도 한다.

여러분이 이런 개인 세계에 대한 질문을 하는 버릇이 붙게 된다면 곧, 내가 알게 되었듯이, 사람들의 세계는 외면과 내면의 면이 통합되어 설명되어야 함을 알게 될 것이다. 그것들 중 상당수가 심하게 무너질 것인데, 개인 세계란 대단히 부서지기 쉬워서 마치 우아한 샴페인 술잔이 강력한 소리 진동이 연속될 때 깨지는 것처럼 스트레스를 받으면 산산조각날 수가 있다. 나는 이런 식으로 상처입은 사람들을 '세계가 무너져버린 사람들'이라 부른다.

텔레비전 카메라는 사실 이 세계가 산산조각난 사람들을 클로즈업하여 뉴스 때마다 내보내고 있는 것이다. 테러 행위, 기아, 비행기 추락이나 기차 폭발, 에이즈같은 질병에의 공포 속에서 개인 세계는 무너진다. 잔혹한 강간 행위라든가 강도질, 마약에 취했거나 혹은 전쟁의 기억 때문에 괴로운 청부 살인자에 의한 터무니없는 살인 행위, 음주 사고, 폭탄 또는 신경 개스를 실은 유도탄에 의해서도 그 세계는 찢겨나갈 수 있다. 세계를 무너뜨리는 방법을 나열하자면 끝이 없을 것이며, 따르는 고통도 말로 못한다. 그 와중에 살아남은 사람들도 보통 일생 동안을 정신적 충격 속에서 고통받으며 살게 마련이다.

도시의 거리, 교외, 시골에서조차 가정은 무너진 세계 때문에 그림자가 드리워져 어둡다. 결혼생활을 청산하려는 부부 때문에 가족간의 불화는 지독하다. 게다가 거기서 생기는 부작용을 오랫동안 안고 살아야 할 아이들을 비롯, 친척들이 있는 것이다. 직장에서의 해고 또는 임시 휴직은 당사자의 무능력이나 태만 뿐만이 아닌 정치의 잘못이나 경제 침체, 서투른 경영에서 오는 결과일 수도 있다. 건강을 해칠 때, 잘못된 결정을 했을 때, 사고가 생길 때 개인 세계는 한 마디 경고도 없이 무너져내린다. 그럴 때마다 우리는 그 무너진 세계라는 것이 어떤 다른 사람에게 일어나는 게 아님을 깨닫게 된다. 바로 우리 자신에게 일어나는 것이다.

'세계가 무너져버린 사람'의 좀더 특별한 부류로는, 잘못된 선택을 하고 하나님과, 자신과, 그가 사는 사회가 정해놓은 기준에 어긋나는 행동을 하는 사람이 있다. 대개 그는 선택의 결과를 거둬들인다. 세계가 산산조각나고, 결과의 여파에 따라 그를 둘러싸고 있던 이들의 세계도 무너질 수가 있다. 개인적인 실수나 약점, 실패로 인해 자신의 세계를 허물어뜨리는 사람이 바로 이 책에서 내가 가장 주목하여 다루고자 하는 모델인 것이다.

만약 여러분이 미국 야구에 열광하는 사람이라면, 한때 전(前) 브루클린 다저스의 뛰어난 투수로 활약한 랠프 브랜카(Ralph Branka)의 이름을 기억할 것이다. 다저스의 우승에 많은 역할을 해 온 투수로 기억하는 사람도 있지만, 조금 늙은 사람들이 기억하는 브랜카는 1951년 어느 가을날에 있었던 내셔널 리그 결승전 경기에 머물러 있을 것이다. 9회 말, 브랜카는 뉴욕 자이언츠의 바비 톰슨 선수를 맞았다. 다저스는 그때 5대 3으로 앞서고 있었고, 브랜카의 임무는 톰슨 선수가 그 스코어를 바꾸지 못하도록 확실히 해두는 것이었다. 그러나 톰슨도 자기 임무에 충실했던 것이다.

브랜카에게는 안됐지만, 톰슨은 공을 외야의 특별 관중석까지 날려버리고는 3점을 얻어 자이언츠에 성공을 안겨 주었다. 랠프 브랜카의 '세계'가 – 완전히 무너진 않았다 해도 – 그 한 번의 투구 때문에 허물어져 버렸다. 그는 마운드에 서서, 바비 톰슨이 의기양양하게 경기장을 돌고 홈 플레이트에서 반기는 승리의 함성을 맞고 있을 동안 저 멀리 날아가 외야로 사라진 공을 보고 있어야 했다.

브랜카는 도저히 그 순간을 잊을 수가 없었으리라. 그 때부터 사람들은 그동안 성공적으로 쌓아 왔던 경력은 제쳐두고 그 불운한 사건에 대해서만 듣고 싶어했다. 브랜카는 그 사건에 대해 함구해 버렸다.

그저 놀이에 지나지 않는 야구가 아니냐 라고 대수롭잖게 여기는 이들도 있다. 프로 운동선수가 아닌 사람들에게 브랜카의 재난을 심각하게 받아들이라는 것은 무리이지만 여러분 자신이 그 프로라면 어떨까. 그 때라면 이해할 수 있으리라. 투구는 그 사람의 직업이며 소득의 원천이자 대중적인 명성의 기반이 되는 중요한 일이라는 것을. 그 모든 것이, 제대로 딱 맞은 공 하나 때문에 산산조각나 버렸다.

랠프 브랜카의 실패는 대중적인 가십거리가 되었다. 브랜카에 비해 별로 눈에 안 띄지만 더 오래 계속되는 실패의 경험을 하는 많은 사람들이 있고, 그들의 경험도 브랜카의 경험처럼 현실적이고 또 고통스러운 것이다. 누군 가의 세계가 갑작스럽든 천천히든 무너져버리게 되면 보통 희망의 문제가 제기되기 마련이다. 내일이란 게 있을까? 또 다른 기회가 있을까? 이 손실 이 영원히 계속되지나 않을까? 새로운 시작이란 게 과연 있을까? 이 무너 진 세계가 재건될 수 있을 것인가?

무너진 세계에 관해서는 몇 가지의 신화같은 통념이 있다. 내 생각에는 아주 위험한 생각들이다. 세계가 정말로 무너질 때 그들은 우리가 가진 방 어할 힘을 빼앗고, 우리를 방심하며 준비성없는 사람들로 만들어버리기 때 문이다.

■ 통 념 1

"무너진 세계라는 것은 예외일 뿐이지 반드시 그렇게 된다는 식의 규범이 아 니다."라는 것이 첫번째 통념이다. 그것들은 단지 인생의 이례적인 것일 뿐, 생각하지 않을수록 더 좋은 것이다. 그리고 사기꾼, 반역자, 그런 힘든 순간 을 지탱해나가지 못하는 똑똑하지 못한 사람들에게만 일어나는 일일 뿐, 선 하게 사는 이들에게는 해당되지 않는다. 게다가, 그런 일이 혹 생기지 않을 까 곰곰 생각하는 데 많은 시간을 들이다가는 실제로 그런 경험을 하게 되 므로 오직 행복하고 긍정적인 생각을 하며 살아가는 것이 좋다.

■ 통 념 2

"내게는 그런 일이 일어날 리가 없다."는 것이 두번째 통념이다. 우리는 어 떤 적이든 이기며 살 수 있고, 어떤 위험도 감당하고, 어떤 결과든 피할 수 있다는, 인간이 전형적으로 가지고 있는 생각이다. 착한 사람의 죽음이나 불 행을 슬퍼할 때 이 통념이 작용하는 것을 알 수 있다. 사람들은 이렇게 말한다. "왜 하필이면 그 여자한테! 그렇게 올바르게 사는 사람도 없었어. 나쁜 놈들에게나 이런 일이 좀 일어날 것이지. 왜 더없이 좋은 사람들만 이래야 하는 거지?"

■ 통 념 3

세번째는 두번째 생각을 뒤집어버린다. 이것은 "만약 내 세계가 무너져내린다 해도, 난 그 결과를 충분히 감당할 수 있다."라는 가정 하에 세워지며, 표방하고 있는 것은 다음과 같은 '논법'이다 : 난 그 결과를 잘 다룰 수 있어. 충분한 에너지와 기지, 영향력이 있고, 그동안 선한 일을 많이 했으니, 좋지 않은 일이 생겨도 완전히 없애지는 못할 망정 더 악화되진 않겠지. 사실 하나님도 이건 뭐라 못 하실 거야.

우리는 이 통념들에 반박하기 위해 간단한 규율을 몇 개 내놓아야 하겠다. 그렇게 하지 않는다면 우리는 어느새 달아나기 힘든, 세계를 무너뜨리는 복병에 붙들려 있는 자신을 발견하게 되기 쉽다.

무너진 세계가 인생의 이례적인 것이라는 첫번째 통념에 대해서는 '역사 인식'이 중요해질 것이다. 내게 일어날 리가 없고 일어날 수도 없는 것이라는 두번째 통념에는 '자기 인식'이, 내게 다가오는 어떤 일들도 무난히 감당해낼 수 있다는 세번째 통념에 대해서는 '하나님의 법을 인식'하라는 말을 해 주어야 한다.

■ 역사 인식

우리가 깨닫고 있는 것보다 훨씬 많은 사람들이 첫번째 통념에 고개를 끄덕이며 살아가고 있다. 침울하고 운명론적인 예언자들을 회피하면서, 일반적으로 출세와 굉장한 성공은 긍정적으로 생각하고 낙관적으로 행동하는 사람들의 차지였다는 것을 상기하면서 우리는 "최고의 각본"이라고 부르는 것에 맞추어 우리의 미래를 계획하고 힘을 정비한다. 우리는 "최고"보다 덜

할 가능성에 대해서는 생각해 보려고도 않는 것이다.

자동화의 시대를 맞아 나온 최초의 농담들 중 하나에서는, 비행기 이륙 후 기내 승객들을 위한 안내방송이 고장을 일으킴에 따른 아이러니를 볼 수 있다. 기내 통화장치를 통하여 한 목소리가 흘러나온다. "안녕하십니까, 신사숙녀 여러분. 모시게 되어 기쁩니다. 이 비행기는 계획대로 3만 9천 피트의 고도로 날고 있습니다. 기내 모든 시스템은 한 치의 오차 없이 작동되고 있고, 목적지까지 정시에 도착할 예정입니다. 이 비행기는 전 기능 자동으로 움직입니다. 조종사도 부조종사도 없고, 모든 것이 컴퓨터에 의하여 조절되고 작동됩니다. 편안히 앉으시고, 몸을 푸신 후 즐거운 여행이 되시길 바랍니다. 혹시나 잘못될 일은 하나도 없습니다 · · · 혹시나 잘못될 일은 · · · 혹시나 잘못될 일은 · · · "

수년동안 목회자로 성도들을 섬겨 오는 동안 나는 결혼식 주례도 참 많이 섰는데, 결혼하려는 젊은이들과 함께 있을 때면 약간의 절망감을 느끼게 되는 순간이 언제나 두 번 찾아오곤 했다. 하나는 결혼 전에 조언을 해 주는 과정에서 생겨났다. 나는 두 개의 각기 다른 인생이 하나로 맺어지면서 일어날지도 모를 잠재적인 충돌이나 상처에 대해 조언을 구하는 커플을 거의 만나본 적이 없었다. 그들은 결혼식과 신혼여행 계획을 세우는 데 지나치게 열중하고 있었다.

그런 대화를 하면서 나는 무서운 다툼이 있을 경우에 대한 강력한 충고를 해 달라는 부탁이나, 또는 하나님이 주신 소명이나 남편과 아내 서로의 의무를 저버리게 될지도 모를 유혹과 시험을 받기 쉬운 곳은 어디인가 하는 질문도 받은 일이 거의 없다. 어떤 이는 젊은 날에 맛보는 기쁨의 한가운데서 그런 음울한 현실을 찾는 나를 보며 상을 찡그릴지 모르지만 나는 내가 관찰해 온 것을 고수해야만 하겠다 : 우리들 대부분은 살아가면서 엄청난 사건이 터질 수가 있다는 사실을 그리 인식하지 못하고 살아간다.

두번째는 종종 결혼식을 주재하는 동안, 앞의 무릎꿇은 신랑 신부에게 내 손을 얹고 기도를 드릴 때였다. 보통 기도가 끝나고 나면 묵도송이 연주됐는데, 그 동안 나는 그들을 내려다보며 그들이 서로 손을 잡고 서로를 장난하듯 힐끗 힐끗 쳐다보는 것을 가끔 주의깊게 바라보곤 했다. 그러면 내 마음은 신혼에 닥치는 어려운 일들을 모아놓은 우울한 통계자료를 떠올렸으며, 그걸 보면서 나도 이제 '노인'으로서 그들이 무너진 세계에의 경험을 하게 될 가능성에 대해 준비하고 있는지, 하다못해 생각이라도 하고 있는지를 궁금해하게 되었다.

술이나 마약을 해 가며 방황하는 젊은이는 육적이나 심적인 위험을 잘 생각해보지 않는다. 중년의 사람들은 과식으로 인한 장기적인 위험신호에 대해 그리 신경쓰지 않으며, 그건 회사가 침체기에 들어설 것과 그 결과로 생기는 해고에 대비하지 않는 간부도 마찬가지이다. 그들 모두 인생에서 일어나는 모든 사건들을 "최고의 각본"이라고 여기려고 하며, 싸우게 될 가능성을 거의 숙고해 보려고 하지 않는다.

성경은 몇 천 년에 걸친 정교한 역사를 다루고 있다. 첫 장부터 마지막 장에 이르기까지 우리는 수 십의 세대와 문화, 계급을 망라한 사람들의 고귀한 행위와 비열한 행위를 통하여 통찰력을 부여받는다. 가족 계보를 연구하고, 이미 친숙한 성경 인물들의 일대기를 살펴보고, 지도자, 장사꾼, 그리고 군사 인물들을 평가하고 분석해 본다. 성경을 모두 읽어 본 후, 과거나 현재에 관계없이 가능성과 성공, 그리고 고통의 측면에서 인생이 인간에게 가져다 주는 것들에 대해 어떤 결론을 낼 수 있게 된다면, 우리는 인생에 대한 상당히 안전한 기반을 가지게 되는 셈이다.

성경을 읽고 내가 얻은 결론들 중 간단한 것 하나를 보자. 성경 안의 거의 모든 사람들이 무너진 세계의 경험을 맛보았다는 것이다. 정말 예외가 없었다. 이 사실은 그런 경험이 이례적인 것이라는 통념을 뒤집고, 그 때든 지금이든 모든 사람이 조만간 거기에 휩쓸리게 된다는 걸 말해주고 있다. 무너진 세계란 항상 자초한 행위의 결과로만 나타난다고는 할 수 없다. 그 때문에 타인이 선택한 결과를 가지고 살아가야 하는 사람도 있게 되는 것이다.

게다가 성경은 그 많은 인물들의 이야기를 통하여, 무너진 세계에의 경험은 대개 사람들을 더욱 위대하고 강한 인격과 용기, 성취로 인도하는 방향전환의 순간이 될 수 있음을 가르치고 있다. 축구팀 코치가 팀 선수들에게 이렇게 말한다고 하자. "승리보다는 패배에서 오히려 더 많은 것을 배우게 되는 법이다." 코치가 표현하고자 하는 뜻을 성경 속에서 얼마든지 찾을 수 있다.

모세는 연고가 있고 교육도 잘 받았으며 재능있는 인물이었으나, 그의 세계가 무너지고 재건되기 전까지는 하나님 앞에서 아무 가치도 없는 인물이었다. 그 재건은 광야에서 시작되었고 곧 떨기나무 불꽃으로 이어졌다.

세례 요한의 부모인 사가랴와 엘리사벳은 아이를 갖지 못한다는 마음의 근심으로 인한 무너진 세계에의 경험을 하게 될 때까지는, 하나님께서 그의 백성에게 갖고 계신 계획 안에서 별 중요하지 않은 역할이었던 것 같다. 사가랴가 벙어리가 되고 엘리사벳의 수태기간 동안 침묵 속에서 살아야만 했을 때 그의 세계는 한층 더 허물어졌을 것이다. 그러나 그들이 낳은 아이는 예수님의 말씀대로 "선지자보다도 나은 자" – 예언자 중의 가장 위대한 인물이 되었다.

나중에 사도 바울이 된 다소 사람 사울 역시, 그의 오만하고 종교적으로 엄격한 세계가 다메섹 도상에서 산산조각나기 전까지는 그 시대의 또 하나 성격이 불같은 유대인일 뿐이었다. 그는 곧 침묵에 잠겼고 그리스도 앞에 순종했다.

모세와 사가랴, 엘리사벳, 사도 바울에게 무너진 세계라는 경험은 인생을 살며 어쩌다 주어지는 부록에 지나지 않는다고 말해 보라. 고난과 실패, 낭패감이 인간의 발전과 성장 과정에 포함되지 않는다고 말해 보라. 그들은 결코 동의하지 않을 것이다. 그들은 아마 슬픔과 고통, 압박 등은 우리가 기꺼이 입학할 마음만 먹는다면 독실한 하나님의 사람이 되는 길을 가르쳐주는 '대학원'과도 같다고 말해 줄 것이다. 등록해 놓고도 불참하는 학생이나 중퇴자들이 많은 게 큰 문제이긴 하지만.

한 여성도는 그룹 토의에서 이렇게 묻는다. "그럼 성숙한 사람이 되기 위해서 내가 원하는 것들을 그런 고통이라는 수단을 통해서만 얻을 수 있다는 말씀이세요? 난 믿고 싶지 않은데요."

나는 그녀의 질문에 신속하고 어렵잖게 '그렇습니다'라는 대답을 하려는 것은 아니지만, 역사를 내려오면서 그 여성도가 찾고 있는 성장을 얻거나 달성한 정말로 많은 사람들이, 그렇게 성장하기 위해서 무너진 세계의 고통을 경험해 왔다는 것을 확실히 알고 있다. 그 여성도보다 내가 역사를 더 많이 안다고 말하고 싶지는 않으나, 그걸 알게 되면 놀라운 사실이 불거져 나온다. 고통과 실패, 깨어짐 속에서 하나님은 인간의 삶에서 가장 멋진 일을 완성하신다는 것이다.

조지 매트슨(George Matheson)은 이 사실에 대해 생각하며 다음과 같이 썼다.

> 고난 가운데서만 배울 수 있는 노래들이 있다. 어떤 예술적 기교도 그것을 가르칠 수 없고, 어떤 발성법도 그것이 완벽해지도록 도울 수 없다. 그 음악은 마음 속에 있는 회상의 노래이자 개인이 겪은 일에 대한 노래이다. 그 노래들은 과거의 그늘로부터 짐을 꺼내 내려놓고 지난날의 날개로 가뿐히 오른다····.
> 아버지께서는 천사들이 노래하지 못하는 부분을 맡기시기 위해 당신을 단련하신다. 그 훈련 규정은 '슬픔'이다. 하나님께서는 우리에게 슬픔을 주신다고 들었다. 우리를 보이지 않는 찬양대에 넣으시기 위해, 슬픔을 통해 시험하시고 가르치시고 단련하시는 것이다. (Streams in the Desert)

1680년대에 존 번연(John Bunyan)은 기독교 문학 사상 가장 위대한 고전 중의 하나인 '천로역정(Pilgrim's Progress)'을 그가 감옥(무너진 세계에의 경험을 맛본 곳이리라)에 있을 때 썼다. 그 책이 다른 어느 곳에서 감히 쓰여질 수 있었겠는가. 초신자였을 때 번연은 깊고 고통스런 몇 년간의 무너진 세계를 경험했지만 그것은 지금까지 정의내려온 것과는 조금 다른, 하나님과의 좀더 굳건한 친교를 열망하는 가운데 온 고통이었다. 하나님을 찾지 못했기 때문이 아니라, 번연 자신의 내면 세계에 정돈되어야 할 일들이 많았기 때문이었다.

그의 영적 자서전 격인 '넘치는 은혜(Grace Abounding)'에서 번연은 자신이 젊었을 때 악(惡)이라는 딱지가 붙을 수밖에 없는 태도와 행위를 저질러 왔음을 솔직하게 털어놓고 있다. 결과 그의 세계는 산산이 부서지고 말았지만, 번연은 그 경험이 그리스도께 온 삶을 바치는 가장 좋은 발판이 됨을 알고 있었던 것이다. 그는 이 문제를 생각하며 다음과 같이 썼다.

> 나는 은혜와 사랑과 인자하심이 무한하다는 것을 알게 되었다.이 시험을
> 겪은 후에 알게 된 것처럼 : 커다란 죄는 커다란 은혜를 끌어내며, 죄의식
> 으로 극심히 괴로운 곳에는 그리스도 안에 계신 하나님의 인자하심이 그
> 영혼에게 보여질 때 가장 높고 힘있게 나타나게 된다.

역사 인식! 이것이 주는 놀라운 교훈은, 삶의 위대한 질은 오직 고통이 - 스스로에게 뒤집어 씌우는 고통이나, 우리가 통제할 수 없는 사건 혹은 주위 사정에 의해서 오는 고통이 시작될 때만이 얻을 수 있다는 것이다. 이 깨어짐을 거부하거나 또는 우리와는 아무 관계 없다고 물리쳐 버린다면, 우리는 질적으로 성장할 수 있는 기회를 박탈당하는 것이나 마찬가지이다.

■ 자기 인식

두번째 통념은 '내겐 그런 일이 일어날 리 없다'이다. 여기에는 '자기 인식'으로서 이의를 제기해야 하리라. 이 통념을 고요하게든, 큰 소리로든 말할 때 우리는 이미 교활한 거짓말의 죄를 짓는 게 된다.

이 책에서 앞으로 자주 언급하게 될 시몬 베드로는 이 통념을 꼭 붙들고 있는 사람의 완벽한 모델이라 할 수 있다. 그리스도를 배반하던 날 밤, 시몬은 말했다. "주여 내가 주를 위하여 내 목숨을 버리겠나이다"

예수께서 대답하셨다. "내가 진실로 진실로 네게 이르노니 닭 울기 전에 네가 세 번 나를 부인(否認)하리라"(요 13:31-38 참조)

나는 시몬 베드로와 예수님 사이에 있었던 이 대화를 자주 묵상해 보았다. 시몬은 자기 자신을 몰랐던 것이고, 예수께서는 시몬 자신보다 그를 더 잘 알고 계셨다. 베드로가 나중에 범한 커다란 실수는 바로 이 자기 인식(또는 그것의 결핍)의 문제에 있었던 것이다.

그 밤에 예수께서는 시몬에게 어떻게 해 주셔야 했을까? 그저 맹목적으로 귀에 즐거운 얘기들만을 해 주시며 끄덕거려 주셔야 좋았겠는가? "시몬아, 네 용기와 마음에 품은 생각을 칭찬하노라. 친구여, 계속 그렇게만 생각

하면 모든 것을 잘 헤쳐나갈 수 있을 것이다." 이렇게 말씀하시는 게 좋았겠는가?

분명 예수께서는 그렇게 생각하지 않으셨다. 그분은 우리가 생각조차 해보지 않았던 두 가지 일을 하셨다. 첫째, 예수께서는 솔직하게 시몬의 순진한 맹세를 깔아뭉개셨다. 시몬아, 너는 오늘 밤 중대한 실수를 한 번도 아니고 여러 번 하게 될 것이다 라고. 그런데 어떻게 시몬은 예수님이 주신 경고에 신경을 쓰지 않은 것일까? 어떻게 그는 자신의 약점을 그리도 모르고 있었단 말인가? 성경에 보면 다른 긴장된 상황을 맞는 그의 행동 역시 분명히 서툴렀다. 그는 아직 다 배우지 못한 것인가? 아니다! 그로 인해 세계가 온통 허물어지는 경험을 했으나, 수치심, 황폐됨, 온전케 됨으로의 굵직굵직한 일을 겪음으로 그리스도께서 원하시는 제자로 다시 태어날 수가 있었던 것이다.

두번째로, 예수께서는 그에게 실패를 허락하셨다. 2년동안을 제자들에게, 주를 따르는 사람들은 검을 뽑지 말라고 가르쳐 오셨으나 베드로로 하여금 동산에서 검을 뽑게 놓아 두셨다. 굳건히 주님 편에 있으리라는 약속을 떠올릴 생각도 못한 채 베드로가 어둠 속으로 도망치게 놓아 두셨다. 그리스도와의 관계를 세 번이나, 더욱 야비하고 거칠게 부인함으로써 스스로 어리석은 짓을 저지르게 놔 두신 것이다. 그리고 회복의 과정에 들어가기 전에, 실컷 울고 괴로와하게 놔 두셨다. 이 모든 것으로 보아 우리는 예수께서 무너진 세계의 경험이 시몬 베드로를 사도로 만드는 데 있어 절대적으로 필요한 것이라 생각하셨다고 결론지을 수 밖에 없다.

자기 편 골키퍼가 경기에 앞서 컨디션이 안 좋은 것을 알아챈 축구 코치를 생각해 보자. 물론 경기에 지고 싶지 않기 때문에 그는 그 선수를 벤치로 부르고 다른 선수를 내보낸다. 그러나 예수께서는 그날 밤 베드로를 벤치로 불러 그저 앉아 있게 하지는 않으셨다. 그 코치와는 달리 그분은 무너진 세계의 경험을 하도록 허락하신 것이다. 그것은 주님의 목적이 경기에 이기는 것에 있지 않고 제자들을 성장시키려는 데 있었기 때문이다. 그랬기에 중요한 순간이 왔을 때, 예수께서는 베드로와 다른 제자들에게 "일어나라, 함께 가자."라고 하셨고 제자들은 따랐다. 무너진 세계를 겪었다. 나는 베드로가 자기 인식이 부족해서 병사를 해하는 일을 다시는 하지 않았을 것 같다.

거의 모든 개인적인 패배가 자기 인식에 실패함으로써, 스스로의 능력(부정적인 면과 긍정적인 면), 성향, 약점 등을 확실히 알지 못함으로 시작된다. 게다가 조금 더 크게 생각해볼 때, 어떤 경험들은 다른 사람들의 행위나 능력을 잘못 평가하는 데서 기인하는 것도 있다. 예수께서는 직접 부딪히는 모든 인간들을 사랑하셨으나 또한 "그 몸을 저희에게 의탁(依託)지 아니"하셨다. "이는 친히 모든 사람을 아셨기" 때문이었다.(요 2:24)

이런 생각은 '우리가 찾아 헤매는 성장의 수준에 도달하기를 바란다면, 반드시 고통과 패배를 불러들이고 심지어는 그것으로 인해 기뻐해야 한다'는 개념으로 이어질 수도 있으나, 잘못된 생각이다. 그것보다는 무너진 세계의 경험은 조만간 누구에게든 닥칠 수 있으며 자신이 절대적으로 옳고 무적이라고 생각하는 이들에게는 더욱 빨리 닥친다는 사실을 깨달아야 한다.

또한 이런 생각은 타인을 너무 못 믿는 사태로 몰고 갈 수도 있으나, 중요한 건 그게 아니다. 예수님은 의심하는 분이 아니셨으나 현실적이어서, 모든 사람들이 실패하기 쉬운 상황에 정규적으로 직면하게 된다는 것을 이해하셨다. 그러나 그 실패에 촛점을 맞추시기보다는 그것에서 뭔가를 배우고 참으로 겸허해졌을 때 주어지는 은혜를 받을 능력이 있는가에 더욱 관심을 가지셨던 것 같다.

오스왈드 챔버스(Oswald Chambers)는 자기 인식이라는 문제를 놓고 종종 독자들을 괴롭혔다. 즐겁거나 쉬운 과제가 아니었음을 그는 인정했지만 꼭 필요한 것임에는 틀림없었다. 우리가 가진 약점을 잘 생각해보고 대비하지 않으면 조만간 무너진 세계에의 경험이 들이닥치게 된다.

우정이나 신조, 그리고 죄와 별 상관이 없는 것들을 개인적으로 판단함에 있어 더욱 조심하라. 그것이 바로 인간 관계와 인간적인 사랑에서 나오는 갖가지 재난이 시작되는 첩경이며, 타협이 시작되는 곳이다. 예수 그리스도는 인간성(human nature)을 신뢰하지 않으셨으나 결코 냉소적이지 않으셨고, 그 인간성을 위해 당신이 하실 수 있는 일은 모두 다 신뢰하셨다.

(The Place of Help)

무너진 세계에의 경험은 우리 모두에게 일어나는 일이다. 우리는 그것들이 어디에서 일어나기 쉬운가를 정확하게 조사해 보고 예방과 치유를 위해 '자기 인식'에 힘써야 할 필요가 있다.

■ 하나님의 법에 대한 인식

마지막 통념은 바로 이것, '무슨 어려운 일이 닥치든지 나는 잘 해결해 낼 수 있어'이다. 여기에는 '하나님의 법을 인식'하는 문제가 따른다.

이 통념은 어리석은 낙관주의와도 관련이 있다. 기반이 되는 생각들을 보자면, 어려운 시간이 닥칠 때는 하나님과 홍정할 수 있으며, 상황을 조작할 수도 있고, 필요하다면 그냥 견뎌낼 수도 있다는 것이다.

아브라함의 조카였던 롯에게 이런 종류의 낙관주의에 대해 물어 보라. 아마 그는 가족들이 소돔의 풍요의 땅을 찾아, 그곳의 매혹적인 도시를 찾아, 그 도시의 사교계를 향해, 시장에 온통 퍼져 있던 가치관과 전망들을 보며 이사할 때 예측한 위험에 대해 말해줄 것이다.

롯은 상당히 많은 시간을 삼촌과 함께 보냈으며 영적으로나 물질적으로나 풍요함을 누렸다. 그가 삼촌 가족의 품에서 떠나 한 발짝 걸어 나왔을 때, 롯은 대단한 허세에 차 있었음이 분명하다. 세상이 자기 손안에 있었다. 자기 재량껏 성공하며 살 수 있으리라 생각했을 것이다.

그러나 그의 세계가 무너졌을 때 그는 모든 것을 잃었다. 같이 살던 사람들과의 관계, 사위들에게 받았던 존경, 재산, 아내 ─ 그 귀중한 아내까지 모두 잃었다. 그렇게 부서지는 동안 손실을 통제할 아무런 방법이 없었다.

롯을 생각하면 나는 월 스트리트에 관계된 인물이 하나 떠오른다. 그는 어느날 갑자기 정크 본드(junk bond ─ 액면 가격보다 싸게 살 위험이 많은 증권 : 역주)의 매매에 합류하게 되고, 주가가 솟구치는 회사 주식을 매점(買占)하며, 수백만 달러를 쉽게 모아들여 쌓는다. 어느 날, 그 똑같은 사람이 연방 보안관에게 붙들려 가서 5년에서 10년 형을 받고 법원과 정부로부터 다시는 재계(財界)에서 일하지 못하도록 추방되는 모습을 우리는 보게 되는 것이다.

스탠리 존스(Stanley Jones)는 청중들에게 이렇게 말하기를 좋아했다. '선택은 여러분 마음대로지만, 그 결과는 통제할 수가 없지요.'라고. 롯은 이 원칙을 조금 어려운 방법으로 터득했다.

나 또한 그랬다. 너무나 많은 사람들이 무너진 세계라는 순간을 경험하며, 그에 못지 않은 많은 이들이 사랑하는 사람이 겪는 그 경험을 지켜보며 마음아파한다. 커다란 경험은 단 한 번으로도 우리가 평생 잊지 못할 사실을 - 바로 결과 통제의 어려움을 가르쳐 준다. 그것들은 대단한 영향력을 가지고 있어서, 하나님 외에는 그 영향이 얼마나 계속될지 아무도 알 수 없는 것이다.

우리 주님께서는 결코 이 세 가지 통념에 유혹받지 않으셨다. 무너진 세계에의 경험이 삶의 한 부분이라는 사실을 예수께서 이해하셨음은 바로 그분의 삶이 강력하게 보여주고 있다. 그러면 우리는 어떻게 해야 할까. 그분은 역사를 알고 계셨다. 그리고 예수께서 고통과 고뇌를 느끼셨다는 것은, 모든 인간이 직면하게 되는 사실에 그분도 예외가 될 수 없다는 것을 아시고 이 세상에 오셨다는 것을 확실하게 해 주는 것이다. 그분은 스스로를, 다른 인간들을 잘 알고 계셨다. 그분은 무너진 세계의 결과를, 인간의 분노와 증오의 결과를, 세상 죄를 모두 짊어지셨을 때 받은 온갖 고통을 전부 용납하셨다. 그분은 아버지 하나님께서 인류의 죄가 낳은 결과를 당신께 모두 씌우셔야 함을 잘 알고 계셨던 것이다. 진정한 그리스도인으로서 산다는 것은 이 세 가지 통념을 잘 가려서, 그것들에 속지 말아야 함을 의미하는 것이다.

약 40년 전 랠프 브랜카가 그 가을 오후 마운드에 섰을 때, 그는 이 한 번의 투구로써 곧 야구선수로서의 스타덤에 오를 수 있으리라고 계산하고 있었을 수도 있다. 힘껏 던져라. 조금만 참아라. 감정을 잘 조절하라. 그리고서 그는 던졌다. 결과는 세계가 박살나고 말았다.

우리가 사는 이 곳은 외계에서 날아오는 운석이나 어딘가 숨겨둔 폭발물 같은 것들에 의해 치명상을 입은 사람들의 비통한 이야기들로 가득 차 있다. 어젠 너무도 밝고 활기에 넘쳤던 이 세계가 오늘은 조각조각 부서지고 말다니! 무슨 일이 일어난 것인가?

위에 언급한 통념들이 너무도 맹목적이고 판단을 흐리게 하는 것들은 아니었을까. 그들은 운석이 어디로부터 오는지, 또는 폭발물이 어디 숨겨져 있었는지 몰랐던 것이 아닐까. 그에 대한 적절한 방어를 할 줄 몰랐기 때문은 아닐까.

붕괴의 위협에 놓인 세계가 방어될 수 있을 것인가? 그렇다. 강조하여 그렇다고 말하고 싶다. 그렇게 방어된 적이 있는가? 수없이 많이 그래 왔다. 앞선 예가 얼마든지 있다.

그러나 내 개인적인 세계가 무너진다면? 여전히 희망이 있을까? 그 무너진 세계가 재건될 수 있을까? 다시 한 번, 대답은 예스이다. 내 경우에 하나님께서 조각조각마다 제자리에 갖다 맞추셨고, 재건의 과정은 느리기는 하나 결국 유효하며 진정한 것임이 증명되었다.

CHAPTER 2

무너진 세계를 경험한 사람들

> 무너진 세계에의 경험으로 인한 고통은 보편적인 것이다. 옛 사람들도 우리만큼이나 잘 알고 있었다.

나는 성공을 최대로 만끽하고 있는 사람들의 개인적인 세계를 들여다보며 많은 유쾌한 경험을 했다. 많은 갈채를 받고 있는 프로 운동 선수의 라커룸에 같이 있어보기도 했고, 어떤 회사의 경영 최고 책임자와 공동 제트기를 함께 탄 적도 있으며, 모든 사람들이 존경해 마지 않으며 바라보는 유명한 인물과 한 테이블에 앉아 있기도 했다. 그러면 사람들은 깜짝 놀라서 도대체 내가 누구인지 궁금해 했었다. 대체로 이런 경우들은 즐거운 기억으로 남는다.

그러나 나는 절망의 구렁텅이에 빠져버린 이들의 개인적인 세계를 방문해 볼 기회를 더 많이 가졌다.

사람들은 의지로 버텨나가는 인생의 경주에서 속아넘어가거나 사기를 당하거나 심히 패배하여 상처받고 슬퍼했다. 사랑하는 사람의 죽음을 놓고 애통하는 이들, 회사나 시장의 침체 때문에 구명줄이 끊어진 사람들도 있었다.

나는 "왜?"라는 질문에 만족할 만한 설명이나 대답이 불가능한 무수한 마구잡이의 사건들을 보며 세계가 무너지는 것을 보아 왔다. 한 농부와 함께 있었던 기억이 나는데, 그는 싸라기눈을 잔뜩 머금은 심술궂은 폭풍이 1년을 고생해 키운, 바꿔 말하면 연간 소득이 될 밀 농작물을 단번에 쓸어버리는 것을 보고 있어야 했다. 게다가 겨우 몇 야드 떨어진, 한 구역 건너에 있는 이웃의 밭은 전혀 해가 없었다. 왜인가? 그는 알 도리가 없었을 것이며, 나도 정말로 그랬다. 대답이라고 해봤자 '악천후에 의한 자연적인 폐해'라는, 아무 도움이 안 되는 말들만 나올 뿐이었을 것이다.

그러나 내가 쓰려고 일순위로 뽑아둔 가장 공통적인 무너진 세계란 막 결정내린 일련의 그릇된 선택들, 또는 나쁜 행실, 이제 행한 일의 결과를 가지고 살아야 하기 때문에 산산조각난 세계를 말하는 것이다. 아무도 비난할 수가 없다. 알맞은 변명거리도, 붙들고 확인해야 할 부정도 없다.

때때로 세계가 무너져버린 사람이 선택하는 것들은 마음 속의 어둠에서 이미 계획되어 있던 것들일 수도 있다. 그 선택들은 충동적이고 아주 부조리하게 보이기도 한다. 그 결과는 성실성과 신용의 상실, 수치심, 슬픔, 후회, 양심의 가책, 두려움, 심지어 스스로를 증오하는 선까지 가게 될 수 있으며, 대개가 그렇게 된다.

그러면 무너진 세계의 선택으로 부작용 아래 고통받으며 살고 있는 이들은 도대체 누구인가? 배신당한 배우자인가? 동료에게 사기당한 기업인인가? 이용당한 친구? 속아넘어간 고용주? 그들은 가히 묘사하기도 힘든 고통 속에서 살아가고 있으며, 자신의 권리와 책임에 대한 어려운 질문들을 되뇌이고 있다. 결국 보면, 무너진 세계가 한 사람만을 건드리는 예는 거의 없다. 한 사람의 잘못된 선택으로 인한 영향은 손에 든 수류탄이 터지는 것처럼 많은 이들에게 상처를 준다. 정말로 슬퍼하고 있는 세계가 무너진 사람에게 있어서, 다른 사람에게 입힌 이 생각지도 않았던 상처는 종종 말못할 슬픔을 안겨 준다.

개인 세계가 터져나가고, 되어지는 것들이 잘 통제되지 않으며 모든 희망과 기대가 산산조각날 때 무슨 일이 벌어지는가? 이 세계가 무너져버린 사람들은 뭐라고 느끼겠는가? 무슨 생각을 할까? 자신들을 방어하거나 변명하려고 어떤 유혹에 빠져들지는 않을까?

이것들은 꼭 맞는 대답으로 분명히 하기엔 어려운 문제들이다. 우리는 과거 역사상의 사람들이 나쁜 행실로 인해 세계가 무너지는 경험을 할 때 어떻게 행동했나에 대해 일반적인 생각을 얻어낼 수 있을 뿐이다. 성경은 스스로 초래한 사건에 의해 세계가 부서져버린 사람들, 그리고 그런 커다란 궁지에 빠졌을 때의 행동에 대한 사례를 풍부하게 담고 있다.

이런 위기의 순간의 어두운 면을 보자면 가인의 예로서 사례연구를 해볼 수 있다. 시기를 한 나머지 그는 동생을 죽였으며, 계속해서 자신의 태도와 행동에 대해 책임지기를 거부했다. 우리가 알고 있는 한 그는 그 비극을 피하는 데 도움을 줄 수 있었던 경고를 결코 잘 숙고해 보지 않았다. 그는 철저하게 헛된 인생을 산 것으로 보여진다. 가인은 화가 나서 홧김에 일을 저지른 후 나타나는 마음 속의 완고함을 대표한다고 하겠다. 자기가 한 행동에 책임을 지지 않으려는 사람들은 가인과 한 통속이라고 할 수 있다.

이 위기의 밝은 면을 보자. 한 여인, 막달라 마리아는 자신의 무너진 세계라는 순간을 전혀 새로운 인생의 시작이 되게 함으로서 그 어려운 시기를 극복해 내었다. 그녀는 신약 성경에 등장하는, 심한 방종의 삶을 추구했으며 사실상 악한 영 그 자체로 의인화되는 수많은 인물들 중 하나이다. 분명 그녀는 소망이라곤 없는 인간의 굴레에 묶여 살았다. 그런 생활의 끝은 타락이며, 변화가 없다면 회복의 가망이 없으리라는 충고를 아무도 그녀에게 해 주지 않았다. 예수께서 자유케 될 기회를 주셨을 때 그녀는 주어진 것을 받아들여 자신의 무너진 세계를 참으로 아름답게 재건한 것이다.

여기 가인을 보라 : 목이 곧았으며 완고하다. 마리아는 어떠한가 : 열려 있으며 손을 펴 받을 준비가, 순종할 준비가 되어 있다. 우리 모두가 이 둘을 보았다. 다른 사람 못잖게 자기 자신 속에서 발견했을 것이다.

세계가 무너져가는 과정에 있는 사람의 경험은 부러워할 것이 전혀 못된다. 그것은 비행기가 조사를 한답시고 일부러 태풍의 눈 속으로 들어갈 때 일어나는 일과 흡사하다. 주위의 환경과 결과물들이 제멋대로 날뜀에 따라 비행기는 뒤흔들리고 혼란에 빠지게 된다. 여기서 말하고 있는 사람은 그가 예전에 즐겼던 인생을 조절할 통제권을 이제 잃어버린 사람이다.

우선, 무너진 세계에의 경험은 대개 내면에서 진행되는 것이며 무척 개인적인 것이다. 그런 기간 동안에는 진리를 부정할 수도 있고, 그동안 일어난 일과 비슷한 일이 또 생길 수 있다는 것에 대해 믿지 않으며, 그 일을 예상했던 사람과 또 그 결과를 두고 화를 내기도 한다. 이것을 '부인(否認)하며 사는 삶'이라고 부르자. 그 사람은 다른 이들을 비난하려는 시도를 하고 사건을 그렇게 해석하여 자신을 가장 불쌍한 위치에 놓으려고 할 수도 있다. 이런 일을 하는 것은 무서운 죄의식이나 자기 질책을 피해보고 싶어서 일 수도 있지만, 이런 생각이 계속된다면 결코 좋은 결과는 얻지 못하며 분명 재건될 수 있는 무너진 세계를 소망 없이 내버리게 될 것이다.

세계가 무너져버린 사람이 현실을 마주할 때, 이 비밀스런 문제에 있어 건전하긴 하지만 매우 고통스러운 일이 생기게 된다. 정말로 무슨 일이 일어났으며 그 책임이 자신에게 있다는 자기 깨달음이 그것이다. 사람들 사이의 대화거리로 자신의 경험이 올라감에 따라 무서운 공포와 쓸모없다는 생각, 자기 증오, 고요한 혼란이 올 수 있다. 의기소침해지는 시기이다. 탈출하고 싶어 못 견딜 정도로 괴롭고, 사고나 질병으로 해서 갑자기 인생이 끝나버리면 얼마나 좋을까 하는 희망마저 갖게 되는 순간이다. 그는 괴로운 생각에서 도망치고 싶어서, 또는 할 수만 있다면 벌어진 일에 대한 보상이 될까 하고 전보다 더욱 힘들게 일을 할 수도 있다.

이것들은 세계가 무너진 사람에게 있어서는 무섭고도 외로운 순간이며, 우리들 중에도 많은 숫자가 그 심정이 어떤지 잘 알고 있다. 안식이란 그 사람이 천국을 향해 눈을 들고 그 문제를, 하나님을 거스르고 그분이 정하신 기준을 심히 범했다는 것을 있는 그대로 내 놓을 때만이 찾아온다. 그런 고백 속에서 치유와 재건의 첫 번째 단계가 수월하게 시작되는 것이다.

무너진 세계에의 경험의 두 번째 단계는 그 경험자들이 기꺼이 용서를 해주고 재건 과정이 시작되는 데 필요한 위로를 해 줄 수 있는 주위 사람들을 찾아 의지하게 될 때 시작된다. 배우자일 수도 있고, 가깝고 친밀한 친구, 목사나 카운셀러일 수도 있다. 궁극적으로, 무너진 세계를 재건하는 일은 혼자서는 절대로 이룰 수가 없다. 팀을 이루어 하는 노력이며 은혜를 베풀고 진보를 확신해 줄 수 있는 사람들과 협력하여 성취되어야만 하는 것이다.

깨지기 쉽거나 섬세한 귀중한 물건은 디자인된 상자에 조심스럽게 넣어지며, 눌러 부수는 정도의 타격이 아니고는 건드릴 수 없게 다양한 형태의 스티로폼에 단단히 넣어져 포장된다. 전체 산업이 그런 포장과 보호에 많은 시간을 들인다. 세계가 무너져버린 사람들은 그와 똑 같은 종류의 보호를 필요로 한다. 바울이 고린도 사람들에게 "그런즉 너희는 차라리 저를 용서하고 위로할 것이니" (고후 2:7) 라고 편지한 까닭이 여기에 있는 것이다.

보통 나쁜 행실과 그 결과가 알려지게 될 때 좋지 않은 반응도 당연히 나오게 마련이다. 용서해 주지 않는 사람은 그 사람에게 댓가로 벌을 주거나 상처를 주기를 원할 수도 있다. 어떤 관계는 결코 회복될 수 없어서 침묵과 반감으로 앞날을 살아가려는 위험에 처하기도 한다. 이혼, 고소, 주기적인 복수 행위 등등이 그 섬뜩한 앞날을 장식할지도 모를 것들이다. 세계가 무너진 경험을 한 사람들은 이런 좋지 않은 반응들에 대해 아무 것도 할 수 없을 수도 있다. 고백이나 슬픔의 표현, 변화의 굳은 약속같은 것을 떠나서, 상대방이 용서하기를 거부한다면 실수한 사람이 아무리 그에게 잘해주고 회복의 은혜를 빌어도 소용이 없는 것이다.

무너진 세계 경험의 세번째 단계는 쏟아지는 엄청난 수치심 때문에 어느 누구라도 두려워 마지 않는 것인데, 바로 나쁜 행실에 대한 소식이 대중에게 알려졌을 때 발생하는 것이다. 그 사람이 제발 일어나주지 않기를 빌고 빌어도 대중의 인식이란 것은 그 사람의 명성을 심각하게 훼손하며, 신용도 상실되고, 지도자로서의 공적인 책임을 양도하라는 요구를 가져오기도 하고, 상처입거나 배신당했기 때문에 물러나는 게 적절할 듯 싶다고 생각한 친구들을 잃기도 한다. 이 모든 것에 더하여, 가쉽(Gossip)거리가 된다는 고통, 자신은 나쁜 행실을 할 리가 없다고 생각하며 마음놓고 있었던 이들의 고통이 있다.

나의 죄가 개인적인 무너진 세계라는 결과를 내었을 때, 게일과 나는 목회직의 조언자들 중 한 분이 우리 앞에 내놓은 중요한 질문과 씨름해보기로 결심했다. 그것은 이런 식의 질문이었다. 두 분은 이 경험의 고통스런 순간에만 집중하며 버티시겠습니까, 아니면 그 순간을 하나님이 두 분께 가장 중요하다고 생각하시는 문제들에 관해 분명히 말씀하실 수 있는 환경으로 만드시겠습니까? 선택은 당신들께 달렸습니다.

뉴 햄프셔에 있는 우리 집 피스 리지를 둘러싼 숲 속을 아내와 나는 자주 돌아보았었다. 여기 저기에 철길 교차점과 마을 사람들이 '6등급 도로'라고 부르는 것이 있었다. 그 갈라진 분기점들을 볼 때마다 나는 선택에 관한 로버트 프로스트(Robert Frost)의 유명한 시, "가지 않은 길"의 싯귀를 떠올린다.

> 노랗게 물든 숲속에 두 갈래 길이 있었네
> 두 길 다 가볼 수 없음을 아쉬워하며
> 한 여행자가 되어, 오래고 서서
> 눈길 닿는 곳까지 한 길 내려다 보았네
> 덤불에 가리워 보이지 않는 곳까지
>
> 그리고는 다른 쪽을 골랐지 ‥‥.

시인은 끝맺는다. 그 선택이 "모든 것을 바꿔 놓았다"고.

우리는 선택을 해야만 했다. 나는 자초(自招)한 상처로 인해 아파하며 살고 있었으며, 게일은 내가 결정한 선택의 희생자가 되어 버렸다. 죄로 인한 고통과 싸우며 살 것인가, 혹은 그 고통을 재건 과정의 한 부분으로 받아들일 것인가?

좀처럼 결단할 수 없어 우리는 선택한 결정을 고수하는 데 힘이 들었다. 이런저런 일로 고통은 다시 찾아왔고, 그때마다 결정은 바뀌었다. 고통과 싸우며 버틸 것인가 그것을 하나님께서 말씀하시기 좋은 환경으로 바꿀 것인가? 대개는 후자를 택했으며, 앞의 것을 택하고 싶은 생각이 들 때면 곧 무언가 우리에게 '더 좋은 길이 있을 거야'라고 환기시켜 주는 듯 보였다.

그 침체 기간동안 나는 성경을 통독하는 데 많은 시간을 할애했다. 나는 그동안 익숙해져 있던 성경적인 전기들을 아주 새로운 관점에서 다시 보게 되었는데, 무엇보다도 나를 놀라게 한 것은 성경 속의 위대한 인물들에 관한 통찰력이었다. 그들 중 거의 모두가 무너진 세계라는 경험을 가지고 있었다. Chapter 1에서 말했듯이 나는 예외를 찾을 수가 없었다. 실패, 고통, 적의와 압제, 파렴치한 죄, 질병, 거부당함, 부부간이나 가족 중의 재난, 영적인 위기라는 중대한 순간 등등 셀 수조차 없었다.

그 무너진 세계의 기록들을 훑어보게 됨에 따라 나는 위로를 받게 되었다. 다른 이들도 나의 이 고통을 겪었고, 내가 느끼는 이 감정을 다른 이들도 일찌기 경험했으며, 내가 생각했던 것처럼 그들도 때때로 의지할 곳 없는 신세라고 느꼈다. 내가 받기를 소망했던 크나큰 은혜와 치유도 또한 받았으며 결국 그들은 하나님을 섬김에 있어 위대한 순간들을 이루어낼 수가 있었던 것이다. 여기서 내가 상상력을 짜 내어 몇 가지 대화를 만들어내는 것을 허락해주기 바란다. 성경 속의 인물들이 무너진 세계에 대해 지니고 있는 생각을 요즘 쓰이는 언어로 구사해 보았다.

■ 모   세

예를 들어 모세의 경우를 보자. 그의 세계는 40세가 되었을 때 처음으로 산산조각났다.

무슨 세상이 그 모양이었는가! 그는 아이였을 때, 애굽의 바로가 모든 히브리인 남자아이들을 죽이기로 마음먹음으로써 일어난 계획적인 대학살로부터 실로 교묘하게 구출되었다. 아기를 살리기로 작정한 그의 어머니는 모세를 나일 강둑 옆에 띄워 숨기고 누이를 시켜 잘 돌보도록 했다. 애굽의 공주가 내려왔을 때 그 아이와 누이는 운좋게도 바로 그 곳에 있게 되었다. 공주가 부유하는 갈 상자 속의 어린아이를 보고 불쌍히 여겨 살렸기 때문이다. 모세는 바로(Pharaoh), 자신과 또래의 히브리 남자아이들을 죽이려고 한 그 애굽 왕의 궁으로 가게 된 것이다. 그곳에서 그는 왕족으로서의 특권과 기회를 마음껏 누리며 성장했다.

40세가 되었을 때 모세는 그의 히브리 민족의 압제받는 삶에 대하여 신경을 곤두세우기 시작했다. 어느날 길을 가다가 모세는 한 애굽 사람이 무자비하게 히브리 동족을 치는 것을 보고 당장 그 자신이 해방자의 역할을 맡아 동족인 히브리인을 방어해 주고 애굽인을 죽이고 말았다.

모세의 관심과 용기, 인간으로서 안전을 위협하는 모든 것을 감수하려고 한 의지에 대해서는 100점을 주도록 하자. 그러나 신중한 생각없이 일을 벌인 것에 대해서는 한층 낮은 점수를 주어야 한다. 의기양양한 생각이 곧 그의 얼굴에 가득 퍼졌다.

며칠 안 되어 히브리인들은 모세가 자처하고 나선 지도자의 역할과 자신들의 해방같은 일에는 별 관심이 없다는 것을 분명히 해 주었다. 그 이유는 확신할 수 없으나, 공포에 질렸든지 겁이 났든지 여하튼 그들은 관심을 갖지 않았던 것이다. 별안간 모세는 그의 민족에게나 자기가 자란 왕족들에게나 범죄자로 몰려 버렸다. 도망치는 것 외엔 다른 길이 없었다. 세계가 무너져버린 게 아니고 무엇이겠는가.

지금부터 상상력을 동원해 보려고 한다. 앞으로 장인이 될 사람인 이드로와 모세가 광야 깊은 곳에서 처음으로 만났을 때 나누었음직한 대화를 곰곰 생각해 봄에 따라 떠오른 것들이다.

이드로 : 당신같은 사람은 이런 광야에서 잘 볼 수가 없지요. 정말 여기서 살 수 있겠습니까?

모　세 : 그러지 못할지도 모르지만, 사실 이제 전 어느 곳에서도 살 수 없게 된 사람이 아닙니까. 왜 그런 말을 하십니까?

이드로 : 거야 당연하지요. 당신이 하는 말을 들어보니 이런 지역에서 살아오질 않았으니까. 당신은 도시 사람이요. 편안하게 살아왔을 거라고.

모　세 : 도시 사람이었다 하겠지요.

이드로 : 왜 떠났습니까?

모　세 : 영웅이 되려고 했습니다.

이드로 : 영웅?

모　세 : 히브리인들이 애굽의 제도에 의해서 어떻게 취급되어 왔는지를 말 안할 수가 없습니다. 당신도 알고 나면 화를 낼 게 분명합니다. 어느 날 난 한계에 다다른 거지요. 약속이 있어서 가고 있는데, 어떤 애굽 십장(什長)이 인사불성이 된 히브리인을 때리고 있는 것을 보게 됐습니다. 맞고 있는 사람은 무방비 상태였어요. 곧 죽을 것 같았지요.

이드로 : 그래서 끼어들기로 작정을 하셨구료.

모　세 : 그렇습니다. 내가 무슨 일을 하려는 건지 생각해볼 겨를도 없었습니다. 그 자를 제지하려고 했지만 그는 날 밀치고는 다시 히브리인을 때리기 시작했어요.

이드로 : 그래서 화가 났군요.

모　세 : 미친 듯이 화가 났어요! 그 애굽놈에게 뒤에서 펄쩍 달려들어 넘어뜨리고는 마구 흔들어대기 시작했지요. 간신히 정신을 차리고 보니, 나는 그를 너무 세게 쳐서 죽여버린 겁니다. 그 자를 묻고 아무도 발견하지 못하도록 비는 것 외에 무슨 일을 또 할 수 있었겠습니까.

이드로 : 아니, 자기를 추스릴 힘도 없었단···.

모　세 : 없었습니다. 그런데 그걸로 끝난 게 아니었습니다.

이드로 : 무슨 뜻이지요?

모　세 : 음, 내가 자기 민족을 위해 무슨 일을 했는가를 알게 되면 히브리인들이 내가 그들의 편인 것을 깨닫고 지지해 줄 거라고 생각했어요. 애굽을 탈출하거나 다른 뭔가를 해낼 수 있을 것 같았습니다. 내 말에 따를 것이라 추측했던 거지요.

이드로 : 당신이 그 사람들 중 하나를 방어해 줬기 때문에?

모　세 : 그렇죠. 하지만 내가 도대체 무슨 일을 당했는지 못 믿으실 겁니다.

이드로 : 말해 보시오.

모　세 : 며칠 뒤 저는 똑같은 곳을 지나게 되었고, 이번엔 히브리 사람 두 명이 싸우고 있는 것을 보게 되었죠. 그래서 점잖게 끼어들어서 싸움을 말리려고 했습니다. 에··· 분명 날 알아보고 내가 시키는 대로 따르리라 확신하고 말입니다.

이드로 : 그게 이치에 맞는 얘기군요.

모　세 : 그런데 그들이 어떻게 했는지 아십니까? 갑자기 내게 화를 내는 겁니다! 한 사람이 이렇게 말하더군요. "도대체 누가 시켜서 당신이 우리 주인 행세를 하는 거요? 당신이 애굽 십장을 어떻게 했는지 우린 알고 있소. 우리까지 죽일 작정이오? 당신은 만인이 당한 문제를 다 그런 식으로 해결합니까?" 난 믿을 수가 없었어요. 말문이 막혀버렸지요.

이드로 : 그래서 어떻게 했습니까?

모　세 : 무서워져서 뛰었습니다. 그저 도망쳤습니다. 여기 다다를 때까지요. 난 그 노예들이 나를 어깨에 태우고 승리의 퍼레이드라도 해줄 줄로 생각했던 겁니다. 그 대신 날 꺼지라고 하다니!

이드로 : 확실합니까?

모　세 : 확실합니다. 머지 않아 애굽 사람들이 날 잡으려고 사람을 풀 텐데 히브리인들은 날 받아들이려고 하지 않았습니다. 이 소문이 퍼지는 즉시로 나는 그 나라에 내 편이 하나도 없을 것이라는 걸 알게 됐지요. 곧 그렇게 될 것은 뻔했구요.

이드로 : 그 히브리인들이 당신을 보호해 주지 않았다는 게 확실한가요?

모　세 : 절대로 틀림없습니다. 그들에겐 기회고 뭐고, 자기 목숨 하나 살리자는 계획밖에 없었습니다. 위험도 마다 했는데 나는 위험인물이었으니까요. 이것만은 확신하셔도 좋습니다.

이드로 : 도시를 떠나기로 하고 나올 때 정말로 비참하셨겠구려.
모　세 : 글쎄⋯한 가지만은 말할 수 있습니다. 이제 다시는 그 곳으로 돌아가지
　　　　않을 겁니다. 무슨 일이 있어도 그 왕궁이나 히브리인들 근처에도 안 갈 거
　　　　라구요. 절대로요!

　사십 년간을 모세는 무너진 개인 세계로 인한 결과를 가지고 살아왔다. 40세 때, 그는 선한 의도를 가지고 있었으나 모든 것이 뒤틀려 버렸다. 그 다음 얘기는 우리가 알고 있으므로 그를 면죄해 주고 싶은 생각도 적잖이 든다. 그 때 좋지 않은 실수를 저질렀을지는 모르나 결국은 많은 귀중한 공헌을 하고 생을 마감하지 않았는가. 그러나 우리가 모세가 살던 시대에 살았다면, 우리는 그가 통제할 수 없는 성격의 결함을 가진 성급한 광신자라는 정도의 판단밖에 내릴 수 없었을 것이다.

　80세가 되던 때 그가 다시 활동하게 되는 것을 성경에서 읽어보면, 우리는 모세가 자신의 무너져버린 세계를 재건하는 데 그리 관심을 갖고 있지 않다는 것을 느낄 수 있을 것이다. 그는 더 이상 민족 해방같은 꿈은 가지고 있지 않았다. 그 광야가 세상에서 가장 대접이 좋은 곳은 아니었다고 해도 모세는 이미 기꺼이 자기 집을 삼았다. 그래서 하나님께서 모세를 애굽으로 돌려보내심으로써 그의 세계의 재건 공사를 착수하시기를 명하셨을 때도 그는 다시 열정적으로 달려들고 싶지가 않았던 것이다.

　세계가 부서져 무너진다는 것은 과연 어떤 것일까? 모세에게 있어서 그것은 추적당하고 쫓기는 것, 40년간 자신을 안전하게 지켜주었던 모든 것을 잃는다는 것, 권력을 쥘 수 있는 기회를 빼앗겨버린 것, 어쩔 수 없는 직업의 변화, 자신이 가지고 있었던 명성과 사회적 지위를 존경해주지 않는 사람들 사이에서 살아가야 함을 의미하는 것이었다. 그러나 그 무너진 세계는 재건되었고, 새로 태어난 모세는 현재 역사의 한 페이지를 장식하는 인물이 된 것이다. 처음에 그를 거절하고 쫓아냈던 민족이 결국 그를 영웅으로 만들었다.

■ 요　나

　몇 백 년이 지나 또 다른 - 이젠 꽤 유명해진 - 사람이 다소 특이한 방식

으로 그의 세계가 산산조각나는 것을 보게 되었다. 모세의 세계가 무너졌을 때 광야에서 끝장을 보았다면, 선지자 요나는 깊은 바다 속에서 끝을 맺었으며 그 생각엔 다시는 육지를 밟아보지 못하리라 생각했을 성 싶다. 다시 나는 상상력을 동원하여 요나의 어려웠던 순간들 중의 몇 부분을 꿰뚫어보고 그가 했을 생각들을 살펴보고자 한다.

기자 : 요나 씨? 안녕하십니까, 선생님. 예루살렘 포스트에서 나왔는데요.

요나 : 도대체 당신들, 내가 여기 있는 줄 어떻게 알았소?

기자 : 운이 아주 좋았지요. 지난 주에 당신이 폭풍이 휘몰아치는 바다로 던져졌다는 소식을 들었습니다. 구조 작업이 더 이상 희망이 없어 우린 당신의 사망 기사를 실었어요. 여기 사는 어떤 사람이 그 기사와 함께 당신의 사진을 보고는 전화를 걸었습니다. 이 여관에 계시는 걸 봤다고 하면서 · · · .

요나 : 그럼 거기 있는 사람들은 모두 내가 죽었다고 생각하고 있단 말이오? 음, 하긴 그 일을 생각하면 난 차라리 죽는 편이 나을 뻔 했다고 생각합니다.

기자 : 그겁니다. 무슨 일이 일어났는가와 어떻게 여기로 와 있는가에 대한 얘기를 조금 듣고 싶은데요. 아, 내 말은 여기는 요파에서 꽤 떨어져 있지 않습니까? 분명 누군가가 선생님을 여기로 데려왔을 텐데요.

요나 : 사실 · · · 고래가 날 여기 데려왔지요.

기자 : 그렇군요. 그 고래 속으로 한 입에 들어갈 수 있었습니까?

요나 : 보세요. 몇 년 전에 나는 이스라엘의 하나님께 당신 뜻에 온전히 순종하며 살기로 약속을 드렸다오. 그분께서 내 마음에 넣어 주신 복음을 전하는 데 두려워하지 않겠다고요. 어디든 가서, 모든 것을 말하고, 무슨 수를 써서라도 위임받은 사역을 하겠다고요.

기자 : 좋습니다. 그런데 고래 얘기는 · · · ?

요나 : 그 약속은 내게 있어 많은 고생을 의미하는 것이었죠. 선지자가 된다는 게 매력있는 건 아니오.

기자 : 저, 고래는 어떻게 만나게 된 겁니까 · · · ?

요나 : 곧 얘기하게 됩니다. 우선 들어보십시오. 하나님께서 "일어나 니느웨로 가서 · · · "

기자 : 지금 "니느웨"라고 하셨나요?

요나 : 그게 바로 나의 응답이었다오. "니느웨"라고? 그 전에는 하나님께 맞대 질문해 본 적이 결코 없었지만, 그 때는 그럴 수밖에 없었습니다. 반항할 힘이 어

디서 나왔는지, 주님께 대들었지요.

기자 : 니느웨에 가서 할 일은 무엇이었습니까?

요나 : 물론 설교지요. 주님의 종이 그것 말고 또 하는 게 있습니까?

기자 : 무엇을요?

요나 : 회개에 대한 겁니다. 그 성읍이 회개하면 하나님의 진노로 심판하지 않으시
겠다는 언약을 전하는 일이었지요.

기자 : 폭풍 속에서 어떻게 바다에 빠질 지경까지 이르렀습니까? 고래에 가까이 다
가갈 수는 있었나요?

요나 : 솔직히, 난 니느웨로 가지 않기로 결심했지요. 하나님께서 다른 사람을 찾으
시기를 바라면서 – 그런 무서운 곳에 갈 만큼 어리석은 선지자 하나를 찾으셔
야 할 거라고 말입니다. 이제 선지자 사역을 그만 두어야겠다고 생각했지요.

기자 : 폭풍우는요?

요나 : 사역을 정말 그만 두려는 생각은 아니었고, 그냥 도망친 겁니다. 요파로 도
망쳐서 배를 찾았습니다. 가장 빨리, 가장 멀리로 출항하는 배를요.

기자 : 그 배가 폭풍우를 만났군요.

요나 : 폭풍우는 하나가 아니었소. 그 사람들은 그저 폭풍우가 오려나 보다 하고 생
각했는데, 난 내 안에서 들끓는 더 큰 폭풍을 느꼈습니다.

기자 : 안에서?

요나 : 당신도 내가 했던 것 같은 잘못된 선택을 해 보시오. 얼마나 괴로운지 알 겁
니다. 난 멍하니 서성이기만 했습니다. 내 자신에게 화가 났고 자기 회의에
가득 빠졌습니다. 무서웠소. 이제 그동안 내게 있어 중요했던 모든 것을 버리
고 전혀 알지 못하는 도시로 도망치고 있었으니까요. 내 머릿속에 있던 거라
곤, 하필 그런 곳으로 날 보내시려는 주님을 향한 짜증 뿐이었습니다. 그래서
꼿꼿이 서서 '못하겠다.'라고 다짐했지요.

기자 : 효력이 있던가요?

요나 : 폭풍우가 진짜 배 위로 휘몰아치기 전까지는 잘 됐습니다. 그렇게 화가 나
있었기 때문에 배가 항구를 떠난 뒤에 밑층에 내려가서 잠이 들어 버렸지요.
나중에 보니 거의 24시간 내내 잤더군요. 폭풍이 막 몰아치기 시작했을 때조
차도요. 선장이 나를 깨우고, 내가 그 폭풍에 대해 뭔가 알고 있지 않느냐 하
는 눈치더군요. 그리고 다른 이들과 함께 나의 하나님께 기도해주면 감사하
겠다고 했습니다. 물론 선장이 옳았지요. 그 폭풍에 관해 난 정말로 잘 알고
있었으니까요.

기자 : 그게 무엇이었습니까!

요나 : 휘몰아치는 그 폭풍이 내 안에서 들끓던 폭풍의 연장일 뿐이었다는 것 말입니다. 그래서 날 들어 바다에 던지라고 시켰지요.

기자 : 정말 집어 던졌습니까?

요나 : 내가 그렇게 하도록 시켰습니다. 나는 내가 너무도 하찮고 가치없이 느껴졌습니다. 반항과 불순종의 죄가 다른 사람들까지 괴롭혔으니까요. 내가 만들어낸 폭풍에 의해 다른 이들이 죽음의 공포에 떨었습니다. 내가 넋을 잃었는데, 그들은 자신들의 세계가 무너지는 것을 보면서 무슨 생각을 했겠습니까? 날 배 밖으로 던지라고 하는 것밖에는 달리 방법이 없었어요. 그들이 날 던지자 마자 폭풍은 거짓말처럼 멎었습니다.

기자 : 당신 안의 폭풍은 · · · ?

요나 : 하나님께서 나를 고래 속에 집어넣으시고 이직도 불순종의 죄를 지으려는지 아닌지 숙고해 보도록 해 주심에 따라 폭풍은 삼 일간 더 계속됐습니다. 그분은 내 세계를 깨뜨리셨습니다. 그렇게 하신 거지요. 나는 중대한 결정을 해야만 했습니다. 계속해서 나의 주님과 싸워야 하나, 결국은 주의 뜻이 전부임을 깨달아야 하나 하고 말이지요.

기자 : 결정을 내리셨나요?

요나 : 지금 여기 있지 않소, 안 그래요?

기자 : 그 다음은요, 요나 씨?

요나 : 저기 저 길이 보입니까? 니느웨로 가는 길이라오.

■ 시몬 베드로

내가 이미 언급했듯이, 무너진 세계의 가장 비통한 묘사는 바로 시몬 베드로의 그것이다. 나는 베드로가 수탉이 우는 소리를 듣고, 또 그것이 예수님과의 관계에 대한 자기의 세 번의 부인(否認)을 극명히 강조하고 있음을 깨달은 그 때를 생각해 본다. 그 말도 못할 실패의 순간을 마태는 이렇게 기록하고 있다. "밖에 나가서 심히 통곡하니라" (마 26:75)

마태는 이 부분에 나타난 상황을 베드로에게서 직접 들었다는 데에 대부분의 학자들이 동의하고 있다. 베드로가 완전히 기진맥진해져 있을 때의 순간을 조금 더 자세히 알기 위해 마태가 그를 찾아옴으로써 둘 사이에 있었던 대화를 적어보기로 하자.

마태 : 그런 일을 저질렀다는 것을 깨달았을 때 기분이 어땠나?

베드로 : 수탉 우는 소리를 들었을 때, 머릿속에서 종소리가 막 울리는 것 같았지. 아주 시끄러운 소리였어! 예수님께서 그 전날 밤, 바로 이런 일이 일어나리라고 내게 경고하셨던 게 기억나네. 하지만 그런 말을 들을 사람이 누가 있었겠나? 난 그때 너무 흥분해 있었고 그 누구보다도 더 나은 주님의 용사가 되리라 확신하고 있었기에 선생님 말씀이 들리지가 않았어.

마태 : 그럼 자네는 갑자기 주님께서 말씀하려 하셨던 것을 알게 되었나? 실패할 수 있다는 것을 말이야.

베드로 : 알게 되었느냐고? 알게 되었느냐고? 그정도가 아니야. 믿을 수가 없었네. 내가 그렇게 나약하다는 것에 너무 놀랐고 말문이 막혔어. 무슨 일이든 잘 헤쳐나갈 수 있어 하고 막상 그 순간이 닥치면 아무 일도 할 수 없다고.

마태 : 그래서 어떻게 했나? 다시 돌아가서 힘써 보고 벌어진 일들을 수습하고 싶지는 않았나?

베드로 : 아니야. 그렇게 하고 싶었지만 못했네. 난 너무도 황폐해져 있었어. 있는 힘을 다 짜내 도망칠 곳을 찾았고, 혼자 있을 수 있는 어둑한 곳을 찾아 숨어 버렸네.

마태 : 그래서 어떻게 되었지?

베드로 : 이것만 말하겠네. 지금까지 살아오며 흘린 눈물보다 더 많은 눈물을 흘리며 울었지.

마태 : 울었다고? 내가 자네를 거의 삼 년간이나 알아 왔네만, 자네는 울보 타입은 아닌데.

베드로 : 마태, 나의 내면은 갈가리 찢겼어. 당황스럽고, 화도 나고, 혼란하고, 내가 그토록 겁장이이고 어리석다는 게 이상하게 느껴질 정도였지. 우는 것 외에 할 수 있는 일이 또 무엇이 있었겠나. 보게, 스스로 멍청이짓을 한 이 인간을. 내가 자살하는 것은 시간문제였다네. 내게 중요했던 모든 게 다 난장판이 되어 버렸어. 이제 남은 건 아무것도 없네. 예수님 마음이 어떠셨을까 이해할 수 있어. 그분께서 나를 돌아보실 때의 눈길을 자네는 봤어야 했어. 내가 그분을 얼마나 실망시킨 건지 자네는 상상이나 할 수 있겠나? 너무나 마음이 아파서 울 도리밖에 없었네.

이것이 바로 마태가 "밖에 나가서 심히 통곡하니라"라고 쓴 이유인 것이다. 베드로는 자신이 저지른 무서운 행위를 놓고 자책할 수밖에 없었다. 그의 실패는 묘하게도 세계가 무너진 사람에 의해서 배반당한 많은 친구들이

나 배우자들에게 위로가 될 것이다. 이 무감각한 세상은 너무나 자주 나쁜 결과들만을 들춰내며 이렇게 말한다. "그 사람이 조금 더 좋은 배우자였더라면 말야…" 또는 "좀 더 좋은 친구였다면…"라고 말이다. 하지만 베드로에게 있어 예수님보다 더 좋은 친구가 어디 있었단 말인가? 여태까지도 그 어부는 결과를 놓고 비틀대고 있었다.

모세는 실패했을 때 광야로 사라졌고 요나는 실패했을 때 참으로 바다에서 여러가지 일을 겪었다. 베드로의 세계가 산산이 부서졌을 때 그는 뒷골목길로 빠져 도망쳤고, 결국 갈릴리로 가서 어부 생활이나 계속하려고 생각했다. 누가 그의 행방을 다시 알고 싶어했겠는가? 그럴 법한 얘기다. 그러나 적어도 한 분만은 그의 소식을 알고 싶어 하셨다. 그리스도셨다. 그것은 큰 사건이었다.

무너진 세계의 순간은 사실상 우리가 성인으로서 존경하고 있는 이 모든 사람들이 일찌기 알고 있었던 것이다. 그런 재난들이 신앙의 한 부분이라고 말하면 조금 섣부른 말이 될지도 모르나, 그것들이 궁극적으로 신앙을 성장시킨다는 것은 분명한 사실인 것이다. 그 재난을 겪고 바르게 다루어낸 사람들은, 문제가 해결되었을 때 좀더 성장해 있었다.

게일과 내가 무너진 세계 속에서 어쩔 줄 모르던 침체의 기간에, 에이미 카마이클(Amy Carmichael)만큼 우리에게 위로와 소망을 안겨준 작가도 없을 것이다. 그녀는 50년 이상을 인디아에서 선교 사역을 하며 봉사했던 분인데, 생애의 마지막 17년간은 무너진 세계에의 경험이었다. 여러가지 합병증도 있었고, 심하게 넘어졌을 때의 충격으로 몹시 고통을 받았기 때문이다. 그 기간동안 그분은 침대에 누워 죽음을 기다리는 것 외에는 아무 소망이 없었다.

그럼에도 불구하고, 에이미 카마이클의 무너진 세계는 일종의 설교단이 되었다. 글을 통하여 몇 만이나 되는 사람들에게 믿음과 소망을 가득 부어주었기 때문이며, 그 목회는 오늘날까지 이어지고 있다.

세계가 무너졌을 때의 순간을 말하며 그녀는 이렇게 썼다.

삼색제비꽃(heartsease – '마음의 평화'라는 뜻 : 역주)이라 불리는 식물은 우리가 찾으리라 기대하지도 않는 곳에서 자란다. 그 꽃은 우리에게, 이 슬픈 순간들이 모두 지나간 후에 돌아보며 그 세월을 어떻게 견뎌올 수 있었을까 의아하게 여기게 되리라고 말해준다. 최근에도 견뎌 냈듯이 생이 언제나 그렇게 힘든 것은 아니다. 어두운 후에 빛이 오며 폭풍우 친 후에 잔잔하기 때문이다. 이것은 환상이 아니다. 그렇게 되도록 되어 있는 것이다. (Gold by Moonlight)

그것은 모세나, 요나나, 시몬 베드로나, 무수히 많은 다른 이들에게도 마찬가지 사실이다.

CHAPTER 3

불가해한 영공(領空)

> 경솔하게 사용되는 힘과 준비되지 않은
> 마음은 이중의 약점이라 할 수 있다.

군사 전문가들은 러시아 인들이 세계에서 가장 효율적인 대공(對空) 시스템을 개발하여 갖고 있다고들 말한다. 성능좋은 레이다가 주요 연방 도시들이 위치한 장소의 영공을 정밀히 조사하고 있으며, 미사일이 버티고 있어 넘어오는 적기를 어느 높이에서든 쏘아 떨어뜨릴 준비를 하고 있다. 사회주의 정부(지금은 무너짐 : 역주)의 중심지인 크레믈린 궁과, 궁 바로 바깥인 그 유명한 붉은 광장이 위치하고 있는 모스크바보다 더 튼튼히 방어되고 있는 도시는 없다고 전문가들은 말한다.

바로 이 때문에, 한 독일 젊은이가 대여받은 조그만 엔진 하나 달린 비행기를 타고 덴마크에서 소련 연방으로 넘어들어와 붉은 광장에 착륙하기 전까지 크레믈린 궁 상공을 분주히 돌아다녔을 때 전 세계는 충격을 받았고, 재미있어하는 반응도 적지 않았다. 경찰에 의해 연행되기 전에 그는 그 때 광장에 있던 몇 명의 놀란 모스크바 사람들과 용케 인사도 나누고, 심지어 친필 사인까지 해 주었다. 그 사건이 마무리되었을 때, 독일 젊은이는 의기양양해 했고, 러시아 정부는 낭패스러워 했으며, 두 명의 높은 장군들이 불시에 파면되었다. 그리고 전 세계가 웃었다.

이 대담한, 엉뚱한 장난과도 같은 이야기를 읽으며 나도 웃었고, 그런 용감한 일을 할 수 있게 만드는 담력(혹은 무모함)에 대해 곰곰이 생각해 보았다. 즉시 나는 이 기묘한 모험에서 일종의 우화를 하나 떠올릴 수 있었다.

나는 아연실색하고 있을 도시 사람들에 대해 생각해 보았다. 가장 강력한 방어 시스템이 무용지물이 된 것이다. 그들은 갑자기 자신들의 큰 약점을 숙고해보지 않으면 안 되었다. 결국, 애송이 청년이 격추당하지도 않고 붉은 광장에 비행기를 내릴 수 있다면, 파괴를 목적으로 특별하게 훈련된 적군이 달성 못할 일이 도대체 무엇이겠는가?

나의 상상력이 붉은 광장에 내린 비행기의 모습에 집중됨에 따라, 나는 모세나 요나, 시몬 베드로와 같은 사람들의 모습도 다시 떠올렸다. 무언가가 그들의 영공을 뚫고 들어갔다. 더 나은 선택이 요구되던 순간에 그 무언가가 그들로 하여금 그릇된 선택을 하도록 이끌었던 것이다. 그때 나는 이것이 바로 세계가 무너져버린 사람들에게 일어나는 일임을 깨닫게 되었다. 개인의 영공(領空)이 밖에서 날아들어오는 유혹이나 마음 속 깊은 곳으로부터 나오는 묘한 자극에 의해 침해당한다. 그 결과는 가끔 가장 지독한 종류의 씨를 포함하고 있는 그릇된 행동의 온상이 된다. 그것이 바로 우리 자신의 경우라면 우리는 그 러시아인들처럼 반응하기가 쉽다. 그런 일이 우리에게 일어날 수 있다는 걸 믿을 수가 없는 것이다. 그런 일들이 우리에게 일어날 리가 없다는 자신감은 참으로 위험한 생각이며 이중의 약점이다.

그 독일인 젊은이가 광장으로 비행했던 그 날, 난 모스크바에 있지 않았으므로 무슨 일이 일어났는지 정확하게는 알 수 없다. 그러나 그런 종류의 "침입"에 대비하여 준비하고 있었던 영공(領空) 방어 책임자가 과연 있었을까 의심이 간다. 그들이 갖추고 있었던 장비와 훈련병들은 크고, 빨리 움직이며, 폭탄을 적재한 비행기들을 상대하기 위해 준비된 것이었다. 어쩌면 그 날이 화창하고 좋은 날씨여서 레이다 본부에 있던 사람들이 다소 느긋해져 있었을지도 모른다. 그래서 레이다 스크린 상에 조그만 비행기의 점이 나타나고 영로(領路)를 따라 이리저리 날아다니는 것이 잡혔을 때도 사람들은 그게 아무것도 아니라고 여겼으리라. 흥분할 일이 아니다. 그냥 놔 두어도 괜찮을 거야.

곧 그 천진한 조그만 비행기는 장관급 서기관의 집무실 문 바로 바깥에 착륙을 한 것이다. 갑자기 그 문제는 아무것도 아닌 사건에서 세상을 흔들 만큼 중요한 사건으로 급상승하였다.

내가 이미 지적하였듯이, 방어의 실패에 따른 소련의 반응은 즉각적이고 다분히 보복적인 것이었다. 장성급의 사람들이 파면되고, 명령 구조는 재편 성되었으며, 비난조의 연설들이 수없이 터져나왔다. 어떤 이는 미치기까지 했다!

우리가 존경하고 사랑하는 사람의 개인적인 영공이 꿰뚫리고 그로 인해 크게 실패할 때 우리는 참으로 충격을 받는다. 우리는 그 안좋은 소식들을 접하며 일련의 반응을 보이게 되는데, 그 실패가 무엇이든 우선은 낙담과 슬픔을 느낄 것이고, 첫번째로는 우리의 신뢰가 배신당한 것에 대한 분노가 있을 것이다. 다음은, 만약 선한 사람의 일이나 노력이 수포로 돌아갔다고 생각한다면 절망감을 느낄 것이고, 그 다음은 두려움이 아닐까. 우리도 그 런 똑 같은 실패에 노출되어 있다고 생각하면 말이다.

가장 중요한 반응은 아마 가장 마지막 것이 될 것인데, 고맙게도 그것은 은혜를 알고 베푸는 행위이다. 한 개인의 무너진 세계를 앞에 둔 그리스도인 들이 행하는 위대하고도 특별한 반응은 매우 은혜로운 것이다 : 그가 받아 야 할 응보대로 대하는 것이 아니라, 그의 세계를 다시 회복시키는 데 필요 한 대접을 해 주는 것이다. 은혜를 받는다는 것이 뭔가를 알게 되면서, 나는 은혜가 회개하는 사람에게 주어질 때의 치유와 구속의 능력을 깊이 깨닫게 되었다.

위에서 본 첫번째 반응인 분노는 인간이라면 어쩌면 당연한, 예상할 수 있고 이해할 수 있는 것이지만, 은혜를 베푸는 행위는 죄악에 대한 초자연 적인 반응이며 긴 안목으로 보면 분명 분노보다 우월한 것이다. 은혜는 성 경에 규정된 것으로, 세계가 산산조각난 사람의 치유와 회복을 위해 자리를 마련해 주는 역할을 한다. 은혜가 없이는 무너진 세계는 재건되지 못한다.

불행하게도, 은혜를 대신하여 가쉽(Gossip)이나 비방거리가 등장하기에 문제다. 어떤 사람들은 그 수치스런 소식이 정말 진실이라면 정당한 대화거 리가 되어도 괜찮지 않느냐고 생각하지만, 그 소식이 진실이든 허구이든 성 경에는 모든 종류의 가쉽(Gossip)과 비방하는 말은 하나님이 세우신 기준에서 볼 때 잘못임을 주지시키고 있다.

캐더린 마샬(Catherine Marshall)은 "동행(A Closer Walk)"이란 책에서 이 문제를 솔직하게 다루고 있다.

> 이 한 단계 더 나아간 통찰력은 사탄이 나의 마음과 의지를 잠식해 오는 것을 곰 곰 생각함에 따라 떠오르게 되었다.
>
> 1. 극히 부정적인 소식을 가지고 기뻐하거나, 또 찾으려 하며, 그걸 가지고 재미 있어 하다가는 우리는 어느새 마귀의 편에 가 있게 된다.
> 2. 주위 상황이나 사람을 두고 이런 부정적인 태도를 자꾸 취하다 보면, 그것이 바로 삶의 방식이 되어버릴 수가 있다. 부정적인 생각은 사탄이 가진 정말로 강력한 무기이다. 우리는 그것을 '사실주의(realism)'라고 부르나 그리스도께 서는 '진리를 믿지 않는 것'이라고 하신다.
> 3. 우리는 마음에 생각하는 것 - 우리가 뉴스에서 뽑은 화제들 - 이 우리가 정말 (선과 악의) 어느 편에 있는가를 얼마나 명확하게 나타내 주고 있는지 깨닫 지 못한다.

우리가 바로 세계가 무너져버린 사람들이 될 때 보이는 반응도 위와 비슷한데, 사실 본인이 직접 그런 경험을 하기 전에는 제 3자로서 느꼈던 낙담, 분노, 절망, 두려움 등등이 자기 잘못을 깨달은 그 무너진 세계로 아파하는 이 또한 느끼는 것임을 깨닫기가 조금 힘들다.

벌어진 상황을 솔직하게 마주한 세계가 무너져버린 사람들과 말해보면 그들은 일이 벌어졌을 때 준비가 없었다는 것을, 싸울 무기가 없었다는 것을, 일이 벌어진 후에 자기 자신에 대해 무섭도록 환멸을 느꼈다는 것을 시인할 것이다. 십중팔구 그들은 이렇게 말하리라. "무슨 일이 벌어졌는가를 말하자니 마치 다른 사람에게 벌어진 일을 말하고 있는 것 같아요. 그게 정말 나인지 믿어지지가 않아요."

스캔들이란 단어는 엄청나게 낭패스러운 일이 저질러졌을 경우에 흔히 쓰인다. 우리의 확신과 기대를 완전히 저버린 행위가 폭로되는 것이다. 인간의 본성이 원래 그렇기에 우리는 언제나 그런 스캔들에 대해 말하게 될 것이고, 송구스런 말이지만 우리가 바로 그 주인공이 될 가능성도 언제나 있음을 알아야 한다.

그러면 중요한 것은? 싫어도 어쩔 수 없이, 우리는 개인 세계를 무너뜨리는 재난이 – 작든 크든, 공표된 것이든 비공개된 것이든, 자초한 것이든 남이 준 것이든, 엄청난 결과이든 별 것 아니든간에 그것은 언제나 우리 곁에 맴돌 것이라는 사실을 인정해야 하며, 그것을 삶의 비극적인 한 부분으로 받아들여야만 한다. 그것은 우리가 세계가 무너지는 원인과 결과를 이해해야 한다는 것을, 잘 대비해서 우리 자신이나 다른 이들에게 그런 일이 일어나지 않도록 막아야 함을, 그리고 관계를 다시 회복하고 그 체험을 한 사람들을 온전케 하는 방법을 알아야 함을 의미한다.

오스왈드 챔버스는 독자들에게, 악이나 죄의 세력과 외면 세계는 물론 안쪽의, 내면 세계 깊은 곳으로부터 나와서 개인의 영공을 침입해 들어올 수 있는 능력에 대해 주의를 게을리하지 말라고 간곡히 말하고 있다. 그는 이 문제에 대해 매우 민감했다.

> 인생을 살며 겪는 모든 재난을 만들어내는 죄를 감수하며 살 수는 없다. 우리는 고귀한 인간 본성이라느니, 자기 희생, 플라토닉한 우정 운운 하지만 모두가 순전히 무의미한 것들이다. 우리가 죄의 활동을 인식하지 못한다면 그들은 우리가 가진 그 모든 이상을 비웃고 침을 뱉을 것이기 때문이다. 하나님의 허락하심 아래 어둠의 권세가 세력을 떨치는 때가 온다는 사실을 받아들이지 못한다면 우리는 그 때가 왔을 때 그 세력과 타협하게 될 것이다. 우리가 죄지을 수 있다는 것을 항상 마음에 두고 살아가기를 거부한다면, 인간에게는 원래 충동심이 있다는 것과 악덕과 이기주의 같은 것들이 있다는 사실에 동의하기를 거부한다면 그 어둠의 세력이 공격해 올 때, 죄악에 물들어 애통하는 것 대신에 우리는 그 길로 곧장 타협해 버리고는 죄에 대항해 싸우는 것은 아무 소용이 없다고 말하게 될 것이다. (The Place of Help)

이 비참한 현실을 이해하지 못하고 세계가 무너져버린 사람의 행위로 인해 기분이 상하거나 환멸을 느끼게 된 사람들은 결국 용서는커녕 앙심을 품은 사람들이 되어 버린다. 심지어 실패한 사람이 예전에 자기보다 우월하고 더 좋아 보였기에 이제 그의 불행을 비밀리에 즐기는 사람들조차 있을 수 있다. 그 현실을 이해하지 못하기에, 잠시 바보가 되어버린 이들을 조롱하는 일도 서슴지 않는 것이다.

프랑스의 위대한 신비주의자인 프랑소아 페넬롱(Francois Fenelon)은 이렇게 썼다.

> 세상이 스캔들을 놓고 떠들어댈 때, 그것은 세상이 인간과 미덕에 대해 얼마나 아는 것이 없는가를 보여준다. 인간의 연약함과 우리가 하는 조그만 선행조차 빌어온 것임을 아는 이들은 슬퍼하긴 해도 결코 놀라지는 않을 것이다. 모든 이들에게 자신이 그저 인간에 지나지 않음을 증명케 하라 - 하나님의 진리는 약해지지 않을 것이며, 세상은 미덕을 찾아 헤매던 자들을 더욱 쾌씸하게 타락시킬 것이다. (Spiritual Letters to Women)

내가 이미 관찰한 바와 같이, 우리는 성경 인물들의 성공보다는 실수와 비통한 일들에 대해 더 많이 알고 있다. 다른 말로 한다면 닳고 닳은 사람들이었다고나 할까. 용감하고 담대하며 모험을 좋아했을 것임이 확실하지만 삶 전체를 통해서 볼 때 가치있다고 여겨진 수치와 상실도 잘 인식하고 있었다.

경주에서 처절하게 넘어져 버린 주자들처럼, 성경의 인물들도 잔디의 얼룩과 먼지, 타박상을 온 몸에 뒤집어쓰듯 하고 결승점을 향해 전력질주한다. 그들이 성경에 나타나 있다는 사실 자체가 그들이 달리고, 넘어지고(대개 한 번 이상씩) 다시 일어나 경주를 끝냈다는 사실을 기본으로 한 것이 아니겠는가.

나는 그 사실에서 얼마간 위로를 받는다. 이것은 하나님께서 인간들과 친밀히 교제하시고 쓰시는 이유가 그들이 완벽하고 무척이나 깨끗한 삶을 살기 때문이 아니라, 은혜를 받는 길을 고통 속에서 발견했기 때문임을 제시해 주고 있는 것이다. 그들은 하나님의 사랑하심과 능력 주심을 입었을 때만 전진할 수 있다는 것을 아는 성도로서 살아간다. 다른 어떤 것도 그들을 격려하거나 힘줄 수 없다.

그러나, 성경 안에서 하나님이 두번째 기회를 좋아하시고 또 제공해 주신다고 해서, 실패한 사람들이 저지른 죄가 정당해지는 것은 아니다. 그러므로 우리가 실패할수록 하나님께서는 우리를 더욱 사랑하시고 삶에서의 우리 몫을 더해 주실 것이라는 따위의 생각에 붙들리지 않도록 해야 한다. 전혀 그렇지 않다! 그러나 죄와 실패는 인간 역사에서 흔히 일어나는 사건이기 때문에, 하나님께서도 그분의 일정 속에 계속 진전해야 하는 불운한 실패자들을 위해서 큰 기회를 마련해 놓으신다는 것이다. 이것이 바로 두번째 기회의 하나님이신 것이다! 결과는? 물론 성공이다. 회복과 소망은? 확신해도 좋다. 아무도 도망가거나 숨을 필요가 없다. 하나님의 은혜는 활짝 열린, 새로운 시작을 하라고 우리를 큰 소리로 부르고 계신다.

그리스도께서 따르는 자들에게 바라신 것은 하나님께 순종하는 독실한 마음이지 하나님같은 능력은 아니었음을 우리는 재확인할 필요가 있다. 하나님같음(Godlikeness)이란 곧 불가능함이다. 반면 독실함(godliness)은 창조주가 만드신 인간의 본래 특질들을 숙고해 보도록 만드는 특별한 성숙의 과정을 묘사하는 말이다. 이 둘 사이에는 참으로 중요한 차이가 있다. 날마다 나는 하늘에 계신 아버지께 독실한 하나님의 사람이 되게 해 달라고 구하지 결코 '하나님같음'이란 불가능을 원하지는 않는다.

붉은 광장에 착륙한 경비행기에 대한 이야기를 처음 읽었을 때, 나는 그것을 나 자신의 무너진 세계 경험에 비추어 보았다. 우리 내면이 외적, 내적인 어떤 힘에 의해 얼마나 자주 침입당할 수 있는가를 더 분명히 알게 된 것이다. 방어막이 허술하거나 방심하고 있을 경우에 그 결과는 그 경비행기 사건으로 해서 소련 방어성이 당했던 창피만큼이나 우리를 수치스럽게 만들 것이다.

그 이야기는 내가 성경이 말하는 죄인이라는 사실을 새로이 깨닫게 해주는 놀라운 것이었다. 행동으로 죄짓지 않았다면 생각으로, 나는 십계명 하나하나를 종종, 가끔은 가장 교묘한 방법으로 어겨 왔던 것이다.

시내산에서 이스라엘 백성을 위하여 하나님께서 모세에게 주신 이 기준들을 연구해 보면, 정말 놀랍고도 극명한 자기 측정을 해볼 수 있다. 그 연구는 내가 참으로 신실치 못한 사람이라는 것을 알려 주었다. 아무도 그 기준에 들어맞을 것 같지 않았다.

　죄인으로서의 내가 얼마나 죄짓기 쉬운 인간인가를 야고보는 이렇게 지적하고 있다. 내가 십계명 중의 단 하나를 어겼어도 사실 그것들을 모두 어긴 셈이 된다는 것이다. "누구든지 온 율법을 지키다가 그 하나에 거치면 모두 범한 자가 되나니" (약 2:10) 우리의 나쁜 행실이 특별히 대중의 관심을 끌건 그렇지 않건간에, 하나님 전에서 우리는 모두가 범법자들이다. 또한 그리스도인들이라면 그 말이 우리가 그리스도 앞에 모일 때 하나가 될 수 있는 우선적인 단어라는 것을 인식해야 한다.

　그러나 성경은 개인의 죄악된 행동이나 태도보다는 우리를 도덕적으로나 영적으로 그릇된 행동을 하기 쉬운 상태로 몰아가는 잠재적인 악함이나 죄성에 더욱 촛점을 맞추고 있다. 하지만 다른 이들보다 훨씬 나쁜 짓을 한 사람을 두드려져보이게 하고 싶은 것은 인간이 가진 성향이다. 그 까닭은 그들이 우리에게 특히 불쾌감을 주었거나 다른 사람보다 훨씬 나쁜 결과를 가져왔다는 것을 알아차리기 때문이다. 그렇게 죄가 드러나고, 혹은 스스로 죄를 고백한 사람들을 두고 우리는 타락했다고 하지만, 실은 우리가 큰 죄를 지었건 안 지었건간에 '이미' 모두가 타락한 사람들임을 알아야 한다.

　교회에서는 죄나 그릇된 행실에 대해 말은 하지만, 성도들이 그에 의해 상처받기 쉽다는 문제는 그리 중대히 받아들이지 않는 것 같다. 무의식적으로 그릇된 행실을 중요하다 덜하다 등의 점수를 매김으로써, 우리는 성경의 가장 중심적인 교리를 무시하고 있는 것이다 : 모두가 죄인이며 십자가 앞에서는 모두가 동등하다는 것, 모두가 똑같은 양의 용서와 회복의 은혜를 필요로 한다는 것, 모두가 각자의 영공으로 잠입하여 타락으로 이끄는 조그만 침입자들의 위협에 노출되어 있다는 것, 그리고 모두가 그런 공격이 올 때 방어하는 방법에 대해 더욱 배울 필요가 있다는 것을 말이다.

　챔버스는 이렇게 썼다.

　　전쟁에서 무사히 살아돌아온 사람이 있다고 하자. 친구들은 그에게 기도의 응답을 받았다고 하나, 그럼 전쟁에서 불행한 일을 당한 이들의 기도는 응답되지 않았다는 의미인가? 우리는 누구에게나 어두움이 닥칠 수 있음을 기억해야만 한다. 우리는 불행에서 구조되는 것이 아니라 그 안으로 들여보내지는 것이다. (The Place of Help)

몇 년 전 나는 대학 졸업식에서 연설을 하게 되었는데, 행사가 시작되기 전에 그 학교 이사회 멤버 중 한 사람이 총장실에 나와 같이 앉게 되었다. 우리는 서로 처음 보는지라 서로를 더 잘 알고자 질문을 주고받게 되었다.

갑자기 내 새 친구가 이상한 질문을 - 그 때부터 참 많이 숙고해보게 되는 질문을 하나 했다. "만일 사탄이 당신을 실족케 하려고 작정했다면 무슨 방법을 쓸 거라고 생각하십니까?"

"글쎄요, 잘 모르겠군요." 나는 대답했다. "별별 방법을 다 쓸 것 같은데요. 하지만 사탄이 건드릴 수 없는 영역이 단 하나 있습니다."

"그게 뭡니까?"

"내가 사람들과 개인적으로 맺는 친교지요. 그 부분만은 굳게 믿고 안심할 수가 있어요."

그 대화 이후 몇 년이 지나 나의 세계는 아주 크게 주저앉고 말았다. 아무 악의도 없어 보였던 선택들이 전부 해로운 것이 되어 돌아왔는데, 그건 모두 내 잘못이었다. 하는 선택마다, 결정은 쉬웠으나 점차적으로 난감해져 갔다. 내가 굳게 믿고 안심한다고 말했던 바로 그 부분이 마침내 무너지고 말았으며 이제 나의 세계는 재건되어야만 했다.

또 다른 통찰력있는 작품에서 오스왈드 챔버스는 구약 성경에 나오는 군인 요압에 대하여 말하고 있다. 그는 다윗왕 휘하의 군대장관으로서 왕에 대한 충성심이 남달랐던 사람이다. 다윗의 아들인 압살롬이 반란을 일으켰을 때, 요압은 큰 권력을 쥘 수 있는 기회를 맞아 시험당하게 되었으나 모든 유혹을 물리치고 왕을 배반하지 않았다. 이제 그 충성심으로 잘 알려지게 된 요압은 후에 똑같은 도덕적 시험을 마주하게 되는데 이번에는 실패하고 만다. 선택을 잘못하여 다윗에 대항하여 일어난 아도니야의 반란군에 가담하게 된 것이다. 요압의 가장 큰 강점이 그의 약점이 되어 버렸다. (왕상 1:7 참조)

챔버스는 사람들이 주요한 개인적 싸움에서 패배하게 되는 원인이 약점에 있지 않고 이상하게도 강점에 있다는 것에 대해 주목한다. 그는 "성경 안의 인물들은 약할 때 넘어지는 것이 아니라 강할 때 넘어진다. 경솔하게 사용되는 힘은 이중의 약점이다."라고 썼다. (The Place of Help)

우습다! 젊었을 때 나는 우리의 가장 약한 부분이 가장 공격받기 쉽다고 생각했는데 챔버스는 반대로 말하는 것이다. 나는 가장 강하다고 믿고 있는 곳이 '전쟁(심리적, 감정적 전쟁이 아닌 바로 영적 전쟁)'의 준비가 가장 미흡한 곳이 되기 쉽다는 사실을 개인적으로 경험하기 전에는 잘 알지 못했다. 우리가 대비하지 않을 때, 가장 방비가 잘 되어 있는 요새도 심각한 위험에 처하게 된다. 아무도 "난 실패할 리가 없어."라고 말하지 말라. 혹은 사도 바울이 쓴 것처럼, "그런즉 선 줄로 생각하는 자는 넘어질까 조심하라"(고전 10:12)

조그만 비행기 하나가 모스크바 한가운데의 붉은 광장 위를 분주히 돌아다닌다. 크레믈린 궁 위를 조그만 비행기들이 나는 것은 그리 보기 쉬운 장면이 아니라고 들었다. 영공은 엄격하게 통제되고 있으며, 덴마크를 향한 침입 저지 시스템은 어떤 난입도 가만 두지 않겠다는 듯 가동되고 있다. 군인들은 강력하고 단호한 자세로 근무한다. 어떤 침략자도 붉은 광장을 쳐들어올 수는 없다 하면서. 그 와중에도 그 조그만 비행기는 허공을 맴돌고 · · · 크레믈린 궁, 레닌의 무덤 바로 옆에 착륙해 버린다. 한 새파란 젊은이가 내려와서 사인을 해 준다. 소련 당국은 수치스러워한다 · · · .

그럴 리가 없다고 생각하며 영공을 침투하도록 내버려두는 우리 모두에게도 그런 일이 일어나지 않겠는가.

CHAPTER 4

세계는 왜 무너지는가?

> 개인적인 통찰력이란 순간적인 것이 아닌, 계속되는 건전한 삶의 방식이다. 통찰력은 재건에 있어서의 첫 발걸음이라 할 수 있다.

예수님께서 말씀하신 많은 비유들 중에 가족과 헤어져 떠나고자 한 한 젊은이의 이야기가 있다. 우리 문화에서는 이해하기 힘든 일이지만, 그는 아버지의 재산 중에 자신의 몫을 요구할 권리를 행사하려고 한 것이다. 그 몫을 그는 여행에 편리하게 현금으로 바꾸어 즉시 세상의 다른 쪽을 향해 떠났다.

예수님께서는 이 젊은이가 아버지 곁을 떠날 때 가지고 있었던 계획에 관해서는 아무 말씀도 없으셨다. 우리는 그 젊은이가 가족 구성원으로서의 책임에서 자유하여 독립하기를 원했다는 것만 알 수 있을 뿐이다. 아버지의 돈을 가지고 그는 목표 달성을 위하여 출발했는데, 우리는 그가 여행 목적지로 왜 그 도시를 골랐는지 알 도리가 없다. 생전 처음 경험하는 휘황찬란함에 끌렸는지도 모르고 혹은 좋은 투자조건이나 일자리에 대해 이야기를 들었을지도 모를 일이지만, 막상 그곳에 도착하고 나자 쾌락이 가장 일차적인 문제가 되어 버렸다.

탕자라고 알려지게 된 그 젊은이는 계획도 없었고 그 많은 재산을 오락과 여자들에 다 써버리게 될 줄은 예상치도 못했을 것이다. 내가 상상하기로 그는 자신의 돈이 다 흘러나가 바닥날 때까지 모든 파티에 명예 손님으로 불려나갔을 것이다.

돈이 바닥났을 때 그의 휘청거리던 개인 세계는 붕괴되었다. 사실 말하면, 그의 세계는 오래 전부터 무너져내리고 있었다. 그게 사실임을 증명해주는 어떤 환경이 조성되었을 뿐이었던 것이다.

한때 부자였으나(성숙함은 제쳐두고라도, 적어도 돈에 있어서는) 이제 돈 한 푼 없이, 젊은이는 무너진 세계라는 각본을 마주해야 했다. 그 각본에는 그 당시 이 비유를 듣는 유대인들이 상상할 수 있는 가장 지독한 궁지를 의미하는 돼지치는 일이 포함되어 있었다. 그야말로 막다른 지경에 이른 것이다.

주님께서 이야기를 풀어나가심에 따라, 청중들은 상실감과 굶주림, 수치심이라는 결과가 갑자기 젊은이에게 첩첩 쌓였으며, 그것이 젊은이에게 깊은 개인적 통찰의 순간을 가져다 주었다는 것을 파악할 수 있었다. 예수께서는 그 순간을 이렇게 묘사하셨다. "이에 스스로 돌이켜"(눅 15:17) 그 때에 와서야 그는 집이 의미하는 것이 무엇인지, 사람들간의 관계란 무엇인지, 그리고 가장 중요한 - 자신이 살았던 방식과 그동안 선택했던 것들의 가치가 과연 무엇이었는지를 분명히 생각해보기 시작했다.

이것을 개인적 통찰의 순간이라고 부르도록 하자. 잔인한 진실의 순간! 매우 놀라운 순간이다. 한 번 경험하게 되면 결코 잊지 못한다. 특히 그 진실을 얼마동안 계속 피해 왔거나 자기 그대로를 마주하는 습관을 버리게 된 사람이라면 더 그렇다. 무너진 세계에의 경험을 가진 거의 모두가, 끔찍한 결과로 이끄는 선택들을 피할 수 있었을 것이기에 좀더 빨리 왔더라면 하고 바라는 때가 바로 이 통찰의 순간인 것이다. 대개 그런 기회들이 있지만, 사실 통찰의 순간을 겪고 조금 더 나은 결과를 만들 수가 있을 때에도 사람들은 그 탕자처럼 보거나 들으려고 하지 않는다.

성경에서 말하는 이 통찰의 순간은 사람이 진리를 진리 그대로 알게 되는 때이고, 그들 자신을 그대로 알게 되는 때이며, 내가 '선택의 환경'이라고 이름하고 싶은 것이 바로 자신들이 선택을 가능하게 했음을 알게 되는 때이다.

그 순간의 첫번째, 진리는 하나님의 법을 말한다. 그분께서 정하신 대로 인생이 개인의 건강과 안정을 최대로 일구어가며 살아가야 하는 것이다. 이 진리는 경쟁할 수 없고, 타협이 없으며, 결국에는 피할 수도 없다. 이 법을 경외하고 순종할 때 모든 사람이 승리하며, 하나님은 영광을 받으신다.

우리 자신을 있는 그대로 보는 것은 또 다른 문제이다. 겸손, 바로 그것이다. 이런 통찰력의 면에서 우리 인간은 잘 통합된 삶을 살 수 없다는 것을 알게 되고 또 확신한다. 우리 마음대로 하다가는 건전한 가치관과 선택에서 동떨어져 표류하다가, 결국엔 하나님께서 우리게 주신 재능과 우리 자신을 다 허물어뜨린 채 끝나버리기가 쉽다는 것을 알게 되는 것이다. 역사가 그것을 증명하고 있다. 그것은 탕자도 마찬가지이다.

자신들의 선택을 가능하게 만든 그 환경에 민감해짐으로써 인간은 나쁘든 좋든 간에 다른 경우에서는 선택하지 않았을 어떤 선택을 더 하기 쉽게 만드는 시간과 장소와 영적인 분위기가 있다는 것을 알게 된다. 예를 들어, 탕자가 가족이라는 환경에 남아있기로 작정을 했더라면 그는 자신의 재정적인 원천 - 돈을 그렇게 흩뿌리는 바보같은 선택은 하지 않았을 것임이 분명하지 않은가. 집에서 그는, 자신이 잘 되기를 바라는 사랑하는 사람들과 조언자들에 대한 어떤 근본적인 의무에 의해 자기억제를 시킬 수 있었을 것이다. 아마 그는 그들이 주는 조언과 질책에서 은혜를 받고 즐거워 했으리라. 그러나 낯선 장소, 상관없는 사람들, 마음껏 흥청대는 술잔치같은 환경 속에서 그는 모든 것을, 자신의 정직함까지도 잃어버리게 되는 선택을 하고 말았다.

불행하게도, 그는 모든 것을 잃어버린 후에 '스스로 돌이키게' 되었다. 인간은 그런 통찰력의 순간이 여러가지 잘못된 선택들을 하기 전에 왔더라면 얼마나 좋았을까 하고 바라기 마련이다. 왜 그리 많은 세계가 허물어지는가에 대한 대답이 바로 거기에 있는 것이다.

나 자신이 무너진 세계를 경험했기에 이런 식으로 내용을 엮어나가는 것이다. 내가 스스로 돌이켰을 때, 개인의 통찰력을 가지게 되었을 때가 내 마음속 깊이 새겨져 있다.

나는 정신적으로나 영적으로 돼지우리 안에 있던 상태라 말할 수도 있을 것이다. 내 주위 사람들 중 누구도 내가 있던 정신적, 영적인 위치를 깨닫지 못했고, 나도 그것을 드러낼 준비가 안 되어 있었다는 것을 강조하고 싶다.

나는 괴로운 내면의 싸움을 숨기기 위해서 너무도 많은 힘을 소모해 버렸다.

통찰의 순간 : "이에 스스로 돌이켜" 나는 이 순간이 다소 관례적인 질서를 따르고 있으며, 세기를 내려오면서 그릇된 선택을 한 후 통찰력을 얻게 된 많은 사람들도 정확히 그 질서를 따라 왔음을 제시하고 싶다.

이 과정을 생각하면 나는 충치로 고생하고 있는 사람이 치과의사에게 가서 겪어내야 하는 일을 떠올리게 된다. 충치를 제거하는 과정을 보면, 충치가 있는 곳을 알아 내고 썩은 정도를 정밀검사한 후에, 그 치아를 드릴로 갈아 내고 그곳을 다시 건강하게 힘을 줄 대체물로 채우게 된다.

탕자의 경험에서 보았듯이, 통찰의 순간을 겪게 될 때는 우선 참으로 기분나쁘고 기대하지도 않았던 상황이 계속 증가함을 알 수가 있다. 그것을 무거운 "영의 고통"이라고 부르자.

잠시동안, 아마도 그는 자신이 직면한 이 재난을 잘 견딜 수 있을 것이고, 운이 좋아서 그 손상이나 손실이 고쳐지거나 적어도 감춰질 수는 있을 것이라고 생각했을지도 모른다. 그러나 그것은 가능하지 않았다. 결국 아무에게도 가능하지 않은 일을 우리는 '제발' 하며 애쓰고 있는 것이다. 이것은 치통이 있는데도 '조금 참으면 나아지겠지'하며 치과의사에게 가기 싫어하는 것과 비슷하지 않은가? 종종 나아지기도 하지만 대개는 그렇지 않다.

그런 후에 판단과 선택에 있어 큰 잘못을 했다는 결론에 이르게 된다. 신용이 박살이 나고, 재산도 흥청망청 쓰고, 결정은 그릇된 길로 들어서 버린다. 이제 돼지우리에 있게 된 탕자는 이것을 알고 왜 이런 일이 일어났는가 하고 자책하기 시작한다. 그 고통은 정밀검사를 받고 치료받아야 한다.

그래도 통찰의 순간은 계속된다. 이 선택은 누구의 책임인가? 나? 다른 사람들? 혹은 때가 안 좋았던 것인가? 이것은 종종 통찰력에 이르는 과정의 기로가 되는데, 만일 그 탕자가 자신이 한 행위의 잘못을 다른 사람들에게 전가시키려고 작정했다면 그는 또 다른 무너짐의 반복을 보장하게 되는 것이고, 그것은 아마 처음 것보다 훨씬 지독할 것이다. 그래서는 안 된다. 내면의 고통을 맛보아야 하는 순간 - 탕자는 손가락으로 자신을 가리키고 이 선택의 모든 책임은 자신에게 있음을 시인해야 한다.

이를 드릴로 뚫는 순간은 괴로운 경험이다. 하나님 앞에서 죄와 책임을 인정하고 그분 전에 서서, 변명 없이 슬퍼하며 자신의 그릇됨을 시인하는 것이다. 매우 어려운 순간이며, 아마 인간으로서는 가장 하기 힘든 일일지도 모른다. 이 행동을 성경에서는 '회개'라고 한다.

회개란 다소 극적인 단어라 할 수 있다. 이것은 어떤 한 방향을 향해 여행하다가 갑자기 반대로 방향을 트는 행위와도 같은 것이다. 세례 요한과 예수님께서는 개인 세계가 무참히 무너져버린 사람들의 세대를 향해 말씀하고 계셨기 때문에 회개를 가르침의 중심으로 삼으셨다. 그러나 사람들은 그들의 세계를 다시금 모으는 데 필요한 변화를 마주하려 하지 않았다. 완고한 사람들은 쉽게 회개하지 않는데, 그 시대의 사람들은 완고했던 것이다.

첫째로, 회개는 고백의 행위로써 활성화된다. 고백은 하나님 또는 다른 사람들 앞에서, 자신이 죄를 지었고 용서를 구하고 있다는 솔직한 시인의 행위이다. 성경에 나온 실례(實例)와 가르침을 보면 고백의 행위에 높은 우선권을 주고 있음을 알 수 있다. 그렇게 함으로써 그는 실제로 마음 속의 비밀을 드러낼 수 있기 때문이다. 마음이 스스로 열리기 전에는 무너진 세계에의 재건 과정은 시작될 수가 없다.

기독교 전통에서는 이 고백의 문제에 관해서는 불행한 극단으로 치닫는 듯 보인다. 가톨릭(Roman Catholic) 성당에서는 몇 백 년 동안 고해실(confessional booth)을 그대로 간직해 오고 있다. 그러나 이제는 대부분의 성당에서, 완전히 폐지시키지는 않더라도 현저하게 줄어들고 있는 추세이다. 신부와 고해성사하러 오는 성도와의 만남이 차츰 우발적인 것이 되고 의미있는 회복이 없는 경우에는, 또 그 고백의 행위가 공허한 의무, 다시 말해 종교적으로 불유쾌한 일이 되어버린다면 그 추세는 이해할 수 있는 현상이다.

한편으로, 믿음을 사유화하고 고백을 사람과 하나님간의 쌍방간의 거래 정도로 강등시키려고 하는 신교도(Protestant) 쪽의 경향을 보면 책임감, 그리고 고백의 행위가 가능하게 만들어야 할 새로운 방향이 상실되어 버렸다. 누구라도 "하나님, 미안합니다." 에 지나지 않는 그런 잠깐 기도를 하고는 그냥 생활해 나간다. 고백이 그렇게 너무 사유화되고 "남몰래" 식이 되어버린다면, 진정한 참회와 심경의 변화가 있었는지 어떻게 알겠는가? 이 석연치 않은 고백 행위는 값싼 은혜를 구하느라 표류하기가 쉽다.

주님을 따르는 사람들의 삶에는, 위와 같은 일들이 하나님과 그분의 교회에 범죄하는 일이 된다는 것을 확실히 인식하고 "예수님의 이름으로 당신을 용서합니다."라는 말을 듣는 순간이 꼭 필요하다. 이것은 신교도들이 수세기동안 두려워 해 왔던 신비로운, 성직자가 해 주는 사면같은 것이 될 필요는 없다. 그게 아니라 이것은 한 성도가 다른 성도에게 해 주는, 우리가 고백할 수 있을 만큼 겸손해질 때 신실하신 하나님께서 용서하신다는 확언이면 되는 것이다. 그것이 우리의 삶에서 실제로 어떻게 일어나야 할 것인가가 중요한 것이다.

마지막으로, 드릴로 뚫어 놓은 구멍이 꼭 채워져야 하는 것처럼, 세계가 무너져버린 사람은 성경이 말하는 회복의 상태로 들어가야만 한다. 회복이란 재건을 말하는 것이다. 그 재건의 몇몇 부분은 그 사람 스스로 할 수 있지만 마지막 부분은 꼭 다른 사람들에 의해 행해져야 한다.

나중에 좀더 상세히 보게 되겠지만, 회복은 무너진 세계의 경험 안에서 손실이 마무리되는 것이고, 그 손실이 어떻게 고쳐질 것인가를 묻는 것이다. 무너져버린 관계는 잘 점검해 보아야 하고, 가능하다면 다시 잘 모아 붙여야 한다. 용서를 빌고, 또 용서해 주어야 한다. 그러기 위해서는 사람들이 모여서 자비를 베풀고 서로에게 축복해주는 일이 필요하지만, 그것들은 베풀기에 간단하거나 쉬운 것은 아니며 시간이 꽤 걸릴 수도 있다.

회복은 기독교 공동체의 특별한 행위들 중의 하나이다. 궁극적으로 말해 회복은 무너진 세계 경험자로부터 요구하거나 얻을 수 있는 것은 아니다. 그것은 하나님께서 받기를 소망하는 사람들에게 자유로이 은혜를 내려 주시듯이 자유로이 주어져야 하는 것이다.

회복이 진정한 것이라면, 그것은 보기에 아름다운 관계를 다시 회복시켜 주게 될 것이다. 나는 게일이 깨진 컵 조각들을 붙이기 위해서 도구 상자에서 접착제를 꺼낼 때면 이것이 생각난다. 아내는 "이 풀은 참 강력해서 새로 붙인 부분은 이제 절대 안 깨질 거예요."라고 말한다. 그녀는 회복되었을 때 일어날 수 있는 일을 잘 묘사해 주었던 것이다.

이것은 전부, 그 젊은이가 스스로 돌이켜 통찰력을 가지게 되었을 때 시작되었다. 통찰력을 가진 상태에서 생각해 보면, 우리가 곤란해지는 이유는 내면 세계에서 일어나는 일들에 대해 알지 못하기 때문인데, 왜냐하면 우리가 하나님의 진리를 깨달아 알고, 성향과 약점을 잘 알아 정말로 우리가 누구인지를 기억하며, 선택의 환경들을 조사하는 곳이 바로 내면 세계이기 때문이다. 그러므로 우리의 내면 세계와 접촉하지 않는다면 우리는 세계가 무너지는 경험을 하기가 쉽다.

그것이 바로 이스라엘 왕 다윗에게 일어난 일이었다. 그는 통찰력을 얻는 과정에서 참 많은 갈등을 한 것으로 보이는데, 그것은 다윗 자신이 통찰력에 있어 문제점을 가지고 있었기 때문이리라. 다윗의 시편들을 읽어 보면 그가 빈번히 그 문제를 놓고 고민했음을 알 수 있다. 내면의 자아를 마주함에 있어 완고하다는 것, 이 영역에서 많은 도움을 필요로 한다는 것을 환기시키려 노력한 것 같다.

그가 쓴 시 중 가장 많이 읽히는 시편 139편에서, 다윗은 그런 통찰력에 대하여 말하고 있다. "주께서 나를 감찰하시고 아셨나이다" (1절). 하나님의 언약 그대로 다윗 자신을 잘 아시는 분이 계신다는 사실을 다윗이 기꺼워했는가는 처음 보아서는 확실치 않다. 그러나 시편이 끝나기 전에 다윗은 하나님으로 하여금 자신을 더욱 살피시도록 간곡히 초대하고 있다. "나를 살피사 내 마음(내면의 자아)을 아시며 나를 시험하사 내 뜻(외적인 행위)을 아옵소서 내게 무슨 악한 행위가 있나 보시고" 고칠 곳이 있거든 알게 하여 달라고 다윗은 말하고 있다.

탕자처럼, 다윗도 그의 일생에서 일련의 무서운 선택들을 하고 말았다. 잘 알려져 있는 가장 중대한 그릇된 선택은 밧세바와의 불륜의 관계였다.

만약 다윗이 그가 처음으로 유혹이란 것을 경험한 그 날 자신의 내면 세계에서 무슨 일이 일어나고 있었는가에 대한 통찰력이 있었다면 이야기는 달라졌을지도 모른다. 만약 그가 내면의 자아를 밀어내고 있는 권태와 나태함을 식별해 낼 수 있었다면 무엇이 바뀌었을까? 만약 그의 중요한 친구들과 조언자들이 자신을 왕궁에 홀로 남겨두고 전장으로 가 버렸을 때, 자신이 선택을 잘못하기 쉽다는 것을 잘 인식하고 있었더라면 그는 조금 더 조심할 수 있었을까? 통찰력이 있었다면, 자신의 가장 깊숙한 곳으로부터 나오는 정욕과 열정이 그를 사로잡고 선택에 영향을 미치려고 할 때 다윗은 더욱 경계하고 민감할 수 있었을 것인가?

이 일들이 정말로 일어났기 때문에, 우리는 다윗이 다른 남자의 아내와 죄를 범한 것을 깨달은 후에 통찰의 순간으로 돌아오기를 기대한다. 그러나 그는 그렇게 하지 못했다! 짐작해 보건대, 그는 분명 밧세바와 저지른 율법을 범한 행위를 고의로 은폐하려는 계획을 짰고, 다른 나쁜 일이 벌어지지 않기를 빌었을 것이다.

그러나 뭔가가 벌어졌다. 밧세바는 사람을 보내어 그들의 관계로 인하여 임신하게 되었음을 알려왔던 것이다. 그녀의 남편 우리아는 전쟁터에 나가 있었으며, 얼마 안가서 그가 배신당했다는 것을 모두가 눈치채리라는 것은 분명했다.

다윗은 외적으로 나타나는 결과를 마주해야만 했다. 그 순간이 오기 전에 결과는 내적이고 사적인 것처럼, 고통스럽긴 하지만 그가 선택만 한다면 비교적 다루기 간단한 사건처럼 보였다. 왕은 하나님과, 밧세바와 그의 남편, 그리고 다른 몇몇 사람들과만 흥정하면 됐을 것이다. 그런데 이제 그 결과는 통제를 벗어나 치솟아 버렸다. 다른 사람들도 곧 알게 될 것이었다.

그것이 그의 개인적인 통찰의 순간일 수도 있었겠지만, 결국은 그렇게 되지 않았다. 다윗은 길을 잘못 택하여 다시 은폐 정책을 쓰기로 작정했다. 다윗은 우리아와 아내 밧세바가 몇날 밤을 같이 보내기를 바라면서 그를 전쟁터로부터 불러들였다. 그렇게 되면 그녀의 임신이라는 결과는 정당화될 것이다. 다윗은 이렇게 생각했으리라.

그러나 다윗의 은폐 작전은, 우리아가 다윗의 왕궁에서 일시 군무(軍務)를 하는 동안에는 집에 갈 수 없다고 고집하는 바람에 산산이 부서지고 말았다. "내 동료들이 지금 전쟁터에 있고 나와 같은 특전도 받지 못하고 싸우고 있는 중에 내가 어찌 집에 가겠습니까?"하고 그는 되려 물었다. (삼하 11:11 참조)

우리아가 의도적이었든 그렇지 않았든간에 다윗의 은폐 작전을 망쳐놓았을 때(우리아가 처음부터 계획을 눈치채고 있었다고 주장하는 사람들도 있다), 다윗은 통찰력을 획득할 수 있는 다시 한 번의 기회를 가질 수 있었다. 그러나 그는 다시금 그릇된 길을 택했다. 나의 은유를 굳이 섞어 말한다면 치과의사의 드릴을 피하고는, 우리아가 전장에서 죽도록 간단한 음모를 꾸미고 말았던 것이다.

다윗이 전장의 군대 장관이었던 요압에게 우리아를 대단히 위험한 장소에 배치하도록 지시를 내리는 편지를 씀으로써, 다윗이 한 본래의 잘못된 선택이 주위에 끼치는 영향은 더욱 확대되었다. 요압은 그 심상찮은 요구를 읽었을 때 무슨 일이 벌어지고 있는지 알았어야 했다. 그러나 다윗에 맞서 항의하는 대신 요구에 응해서, 최초에 저질러진 죄와 그 결과를 없애려는 다윗의 다음 계획에 기꺼이 참여했다. 우리아는 곧 죽었다.

관계한 여인의 남편도 죽고 따져 묻는 사람도 아무도 없었으므로 다윗은, 결국은 문제는 해결되었고 자신의 개인 세계는 무너지지 않았다고 생각했다. 그는 밧세바와 결혼할 수 있게 되었고, 또 그렇게 했다. 만약 여러분이 다윗의 내면으로 들어가 그 후 몇 달간의 그의 마음을 읽어볼 수 있었다면, 아마 두 마음을 먹고 사는 인간의 생각을 관찰해 볼 수 있었을 것이다. 한 쪽은 자기가 저지른 일을 생각하며 비통에 잠겨 있고, 또 한 쪽은 자신의 경솔함을 은폐하려고 사람들을 어떻게 속였는가를 생각하며 다소 도전적이고 약삭빠른 생각이 가득하지 않았을까 (나는 무거운 죄에 경솔함이라는 다소 가벼운 단어를 썼다. 은폐하려는 생각을 하는 사람의 마음은 대개 기회가 있을 때마다 그 죄의 본질을 줄이려고 하기 때문에 다윗은 자신의 죄를 '경솔함'정도로만 보고 싶었으리라).

1년이 지났다. 여느 때와 다름없는 1년이었다. 나라를 통치하고, 결정을 하고, 시편을 쓰고(얼마나 많이 썼고, 또 그게 얼마나 아름다운 시들이었는지 의심해 볼 수밖에 없지만서도) 하면서 말이다. 그 잘못된 선택의 결과가 마침내 끝난 것처럼 보이는 1년이었다. 확신히 말할 순 없지만, 다윗은 마침내 이럭저럭 외면적인 결과들을 정리했다는 인상을 남긴다. 결국, 그는 자신이 저지른 일이 사람들에게 (그리고 하나님에게도?) 알려지지 않도록 잘 숨긴 것이다. 적어도 그렇게 보이기는 했다.

세계가 무너진 사람들은 어떤 식으로 생각하는가를 알아보기 위해 다시 다윗의 마음으로 들어가 보자. 이제 왕은 그 간통의 순간을 합리화하는 단계까지 도달한 것인가? 이제 스스로 마음을 위로하여, 우리아를 전장의 가장 위험한 곳에 배치한 진짜 이유가 군대 내의 결정이 아니라 은폐 공작으로 인한 결정이었다는 것을 잊어버리면서까지 이제 그의 죽음을 정당화하려는 것인가? 그는 외면으로 보이는 결과들이 없애 주셨음을 하나님께 감사할 정도로 "통찰력이 바다나" 있었던 말인가?

세계가 무너진 사람들은 정말 그런 식으로 생각할 수 있다. "스스로 돌이키지 못한" 통찰력없는 마음은 자기들을 변호하기 위해 어떤 사건이든지 자신들에게 유리한 해석을 내려버릴 수 있다. 인간이란 그런 은폐 공작이라면 모두 전문가들이다.

전시(戰時)의 독일 안에 있었던 나찌 지도자들의 사고방식을 연구하는 사람들이라면 누구나 유대인들과 또 다른 적들을 대학살해 버린 잘못을 정당화하려는 그들의 노력을 기억할 것이다. 그들은 그 만행을 두고, 어려웠으나 할 수밖에 없었던 – 앞으로 올 세대가 고마와할 영웅적 행동이었다고 뇌까린다. 그것이 바로 "통찰력이 바다난" 사람들이 하는 생각이다.

다윗으로 돌아와 보자. 이 동안 그의 양심은 과연 그를 괴롭혔을까? 그는 작년에 일어났던 사건들을 비디오에 끼워넣은 테이프를 재생시키듯 돌려보기나 했을까? "스스로 돌이키지" 않기 위해서 그는 얼마나 애써야 했을까? 세상에 말하고 싶어 좀이 쑤셔하는 내면의 생각들에 뚜껑을 덮어 놓느라 그는 얼마나 엄청난 에너지를 낭비했을 것인가?

다음의 시편은 아마 이 기간 동안에 쓰여진 것인지도 모른다.

> 내가 토설치 아니할 때에 종일 신음하므로
> 내 뼈가 쇠하였도다
> 주의 손이 주야로 나를 누르시오니 내 진액이 화하여
> 여름 가물에 마름같이 되었나이다 (시 32:3-4)

그들을 둘러싼 세계가 무너지기 시작하는 사람들은 위의 시편을 잘 이해할 것이다. 그들은 내면을 들여다보며 불안해하고 그 안에 보이는 것을 증오한다. 그들은 잠들수 없는 밤의 고독을 잘 알고 있다. 마음 속에서 끊임없

이 돌아가는 영사기가 과거의 일들 – 이제는 어쩌지 못하는 선택을 하는 장면을 틀어 줄 때면 견딜 수가 없는 것이다. 자신이 가장 죄의식을 느끼고 있는 문제에 대해서 사람들이 말을 꺼낼 때마다 자신을 가리키고 있는 비난의 손가락들을 떠올리는 것이다.

다윗과 같은 사람들은 자신들이 더 이상 정직함을 가지고 있지 않다는 것을, 더 이상 온전하거나 건강한 사람이 아니라는 것을 갑자기 깨닫는다. 또한 그들은 점점, 사람들이 자신의 불안을 눈치채고 말 것이라는 생각에 두렵고 지치게 된다.

다윗의 경우를 보면, 그는 내면에 괴로운 감정, 죄의 깨달음이 있긴 했으나 그것들을 과거의 진실과 서로 연결시켜 주지 못했거나, 아니면 연결시켜 주지 않은 것 같다. 나는 다윗이 저지른 간음과 살인이라는 악한 행위에 대해 말하려고 그를 찾아온 선지자 나단의 접근을 연구하면서 이런 결론에 다다르게 되었다.

만약 나단이 다윗에게 편지를 보내어 예전에 저지른 죄에 대하여 얘기 조금 하자는 식의 전갈을 보냈다면 그는 과연 성문을 통과할 수 있었겠는가? 절대 그러지 못했으리라! 다윗의 사무실로 들어가 "얼마 전에 당신이 저지른 중대한 범죄에 대해 얘기를 나누려고 찾아왔는데요." 라고 했다면 다윗이 그를 모셔들여 의자를 내 주었겠는가 말이다. 그랬을 리가 없다.

나단은 영리해서, 다윗이 여전히 사실을 은폐한 채 살고 있으며 통찰의 순간을 갖지 못하는 것을 알았다. 그래서 그는 악의는 없지만 슬픈 이야기를 해 주면서 다윗이 살고 있는 삶의 뒷문을 두드린 것이다. 다윗은 이야기에 끌렸다.

> 한 성에 두 사람이 있는데 하나는 부하고 하나는 가난하니 그 부한 자는 양과 소가 심히 많으나 가난한 자는 아무것도 없고 자기가 사서 기르는 작은 암양 하나뿐이라 그 암양 새끼는 저와 저의 자식(子息)과 함께 있어 자라며 저의 먹는 것을 먹으며 저의 잔에서 마시며 저의 품에 누우므로 저에게는 딸처럼 되었거늘 어떤 행인(行人)이 그 부자에게 오매 부자가 자기의 양과 소를 아껴 자기에게 온 행인을 위하여 잡지 아니하고 가난한 사람의 양새끼를 빼앗다가 자기에게 온 사람을 위하여 잡았나이다 (삼하 12:1-4)

이것이 바로 다윗이 들을 필요가 있는 것이었다. 곧 그는 격노했다. 왜 그랬는가 나는 궁금하다. 다윗이 표출하는 분노는 이야기 속 부자의 파렴치한 행위에 대한 것이었을까? 도둑질이라는 범죄를 놓고 '그럴 수가!'라고 외치는 사람의 정당한 감정이었을까? 어쩌면 그것은 자신이 우리아라는 또다른 "가난한 자"에게 저지른 범죄를 생각하고 괴로워하는 외침이 아니었을까?

우리는 이런 일들이 일어나는 것을 많이 보아 왔다. 대부분의 사람들이 직접 만나보지도 않은 사람 일을 가지고 이러쿵저러쿵 떠든다는 사실을 잘 알고 있지 않은가? 조금 더 큰 규모로 보면, 다른 사람을 비난하고 비판하기 위해 무슨 짓이라도 하던 유명인사가 나중에 가서는 자기가 비난하던 범죄와 비슷한 죄목으로 수치를 당하는 것을 종종 보아오지 않았는가? 도대체 어떻게 된 것인가?

아마도 이것은 지금 막 음주를 그만 둔 알콜 중독자의 삶에서 보기 쉬운 패턴인 것 같다. 그는 결코 술을 입에 대지 않으리라 굳게 굳게 맹세한다. 가장 최근에 마신 것이 이젠 끝이라고 외워 댄다. 그 후 몇칠간 혹은 몇 주간이라도, 그는 음주를 그만둔다는 결심을 한층 보강하기 위해 모든 종류의 술과 술꾼들에 대해 심한 적대감을 보임으로써 예전에 자신을 괴롭혔던 것에서 멀어져 있다고 생각한다.

그러나 그가 다른 사람을 향하여 뿜어대는 모든 분노는 정말은 자기 자신을 향한 분노이다. 그것은 잘못된 방법으로 죄를 씻으려는 잠재의식적인 노력이다. 그것으로는 죄에서 벗어나기가 불충분하다. 자신이 저지른 실수에 대해 화를 내어 그 실수와 결과를 없애고 싶겠지만 그렇게 되지가 않는 것이다.

나단은 다윗이, 그가 범한 죄에 비하면 터무니없이 조그만 잘못을 저지른 한 낯선 사람의 이야기를 듣고 격노하고 있는 그 순간을 골라 이렇게 말한 것이다. "당신이 그 사람이라" 순간 다윗은 탕자처럼 "스스로 돌이키게" 되었다.

통찰의 순간! 그 순간은 오래 전에 왔어야 했으나 이제야 도착한 것이다.

"내가 여호와께 죄를 범하였노라" 다윗은 실토했다. 그리고 범죄의 시인, 스스로에 대한 객관적인 평가, 회복의 문제 등등이 시작되었다. 나의 은유적 표현을 쓴다면, 충치가 검사를 받고, 드릴이 작동을 시작하며, 적당히 시간이 흐른 후에 뚫린 구멍이 채워진 것이다.

통찰의 순간이 시작되기 전에는 어떤 깨져버린 세계든 재건이 시작될 수 없다. 그 순간에 다다르는 데 시간이 오래 걸릴수록, 무너진 세계를 재건하고 결과를 최소화시키기가 더욱 어려워진다.

어쩌면 채워주는 일이 필요한 치아 구멍에 대한 은유는 대부분의 사람들에게 있어 그리 유쾌하게 들리지 않을 수도 있다. 그 이유 때문에 이 어려운 주제를 놓고 그런 은유를 써본 것이다. 그러나 이 이야기를 끝내기 전에 치과의사가 내 치아 중 하나에다가 드릴을 갖다 대던 순간을 기억해 본다. 드릴이 썩은 곳이 없나 하고 입 안을 정밀히 검사할 때 조금 불쾌한 냄새가 났다. 어떤 면으로 보든 유쾌한 일은 아니었지만, 필요한 것이었다!

통찰의 순간은 반드시 유쾌한 순간이어야 할 필요는 없다. 그러나 요즘을 사는 많은 사람들이 발견하게 되는 싫은 주제들을 깊이 생각해 볼 마음이 없다면 이 책은 아무런 가치가 없을 것이다. 그래서 나는 드릴을 들고 통찰력이 요구되는 순간에 일어나는 일들을 검사해 보고 싶은 것이다. 성경에서 말하는 통찰력이 나 자신을 있는 그대로의 나로 보는 것, 선택하게 만드는 환경의 본질을 깨닫는 것을 의미하는 것이라면 나는 다음 몇 장의 개요는 잡아놓은 셈이 된다.

마음 속에서 나는 돼지우리를 떠나 집으로 돌아가는 탕자를 떠올려 본다. 나는 그날 예수님께서 해 주신 이야기가 실화였다고 생각한다. 그리고 주님이 하시는 말씀을 들을 청중들은 그분께서 자기들의 이웃이 겪은 이야기를 열거하고 계심을 깨달았으리라고 생각한다. 아마 그 아버지나 그 아들이 와서 듣고 있었을지도 모른다. 참으로 믿을만한 이야기이다. 나는 탕자가 집을 향하면서 했음직한 생각들을 곰곰 숙고해 본다.

그는 자신이 집을 떠나게 된 이유를 생각해 보았을까? 타향에 머물러 있으면서 악의없어 보였지만 점점 위험해진 일련의 선택들을 한 후 겪은 다양한 순간들을 생각했을까? 정말은 자기 것이 아니었던 재산의 손실을 세어보았을 것인가? 새로운 통찰력을 얻게 된 상태에서, 그는 자신이 한 행동 때문에 아버지와 사랑하던 사람들에게 얼마나 상처를 주었을지 생각해 보았을 것인가? 물론 그랬으리라. 무너진 세계를 가진 사람들인 우리 모두, 그가 그런 생각들을 했으리라는 것을 알고 있다.

CHAPTER 5

그늘 아래의 삶

> 과거나 현재에 행한 일에 대한 개인적인 비밀만큼 견뎌내기 무거운 짐은 거의 없다.

몇 년 전 나는 허리 통증으로 오래 고생한 적이 있다. 그럭저럭 견디고 살아 보려고 작정한 것이 실패로 돌아가자 나는 허리 통증을 전문으로 하는 의사를 찾아갔다. 45달러를 주고, 나는 2주간 침대에 누워 휴식을 취하라는 것과 진득하게 뜨거운 샤워를 할 때를 제외하고는 일어나지 말라는 처방을 받았다. 하지만 그게 손해본 일은 아니었던 것이, 그 처방이 효과가 있어서 곧 잘 걸어다닐 수 있게 되었기 때문이다.

그 의사는 내 통증에 처방을 해주고 싶어하는 천 명이나 되는 다른 허리 통증 환자들을 만날지도 모른다고 경고해 주었다. 그 많은 사람들이 각자 집에서 터득한 진단과 치료법들을 내가 너무 심각하게 받아들일까봐 염려한 것이다. "참으로 어리석은 생각들이 많기도 하답니다." 그는 이렇게 말했다. 2주 후에 침대에서 나와 뜨거운 샤워를 하게 될 때까지 나는 그가 무슨 말을 하는 건지 알지 못했다.

그 의사가 맞았다. 나는 그 많은 환자들을 모두 만났다고 생각한다. 그건 마치, 내가 허리 통증만을 주요 관심사로 알고 사는 사람들의 사회에 소개받은 것 같은 느낌이었다. 그 의사가 예상했듯이, 그들 각자가 내 불편함의 원인을 줄줄 늘어놓을 듯이 보였고 어떻게 치료해야 하는

가를 자신있게 내 놓았다. 어떤 설명은 이해가 되었지만, 어떤 것은 정말로 바보같았다.

가장 최근에 나온 책 '기독교 정신의 회복(Recovering the Christian Mind)'에서 해리 블레마이어즈(Harry Blamires)도 똑같은 경험에 대해 쓰고 있다. "나는 컴퓨터를 통하여 어떤 전 세계적인 친교단체로 들어가 있는 날 발견하게 되었다. 그 단체의 암호인 '허리 통증'은 범위도 방대하고 종류도 다양한 생각거리들을 가져다 주었다."

오랜 시간이 지난 후에, 허리 통증보다 더 날 불편하게 만든 무너진 개인 세계라는 경험을 하게 되었을 때 나는 또다른 더욱 불행한 사회에 대해서 알게 되었다. 나는 이 그룹을 비밀 유지자들의 사회라고 부르겠다.

허리 통증 환자들처럼, 그들도 항상 있어 왔다. 얼마나 많이 있는지 모르고 있었을 뿐이다. 그들 중 몇몇은 편지같은 것을 통해서 나와 연결될 길을 찾았고, 가능할 때는 대화도 하고, 내 전화번호를 알기라도 하면 전화로 얘기했다. 그들과 접촉하게 될 때 언제나 시작하는 말은 다음과 같았다. "당신이 그동안 어땠는지 정확히 알고 있습니다 · · · "

나는 25년도 넘게 목회 생활을 해 왔고, 그 기간동안 나는 글자 그대로 몇 만 명이나 되는 사람들과 만나왔을 것이다. 우리 교구가, 자초하거나 남이 저지른 일에서 받은 상처를 안고 살아가는 사람들로 가득 차 있다는 것을 언제나 알고 있기는 했어도, 정말 (정말, 결코) 얼마나 더 많은 비밀 유지자들이 있으며, 그 수치와 고통이 얼마나 깊은지에 대해서는 너무도 몰랐었다. 많은 사회가 있지만 그 중에서도 가장 비통한 사회인 이 그룹을 알게 되면서 나는 깨닫기 시작했다.

최근에 나는 오래 전부터 우리 집 뒷뜰 바닥에 놓여 있던 가로 2, 세로 6 피트짜리 널판지를 뒤집었다. 그 아래 참으로 엄청난 벌레 왕국이 세워진 것을 발견하고 얼마나 놀랐는지! 그 어둡고 습한 곳에서 수백만 마리가 살고 있는 듯 보였다. 또한 내가 자기들의 그늘 아래의 삶을 들춰낸 것을 달가와하지 않고 있다는 것도 분명했다.

도망치느라 분주한 벌레들을 보고 있으면서, 나는 '교회의 그늘 아래'에는 과연 무엇이 있을까 하고 생각해 보았다. 좋은 옷과 억지 웃음 뒤로 비밀을 안고서 교회를 들락거리는 세상의 그 수많은 사람들이 생각난 것이다. 그들은 찬양을 하고 기도도 드리고 설교를 듣는다. 그러는 동안 그 비밀은 내면 세계에서 곪아서 계속 무너져버리거나 완고한 마음을 일으키는 것이다. 그들은 비밀이 탄로날까봐 두려워하며 교회에 오고, 남은 평생을 그런 괴로움 속에서 살아야 하는 두려움을 간직하며 돌아가기가 쉽다. 내 말을 믿어 주었으면 한다. 교회의 그늘이 거기 있다. 그곳 사람들은 비밀이 탄로나버렸을 때도 위로받고 의지할 사람이 있는가를 두리번거리며 찾고 있다.

이 사회의 비밀 유지자들 그룹을 살펴보기로 하자.

■ 과거의 비밀을 지고 사는 이들

교회의 그늘 아래서 사는 비밀 유지자들의 첫번째 그룹은 심히 후회하고 있는 과거의 사건들에 대한 생생한 기억을 갖고 있다. 그들은 그 비밀의 결과 – 자신들의 세상 뿐 아니라 사랑하는 이들과 충실한 친구들의 세상까지도 산산조각내버릴 결과가 드러나서 자신들을 옭아매지 않을까 하는 끊임없는 공포에 시달리며 살고 있다.

과거의 비밀을 놓고 벌이는 그들의 대응 방법은 간단히 말해 '매장(burial)'이라 부를 수 있다. 즉, 그들은 그 사건이 전혀 일어나지 않았던 것처럼 여기며 살아가려고 노력한다. 이 비밀 가진 사람들은 제발 과거가 현재에 영향을 주지 말기를 하는 희망에 매달려 살고 있다. 언제라도 누가 나의 비밀을 알아내어 폭로해버리지 않을까 전전긍긍하며 살아야 하니 도대체 즐거운 생활을 할 수가 없다.

'매장' 계획은 전혀 신중하지 못한 방법이지만, 자신의 사적인 세계가 곤란에 처했다는 것을 알게 된 사람에게는 종종 단 한 가지 방법이라 여겨지기도 한다. 어디 가서 숨을 곳도 없고 용서나 이해를 받지 못한다고 느끼거나, 혹은 자신의 과거 비밀이 폭로된다면 심각한 영향을 받는 사람들이 상처입을 것이 두려울 때 이 방법이 대개 쓰인다. 물론 몇몇은 자기의 비밀을 무시하고 "끝난 건 끝난 거다"하며 결론을 짓기도 한다.

이 비밀 유지자들을 생각할 때마다 나는 에드거 앨런 포우(Edgar Allan

Poe)의 무시무시한 단편 "마음이 한 밀고(The Tell-Tale Heart)"가 떠오른다. 그 작품의 주인공은 사람을 죽이고 집 마루 밑에다가 시체를 묻어버렸다. 얼마 안가 그는 경찰의 심문을 받게 되었는데, 처음에 그는 경찰 당국에게조차도 자신의 비밀을 숨길 수 있다는 확신에 자신만만해 했다. 너무도 자신이 있었기에 그는 질문이 계속되는 동안 시체를 매장한 바로 그 자리 위에 의자를 놓고 앉았다.

> 마음을 푹 놓은 상태에서, 나는 방으로 의자를 몇 개 가져왔고 그들에게 조금 앉아서 휴식을 취하라고 말해 주었다. 그만큼 자신있었다. 그동안 나는 완전범죄를 이루었다는 승리감에 더욱 대담해져서, 시체가 편안히 자고 있는 바로 그 지점 위에 내 의자를 놓았다.
> 그들은 만족했다. 나의 태도는 나무랄 데가 없었다. 나는 잠깐동안 숨을 돌릴 수 있었다.

그러나 그의 침착함은 대화가 진행되는 동안 싹 가시고 말았다. 곧 그는 머릿속에서 기묘하게 쾅쾅 울리는 소리를 들었다. 그러나 그는 곧 그 소리가 시체가 있는 마루 밑에서 나는 것이라는 걸 깨달았다. 그는 죽은 자의 심장 뛰는 소리라고 확신했지만 아무도 그 소리를 눈치채지 못하는 걸 보며 이상히 여겼다.

> 이제 내가 창백해진 것은 당연한 일이다. 그럴수록 난 더욱 높아진 목소리로 더 빠르게 떠들어댔다. 그러나 그 소리는 계속 커졌다 – 어떻게 해야 하는가! 더욱 더 빨리, 더욱 격렬하게 · · · 그러나 소리는 꾸준히 커지고 있었다. 나는 일어나서 사소한 일들에 대해 마구 말해 댔다. 소리를 꽥꽥 지르며 손짓 발짓 다 해가면서 · · · 그러나 소리는 줄어들 줄을 몰랐다. 왜 사라지지 않는 것인가! 오, 하나님! 어떻게 해야 합니까! 난 거품을 물고 미친 듯이 고함치고 욕까지 해 댔다! 앉아 있었던 의자를 집어들어 바닥에 대고 휘두르며 벅벅 문질렀지만 그 소리는 오히려 내가 내는 소음을 잡아 먹으며 커지기만 했다 · · · 저놈들에겐 아무것도 안 들리다니 가당키나 한 얘긴가!

결국 그 비밀 유지자는 공포의 비명을 지르며 고백하게 된다.

"악당들 같으니!" 나는 소리쳤다. "더 이상 시치미떼지 말라구! 내가 죽였
단 말요! – 이 마룻바닥을 뜯어내 보시오 – 여기, 여기! 여기 바로 그놈의
소름끼치는 심장이 펄떡펄떡 뛰고 있단 말이오!"

이것은 극단적인 경우이긴 해도 죄를 혐오하는 양심의 무서운 힘을 너무
도 정직하게 그려주고 있다. 비밀 유지자들은 과거지사가 현재에 끼어들어
방해하지 못하게 하려고 엄청난 심리적, 감정적인 에너지를 쓰고 있다. "널
판지 아래" 있던 어떤 것이 현재를 괴롭히려 나타날지 모른다는 두려움인
것이다. 대부분의 비밀 유지자들이 잘 융화되거나 평화로운 사람이 아니라
는 것은 당연한 것이다.

■ 현재의 비밀 유지자들

비밀 유지자의 두 번째 형은 현재의 숨겨놓은 문제를 가지고 사는 사람
이다. 주위 사람들이 알지 못하도록 의식적으로 감추려고 드는 비밀스런 행
동이나 태도를 가진 사람인 것이다. 이런 사람의 대응 방법은 '은폐
(cover-up)'라고 할 수 있다.

현재의 비밀을 안고 사는 삶은 보통 파괴적인 습관, 쉽게 어기는 약속,
약중독이나 무질서한 식사 습관 등으로 나타난다. 조금 더 심한 타입의 사
람은 자신 외에는 아무도 볼 수 없다고 여기는 내면 세계에 분노, 적의, 질
투 등(다른 것도 많이 있다)을 품고 있다.

능동적인 비밀 유지자들은 살아남기 위해서 속임수에 도가 트게 된다.
한때 창조적이고 생기있는 삶을 살기 위해 저장되었던 많은 양의 활력이
이제 은폐 작전이라는 정교한 계획을 계속 짜느라 그 안으로 다 빨려들어
간다. 그 술꾼(이렇게 비유해 본다면)은 비밀을 말해버릴지도 모르기 때문
에 아예 말할 기회를 없애려 보드카를 마셔댄다. 술은 혼자만이 아는, 슬쩍
들락날락하면서 마실 수 있는 은밀한 장소에 저장되어 있다. 그 신용할 수

없는 파트너(술)은 그 사람이 안 보이다가 나타났을 때 어디 있었는가를 설명하려 온갖 상황을 다 지어내는 것이다.

내가 알고 있는 어떤 사람들 둘의 이야기를 하자면, 그들은 친구들로부터 돈을 꾸어 쓰고는 갚지 않는 습관이 들어 버렸다. 빚독촉이 심해지자 그들은 은행에 자금이 충분히 없으면서도 마구 수표를 쓰고, 방금 자기들이 서명한 금액을 채우기 위해 돈을 빌리느라 정신없이 마을을 돌아다니곤 했다. 그 중 한 명은 가끔 은행과 은행 사이를 수백 마일을 달려 가면서, 수표가 부도나는 것을 막기 위해 돈을 이쪽 저쪽으로 채우는 일을 반복했다. 비밀을 지고 있음으로써 생겨난 저 괴로운 삶을 좀 보라! 그의 곤경이 결코 특이한 것이 아니라는 것을 나는 이해하고 있다.

비밀스런 태도와 감정이 마음과 생각 깊숙이 자리잡아 버린다면, 이 사회의 구성원들은 진실과 반대되는 행동을 함으로써 은폐하는 일을 종종 할 것이다. 내면에서 들끓는 분노 대신에 그들은 차분함과 고요함을 가장할 것이다. 적의 대신에 아첨이라는 형식을 가져올 것이며, 크나큰 두려움과 불안 대신에 계속 농담을 하고 수다를 떪으로써 다른 사람들을 잡아두려고 할 것이다.

성경에 나오는 아간에 대한 이야기를 해 보자. 그는 여호수아가 하나님께로부터 받은 명백한 명령에 불순종하였다. 여리고성 함락으로 얻은 전리품을 그 누구도 취하지 말라고 한 명령을 어기고, 아간은 가지고 싶은 물건을 취한 것이다. 그는 물건들을 장막 안 땅 밑, 당분간은 숨겨둘 수 있을 만한 그곳에 묻었다.

아간은 물건을 숨긴 구멍을 아무도 눈치채지 못했다는 것을 확신하기 위해 종종 먼지를 조사해 보았을까? 장막에 사람이 찾아왔을 때 그는 무의식적으로 그 지점으로 달려가서, 하키 경기의 골키퍼마냥 떡 버티고 서 있었을 것인가? 밤에 자리에 누워서는, 물건들을 다시 파내어 여리고 성 안의 원래 그 자리에 다시 갖다놓는다면 하고 갈등해 보지는 않았을까? 보물을 가져도 괴롭기만 하군 하고 혼잣말하는 지경까지 오지는 않았을 것인가?

아간이 숨긴 물건들이 공개되기 전까지는 하나님께서 히브리 민족을 약속의 땅 가나안에 들어가지 못하게 하셨다는 사실에서 우리는 그가 숨긴 비밀이 얼마나 아찔한 것이었는가의 교훈을 얻는다. 모든 것이 들통났을 때 아간과 그의 가족은 '모든 것'을 잃었다. (여호수아 7장 참조)

■ 자기 자신의 비밀을 지고 사는 사람

비밀 유지자의 세 번째 형은 아마도 셋 중에서 가장 놀라운 부류일 것이다. 이 사람의 비밀은 너무도 깊이 숨겨져 있어서, 숨기고 사는 사람 자신에게마저도 생소하게 느껴진다는 것이다. 이것은 약간의 설명이 필요하다.

나는 소위 말하는 '부인(否認)'하며 사는 사람을 생각 중이다. 이 사람은 사악한 행동이나 태도가 너무나 꼬이고 꼬여서 양심이 "제발 그만두라"하는 신호를 그만두는 지경에 이르도록 내버려 둔 것이다. 그에게는 밀고하는 마음조차 없다. 그는 이제 장막 안 땅의 먼지가 흐트러지거나 파헤쳐져 있을 것이란 상상조차 안하게 된 사람이다. 다른 이들에게 자신의 비밀을 숨기는 단계는 오래 전에 졸업하여, 이젠 자신에게조차 생소해진 것이다. 그의 대응 방법은 '평소처럼(BAU : Business As Usual)'이다.

어떤 만화에 덴마크 기사들 한 무리가 성 안의 큰 방에 있는 식탁 주위에 앉아 있는 것을 볼 수 있다. 높은 곳에 앉은 왕이 이렇게 말한다. "그럼 덴마크 안에 부패될 것이 없다는 의견에 만장일치로 합의한 것이오. 모든 곳이 다 썩었으니까." 이런 부류의 비밀 유지자들이 할 법한 사고방식이다.

내가 콜로라도에 사는 10대 소년이었을 때, 나와 친구들은 록키산 등성이의 유령 마을까지 자전거타고 하이킹하곤 했었다. 그곳에는 한 노파가 은둔자처럼 살고 있었다. 누구라도 그 판자집에 접근하려고 하면 노파는 자칭 방문자라고 찾아오는 사람들을 쫓아보내려고 소리를 지르고 위협을 했다. 당연히 우리는 이 유별난 인물에 호기심을 발동시켰고, 왜 그렇게 사는지 알아보고 싶어졌다. 가끔씩 나는 멀리서 실제로 그 노파의 모습을 보았는데, 항상 검은 모자를 쓰고 있었다.

몇 년이 지난 후, 그녀가 지방 당국에 의해 강제로 병원 수감되었다는 얘기를 들었을 때 그 모자에 대해 다시금 기억이 났다. 간호사들이 목욕을 시키려고 옷을 벗기는데, 그 모자는 너무나 오랫동안 쓰고 있었기 때문에 머리카락이 그 모자 섬유조직 사이사이로 자라 버렸고, 작은 벌레들이 그 밑에 보금자리를 치고 있었다. 모자를 벗기고 벌레를 제거하기 위해서 머리카락을 모두 잘라버려야 했다.

그 슬프고 외로운 여인의 이야기는 나로 하여금 '평소처럼'이라는 모토와 함께 살아가고 있는 비밀 유지자를 떠오르게 한다. 그의 비밀은 심지어 그 자신에게조차 비밀이 되어 버렸다. 그는 날마다 이 파괴로 이끄는 행위와 태도들을 견지하며, 머리카락이 모자의 섬유조직에 엉겨붙듯 그것들이 삶의 모든 부분에 엉겨들 때까지 그렇게 산다. 그는 자신의 행위와 사고방식이 남들에게 얼마나 피해를 주는지 모른다. 그는 맞서 싸우기도 힘든 사람이며, 그는 자신이 가장 치료가 필요한 사람이라는 것을 받아들이기 싫어하는 사람이다. 십중팔구 그는 친구나 사랑하는 사람들이 진실을 보기 원하며 다가가는 것을 싫어하는 분노로 꽉 찬 사람일 것이다.

이 세 번째 형의 사람들에 있어서 아이러니컬한 것은 그의 비밀은 보통 그 사람 혼자에게만 비밀이라는 사실이다. 앞에서 언급한 두 부류의 상황과는 달리, 주위 사람들은 대개 그 사람과 행동방식에 대해 훨씬 더 잘 알고 있다. 혼자만 바보로 남는 것이다.

비밀 유지자들의 사회에 친숙해짐에 따라, 나는 '평소처럼' 모토를 가지고 사는 사람들을 적잖이 많이 보게 되었다. 이제 고정되어 버린 일련의 행동들을 수년간이나 꼼꼼히 해 오면서 사랑하는 이들과 친구들에게 끊임없는 고통을 안겨주는 것이다. 나는 10년, 20년을 결혼생활에 신실하지 못하고 살아온 몇 명의 남자들을 알고 있다. 그 주기적인 부정한 관계를 시작하고 끝내고 해 오면서, 그들은 이제 자신들의 부정을 알게 된 사람들보다 한 수 위가 되어 버렸다. 사실을 부인하면서, 그들은 상냥하게 그럴 리가 없다고 말하며 계속 자신들을 방어하는 것이다. 심지어 자신들이 영적 전쟁의 목표물이 되어 핍박당하는 것이라 주장하며 공격적으로 나올 수도 있다. 그들은 모두에게, 자신에게도 거짓말을 하는 것이다.

'평소처럼' 모토와 함께 하는 삶의 끝이 어디인가는 쉽게 알 수 없다. 그런 삶을 사는 이들은 여러모로 거슬리고 겁주기 좋아하는 성격을 지녔으며, 속에 간직한 뭔가가 주위 사람들에게 그렇게 상처를 주는데도 꺼내 살펴보려고 하지 않는다.

조사한 바에 따르면, 미국의 중년 남자들의 반이 넘는 수가 적어도 하나씩의 과거의 비밀을 안고 산다는 것이다. 이들은 그 비밀이 폭로된다면 자신과, 또 가까운 사람들에게 재난이나 다름없는 결과를 가져올 것이라 믿고 있다고 한다. 이게 사실이라면 오늘날 많은 이들이 건강하지 못한 내면 생활을 살고 있다는 말이 된다. 우리는 우리가 맺는 관계의 성격을 잘 살펴볼 필요가 있다. 사람들로 하여금 자신에 대한 진실을 마주하기 어렵게 만듦으로써 비밀 유지하는 삶을 부추기고 있지는 않은가 하고 말이다.

이 세 종류의 비밀을 안은 사람들이 만들어내는 비밀을 열거하기란 거의 불가능하겠지만 두려움과 적의, 분노, 과거에 있었던 무서운 경험의 기억, 변덕스러운 복수 행위, 노골적인 불신, 성(性)적인 난잡함 등이 대개 포함될 것이다.

이 사람들은 생활 방식이 점차 물질적으로 흘러가도록 내버려 두고, '영적인 것'에 의거했다고 말하며 자신들의 가치와 선택을 정당화시키려 애쓴다. 비밀 유지라는 것은 방법도 다양하게 계속되고 있다. 그것들을 조사하다 보면 우리 모두에게 해당되는 경우도 족족 나오게 될 것이다.

비밀 유지자들의 모든 그룹마다 비밀스런 낙태를 경험한 여인들이 꼭 포함되어 있는 것은 우연일까? 그들은 사람들이 낙태를 태아 살해라고 비난할 때마다 속으로 죽음의 고통과 싸우는 여인들이다. 어렸을 때 성추행을 당하고 그 고통 속에서 자라온 사람들, 약물 복용과 정신 질환이라는 비밀로 싸우고 있는 사람들도 있으리라.

조사해 본 결과, 모든 그룹이 경솔함과 부정이라는 쓰디쓴 기억을 가지고 사는 미혼, 기혼의 사람들을 포함하고 있었다. 자신의 신조에 관해 심각한 회의를 가지고 사는 사람들도 배우자나 아이들 때문에 지금까지 해 온 일을 참고 계속 해 나가는 것이다. 그들도 비밀 유지자들이다. 그들의 사회는 내가 상상했던 것보다 훨씬 컸다.

비밀 유지란 일종의 영적 유행병 – 그리스도인들의 삶에 있어서 걸리기 쉬운 감기같은 것일지도 모른다. 왜 그런가? 우리 모두에게 있어 너무도 쉽고 자연스럽기 때문이다. 인간들은 에덴 동산에서 찾으시는 하나님을 피해 숨으려고 한 아담과 하와 이래로 모두 비밀 유지자가 되지 않았던가.

"네가 어디 있느냐" 라고 하나님은 물으셨다. 아담은 비밀이 있었기에 숨었으며 드러내기를 부끄러워 했다.

은폐란 교회 안에서 수많은 방법을 통해 이루어진다. 어떤 이들은 신학과 교리의 타당성의 여부를 놓고 유별나게 열정적인 관심을 표출함으로써 비밀을 숨기곤 한다. 그들은 사람들의 비난과 의심을 방어하기 급급하다. 또 다른 이들은 영적인 믿음생활에서 극도로 감정적인 표현을 함으로써 은폐시키기도 한다. 어떤 성도가 예배를 드릴 때 울거나 기뻐하는 것을 보고 그의 신실함에 대해 의심을 품기란 어렵지 않은가? 또 다른 이들은 끊임없이 분주해하고 활동적으로 일함으로써 은폐 작업을 완수하고 있다. 남을 잘 섬기고, 기꺼이 주고, 항상 선두에 서는 사람에게서 누가 결점을 찾을 수 있겠는가? 우리는 정당한 분노로써, 혹은 다른 이들의 죄나 불법 행위를 지적해 냄으로써 은폐하는 수법을 많이 보아 왔다. 그 중에는 자신들의 삶과 믿음생활에서 정말로 진실되고 순전한 것들을 추구하는 사람들도 물론 있는데, 숨겨야 할 비밀을 가진 사람들은 교회에서, 그리고 영적인 면에서 성장하려는 노력들을 몽땅 헛수고로 만들어버리는 것이다.

성경에도 비밀 유지에 관해서 종종 언급되어 있다. '속이다' 또는 '거짓말하다'라는 동사, 혹은 '어둠' 이나 '(마음의) 완고함' 같은 명사에서 쉽게 발견할 수 있다. 성경 안의 위대한 인물들을 연구해 보면, 그 모든 사람들의 무너진 세계 경험 속에서 비밀스런 면을 찾아내기란 어렵지 않다.

하지만 왜 비밀인가? 이 질문의 대답은 진실과 관련해 설명해야 한다. 우리는 진실을 마주하거나 폭로하고 싶지 않을 때 비밀을 만들기 때문이다. 우리는 왜 그리도 진실을 똑바로 대면하지 못하는지. 너무나 그래왔기 때문에 이제 우리가 살고 있는 이 사회 체제가 얼마나 진실을 곡해하고 있는지 심각하게 생각해 보는 사람조차 거의 찾아볼 수 없게 되었다.

우리는 정치가들이 진실을 말하기를, 우리가 듣고 싶어하는 것을 말해 주기를 기대한다. 최근 대통령 예비선거 캠페인을 할 때, 자기 당의 대통령 후보가 되려고 하던 한 후보자가 선거전 초반에 강제로 물러나고 말았는데 그 이유는, 나라 상황에 대한 자신의 의무와 시정해야 할 많은 일들에 대한 신념이 너무나 '진실'했기 때문이었다는 것이다. 이것은 우리 대중이 명백한 진실을 들을 준비가 아직 되어 있지 않기 때문이란 말도 되지 않는가?

'진실'에 대한 우리의 기대는 광고에서도 크게 다르지 않다. 이수주(Isuzu) 회사 사람들은 그것에 편승해 광고를 했는데, 그들은 결코 거짓말을 하지 않았으나(연방 통신위원회(FCC)가 그것을 확인했다) 그 광고 내용들이 대개 법률이 허용하는 가장 극단의 선까지 과장되어 있다는 사실이 드러났다. 그로 인해 우리는 그 회사에서 나오는 상품의 특질이나 효능에 매우 냉소적인 자세를 취하게 되었다. 그 영향으로 우리는 텔레비전의 광고를 볼 때 반쯤은 거짓말이야 하는 마음을 갖고 보아 왔으며, 생각없이 진실되지 못한 것들을 걸러내기 위해 우리 마음 속에 대단히 정교한 거름장치를 만들어놓게 된 것이다.

사람으로서 우리는 자신에 대해서는 얼마든지 좋은 쪽으로 말하기 쉽다. 늙어가는 육체라는 진실을 인정하고 싶지 않은 여자들의 욕망을 채워주기 위해 거대한 몸매가꾸기 산업이 생겨났으며, 남자들은 자신의 속마음을 은폐하는 수법을 배워 왔다. 우리는 이런 능력을 어릴 때부터 배운다. 우리는 어떤 면에서는 거짓말 전문가로 키워져온 것이다.

존 가드너(John Gardner)는 이 영적인 병에 주목하고 "스스로 새롭게 하라(Self- Renewal)"에서 이렇게 썼다.

> 지혜의 시작이라 할 수 있는 자기인식은, 대부분의 사람들이 나이가 들어감에 따라 점점 효과적인 자기기만 방법을 습득하고 있기 때문에 불가능해져 버린다. 중년이 되어, 우리 대부분은 자아로부터 도망치는 사람이 되어 버린다. 스스로에게 진실해진다는 것은 놀라운 가치를 지니고 있는 데도 말이다.

물론 이 모든 것들이 교회 안에서도 또한 일어난다. 우리가 행할 의도가 전혀 없는 단어와 구를 가지고 찬양할 때 진실을 왜곡할 위험이 찬송을 부르는 동안에도 끊임없이 허용되는 것이다. "나 가진 재물, 숨김없이 모두 드리니···" 우리는 물론 정색을 하고 확신에 차 있다는 티를 내며 노래를 부를 수도 있다. 어느 주일 아침, 게일과 나는 성도들과 5절까지 있는 찬송의 마지막 절을 부르며 서 있었다. 갑자기 나는 그 5절을 거의 다 불렀는데도 무슨 내용을 불렀는지 단 하나도 생각이 나질 않는다는 사실을 깨달았다. 그 내용들은 사실 내게 뭔가를 물으며 응답을 요구하고 있는 가사들이었다. 나는 그 찬양이 '계약서'같은 효력을 지니고 그 내용을 강요하지 않은 걸 다행이라고 여기긴 했지만, 곰곰 생각해 보니 마음에 부끄러웠다.

여러분은 교회에 모인 성도들 가운데 기도자가 하는 기도에, 혹은 설교자가 하는 설교에(친구를 잃을 것을 감수하고 하는 말이다) 귀를 기울여 집중하는 성도가 실제로 몇 명이나 있는지 궁금해 해 본 적이 있는가? 적당한 자세를 취하고 머리와 목의 각도를 잘 맞추어서 설교에 몰입하고 있다는 것을 보여주고 있지만, 사실은 컴퓨터가 고장난 이유를 생각하고, 제멋대로인 아들을 걱정하며, 혹은 새로 살 차의 색깔을 뭘로 고를까 등등의 고민을 하느라 마음은 100마일 정도 떨어져 있는 성도들이 얼마나 많을 것인가?

가사를 한 줄도 음미하지 않으며 찬송을 부른 바로 그 날, 게일과 나는 집으로 돌아오면서 도대체 무슨 일이 있었던가에 대해 얘기를 나누었다. 뜻은 잃어버린 채 찬양을 하는 것에 이렇게 익숙해질 수가 있다니 어떻게 된 건가고 나는 되뇌었다. 내 생각에 이것은, 내용이 아무리 개혁적이라 해도 받아들이는 성도들이 그것에 맞추지 못하고 현상 유지만 하려 드는 신앙의 모습이 아닌가 싶었다.

그것은 왜 교회나 신앙 공동체가 오늘날 영적인 생동감을 위해 그렇게 투쟁하고 있는가의 기본적인 이유를 이해하는 데 내게 많은 도움을 주었다. 우리는 기도와 설교와 찬양 속에서 조금씩 거짓말을 하게 만드는 분위기를 조성해 온 것은 아닌지. 우리가 비밀스런 생활방식을 격려해 주고 있는지도 모르는 것이다.

비밀 유지라는 것과 진실에 반대되는 경향은 무너진 세계 경험의 핵심 사항이다. 사람들이 의식적이건 무의식적이건 진실, 무엇보다도 자아의 진실이라는 중요성과 타협하기로 작정할 때 개인 세계는 무너지기 시작하는 것이다. 이것 때문에 앞장에서 다음과 같은 명제가 나온 것이다 : 진실을 진실 그대로 보게 될 때 개인적 통찰의 순간은 시작된다.

알렉산더 화이트(Alexander Whyte)는 이렇게 썼다.

> 자신을 안다는 것, 특히 현자가 말했듯이 자신의 마음 속 역병을 안다는
> 것은 진리이며, 또 다른 모든 참된 지식을 알 수 있는 단 하나의 열쇠이다.
> 하나님과 인간, 구세주와 마귀, 천국과 지옥, 믿음과 소망과 동정, 그리고
> 불신과 절망과 증오, 그런 종류의 모든 것들 ··· 모든 지식은 자신을 아는
> 사람에게, 바로 그 사람에게만 올 것이다. (Bunyan's Characters)

이 세상에는 많은 공동체와 지역사회가 있다. 여러가지 진단과 치료법을
가지고 있는 허리 통증 환자들의 비형식적인 연대조직같은 것들처럼. 스포
츠나 직업, 일종의 대의명분을 가지고 모인 조직도 있다. 그 중에는 비밀 유
지자들의 고요하고도 절망으로 가득찬 사회도 있는 것이다. 재건의 과정을
시작케 만드는 해방을 그들은 얼마나 필요로 하고 있을 것인가!

CHAPTER 6

비밀 유지의 고통

> 비밀을 안고 사는 사람은 자기 자신을
> 감옥에 가두는 것이나 마찬가지이다.

1984년 6월, 보스턴 글로브 지(紙)는 크리스 딜룰로(Chris Dil-ullo)라는 여덟 살 난 소년의 익사에 대한 안타까운 이야기를 보도했다. 그 소년은 지방 컨트리 클럽에서 골프공을 찾는 도중 8피트 깊이의 연못에서 실종되었었다.

크리스 소년은 세 친구와 함께 있었는데, 그들은 말하기를 크리스가 연못으로 미끄러져 빠졌을 때 그가 자기들을 놀리는 줄 알았다는 것이다. 그러나 이 아이들은 비밀을 안고 있었다.

그들은 진실을 감추어 버렸다. 그들 중 한 명이 크리스를 밀어넣은 것이었다. 서로를 지켜주려는 생각에서 아이들은 그 비극을 앞에 놓고 사람들을 속였지만, 결국 자신들 삶을 망가뜨려버린 비밀을 가지게 되었다는 것을 깨닫지 못한 것이다.

크리스를 연못으로 밀어넣었던 열 다섯 살 먹은 소년이 한 친구에게 그 잘못을 털어놓아 비밀이 드러나게 된 것은 사건 이후 거의 2년 뒤였다. 곧 경찰은 사건 조사에 착수하여 그를 살인 혐의로 기소했다.

그들의 부모님이나 경찰, 그들 자신의 말에 따르면, 그 익사 사건 때문에 세 증인들은 감정적인 불안정 상태에서 고통을 당했다고 한다. 혼란스러워 어쩔 줄 모르는 그들 부모의 말로는 소년들이 움츠려 지내고 악몽을 꾼다고 한다. 그들은 더 이상 친구들도 아니었다.

셋 중의 한 명은 "크리스의 죽음 후 자주 비명을 지르기 시작했고 무서움 때문에 어머니와 함께 잠을 자야 했다··· 한 번은, 정신없이 빠르게 달리다가 쓰레기장에 처박혀 머리를 깨기도 했다." 열 여덟 살이 된 두 번째 친구는 직장에서 해고당했는데 그 이유는, "친구를 지켜주려고 거짓말을 하는 것에 대해 '화가 나고 혐오스럽다'고 느낄 때면 며칠간 회사를 가지 않고 집에 틀어박히곤 했기 때문"이라는 것이다. 세번째 소년은 "환청과 환영에 시달리며 부모님과도 얘기를 하지 않았다." 그는 나중에 심적 정신이상증으로 병원에 수용되었다.

비밀 유지는 고대에도 있었고 지금도 역시 있는 행위이다. 크리스 딜룰로의 익사에 대한 이야기는 단순히, 비밀을 간직한 사람들이 매일 매일을 어떻게 살아가고 있는가에 대한 극적인 예일 뿐이다. 그것은 비밀을 다루는 법에 있어서 어른들만큼 숙달되지 못한 젊은이들을 포함하고 있기 때문에 더더욱 생생하고 마음을 아프게 한다.

다윗왕은 비밀 유지자였다. 그는 1년 전 과거의 일로 인한 비밀이 그대로 과거에 머물러 있어주기를 바라며 1년이 넘게 '평소대로'라는 상태를 유지하려고 애써 왔다.

그러나 선지자 나단은 다윗의 상황을 바로 마주하여 왕으로 하여금 모든 것을 밝히도록 할 수 있었다. 시편 51편은 다윗의 회개의 노래이다. 왕이 "중심에 진실함을 주께서 원하시오니" (6절)라고 하나님께 기도함으로써 진실의 문제를 숙고하고 있다는 것은 우연한 일이 아니다.

다윗은 자신이 정직함을 잃어버렸다는 사실을 가장 고통스럽게 깨달았다. 삶의 표면적인 진실과 내면의 진실은 그동안 연결되지 않았다. 언젠가는 일어나야 했던 교정(矯正)의 순간은 그가 하나님과 자기 자신과 결국 나머지 모든 사람들에게 거짓말하기를 그만 둘 때야 찾아왔다. 하나님께서 한 인간의 재건 과정에 건축자로서 개입하실 때마다 진실의 문제가 내면 가장 깊은 곳에서 떠오르기 마련이다.

내면과 외면을 모아 붙이면서, 다윗은 진실을 마주해야만 했다. 내 친구

하나에게서 전화가 왔는데, 그는 최근에 알게 된 자신에 대한 괴로운 사실들을 얘기했다. 그는 통찰의 순간을 맛보게 되었고, 그 과정에서 자신이 살아온 날들이 "남에게 보이기 위한", 다시 말해 공적 세계만을 신경쓰는 데 너무 많은 시간을 들여왔다는 것을 깨달았다는 것이다. "표면을 치장하는 데에 분주한 동안, 나는 내면의 추함을 너무나 무시하고 있었어. 이제 들여다 보고, 이 안에 무엇이 있는가의 정체를 밝히고 마주하기 전에는 아무것도 소용이 없다는 걸 깨닫게 됐지."

내 컴퓨터의 하드 디스크 안에는 프로그램의 통합 시스템(integrated system)이 깔려 있다. 스프레드시트라든가 워드 프로세서, 데이타베이스, 통신, 시간 관리 등등의 프로그램들이 모여 있는데, 이것들을 통합 시스템이라고 부르는 까닭은, 이 프로그램들 모두가 사용자인 내가 잘 사용할 수 있도록 서로 진행 과정과 정보를 잘 지원해 줄 수 있어야 하기 때문이다.

우리들 각자가 개인이나 협동 생활에서 하나의 통합 시스템으로서 창조되는 것이다. 우리가 공적 세계에서 살고 있다는 것은 우리가 내면 세계에서도 살고 있다는 뜻이 되어야 하는 것이다. 그 둘 사이의 간격이나 차이점에 따라 우리가 건강한 사람인지 아닌지가 결정될 것이다.

나는 알콜 중독자 갱생회(Alcoholics Anonymous)의 활동에 대단히 감명을 받아 왔다. 그 조직의 12개 조항을 읽어 봄에 따라 나는 이 중독자들을 회복의 가능성으로 인도하는 전 과정이, 진실과 비밀의 청산이라는 개념에 기반을 두고 있다는 사실을 도저히 지워버릴 수가 없었다. 그 두 개념이 없이는 비밀 유지자들을 적절히 도와줄 수가 없다.

그 갱생회 모임에서 말하는 사람은 이름만 말하고 "그리고 나는 알콜 중독자입니다." 라는 말만 하는 것이 관습화되어 있다고 들었다. 그런 후에 그는 특히 언제, 어디서 마지막으로 술을 입에 댔는가에 대해서 말을 한다. 갱생회 모임에서 은폐란 있을 수가 없다. 진실은 수없이 드러나고, 갱생회 사람들의 굳건한 친교는 이 '진실 말하기'에 기초하고 있는 것이다.

수년동안 술을 마신 후, 우리 알콜 중독자들은 현저히 건강을 해치게 되었다. 쉽게 말하자면, 우리는 똑바로 생각할 수가 없었다. 중독

(intoxicate)의 어원은 라틴어인 'toxicum'인데 그 뜻은 독(poison)이다. 우리는 규칙적으로 우리 자신에게 독을 먹이고, 중추신경을 망가뜨려 왔던 것이다.

알콜 중독에서 회복된 은퇴한 의사의 말이었다. 회복된 사람 중 또 하나는 이렇게 시인했다. "나는 상습적인 자살 기도자였지요. 밤마다 액체로 된 총알을 머리에 대고 쏴 댔으니까요." (Getting Better)

알콜 중독자 갱생회의 두 명의 설립자 중 한 사람인 빌 윌슨(Bill Wilson)은 이 두드러진 프로그램의 원전(原典)이 된 그 12조항을 썼다. 그중 몇 개를 보자.

1. 우리는 우리가 술에 약한 사람들이었다는 것을, 인생을 살아갈 수 없는 이들이었음을 인정했다.
2. 우리는 조사를 해서, 우리 자신에 대한 솔직한 도덕적 목록을 작성했다.
3. 우리는 하나님과 우리들 자신, 그리고 다른 사람들에게 우리가 한 모든 잘못들을 시인했다.

갱생회 안의 이 두드러진 친교의 근본을 잘 생각해 봄에 따라, 나는 그리스도를 따르는 우리 형제 자매들도 그와 비슷한 문구, "나는 고든이고, 죄인입니다."라는 식으로 서로를 소개한다면 더욱 진실하고 진정한 모임이 되지 않을까 하는 생각이 들었다. 교회는 죄인들로 구성되어 있다. 교회라는 공동체에서 그것에 우선하는 기반이란 있을 수가 없다. 일단 "나는 죄인입니다."라는 자기에 대한 진실을 받아들인 후라야 다음 단계인 십자가로 다른 성도들과 함께 나아갈 수 있다.

비밀 유지자였을 때 나는 종종, 나를 모임의 연설자로 소개하려는 사람들에게 날 죄인이라고 불러달라고 말했다. 그럴 때면 대개 조용한 웃음이 일곤 했다. 모두가 그게 겸손함을 유머스럽게 표현하는 것이라 생각한 것 같다. 그게 정말이라는 사실을 아는 사람은 거의 없었다. 나는 한 가지 얻은 것이 있다. 나의 말이 단지 농담이라 생각했던 사람들은, 내가 한 말이 무슨 뜻인가(내가 죄인이었다는 것)를 알게 되었을 때 날 다시는 연설자로 쓰고 싶지 않아 했다는 사실이었다.

그러면 통찰력(다시 이 용어를 사용하고자 한다)이란, 공적 세계와 사적 세계라는 두 개를 진실을 가지고 끊임없이 연결시키는 행위이다. 반면, 비밀 유지는 그 두 개의 세계를 점점 멀리 떨어지게 만드는 행위인 것이다.

모세의 형이자·히브리인들의 대제사장이었던 아론은 얼마동안 비밀 유지자로 지냈다. 그에게 부여된 특별한 직분은 히브리 민족이 여호와께 제를 올릴 때 예식을 이끄는 것이었다. 모세가 여호와를 만나기 위해 시내산 꼭대기로 올라가 있을 동안, 아론은 동생이 맡고 있었던 지도자의 직분까지 맡게 되었다. 여러분 중엔 그 민족이 훌륭한 사람의 손에 맡겨졌구나 하고 생각하는 이들도 있을지 모르나, 천만의 말씀이었다.

20일 정도가 지났다. 생각보다 모세의 부재 기간이 길어지자 산 아래 장막에서는 두려움이 조금씩 닥치게 되었다. 사람들은 모세가 죽은 것이 틀림없다고, 이제 더 이상 지도자가 없으며, 더 이상 믿고 의지할 만한 신이 없다고 생각하게 되었다. 그런 동요하고 있는 상태에서 그들은 아론에게 의지하여 이렇게 제안했던 것이다. "우리를 인도할 신을 우리를 위하여 만들라"(출 32:1)

이것은 아론의 도덕적이고 영적인 용기를 보여줄 수 있는 크나큰 순간이 될 수도 있었으나 그렇지가 못했다. 그는 백성들에게 인내와 충성을 요구하며 그 순간을 잘 다스릴 수도 있었으나 그러지 못했던 것이다. 그 대신에 그는 백성의 말에 끌려가고 말았다. "너희 아내와 자녀의 귀의 금고리를 빼어 내게로 가져오라"(출 32:2)

사람들은 아론이 시키는 대로 했고, 곧 도구를 사용하여 금송아지 한 마리를 만들어서 (성경에는 '각도로 새겨'라는 말로 도구를 사용했음이 명시되고 있는데, 뒤에 가서 이 이유를 알 수 있다) 그들 가운데 놓았다. 작업을 마치자 아론은 이튿날에 제사를 드린다고 공포를 했다. 모든 백성들이 와서 노는 것을 성경은 이교도의 난잡한 잔치에 가깝게 묘사하고 있다.

산 꼭대기에서 하나님께서는 무슨 일이 일어나셨는지 아시고 모세 앞에서 노를 발하셨다. 모세는 우선은 그들을 동정했고, 중보자의 역할을 맡아 하나님의 인내와 언약을 호소했기 때문에 상황은 잠시 진정되었다. 그것은 모세가 산을 내려와서 무슨 일이 벌어지고 있는지 자기 눈으로 보기 전이 었던 것이다. 이제 그가 울화통을 터뜨릴 차례였다.

진을 폭풍처럼 쓸고 다니면서 모세는 송아지를 부수고 그 금조각을 갈아 가루로 만들어 물에 뿌려 이스라엘 백성들에게 마시도록 하였다. 그 수많은 금품의 손해는 제쳐 두고라도, 가장 먼저 나타난 결과는 극도의 수치심과 당황이었다. 더 나아가 그 소란스레 행동한 많은 이들이 죽음이라는 강력한 심판을 받았다.

그러나 기자(記者)의 정밀한 눈은 모세와 아론의 대화에 촛점을 맞춘다. 모세가 그 형에게 물었다. "이 백성이 네게 어떻게 하였기에 네가 그들로 중죄에 빠지게 하였느뇨" (출 32:21)

자신의 위엄만이라도 건지려고 애쓰는 아론의 대답 속에서 저 속임을, 진실의 왜곡을 보라.

> 내 주여 노하지 마소서 이 백성의 악함을 당신이 아나이다 (백성들을 비방함으 로써 책임을 전가시키는 중이다) 그들이 내게 말하기를 우리를 위하여 우리를 인도할 신을 만들라 이 모세 곧 우리를 애굽 땅에서 인도하여 낸 사람은 어찌 되 었는지 알 수 없노라 하기에 (아론은 모세에게, 이 문제의 부분적인 원인은 너무 오래 떠나 있었던 그의 잘못도 있다는 것을 은연중 알려주고 있는 게 아닌가?) 내가 그들에게 이르기를 금이 있는 자는 빼어 내라 한즉 그들이 그것을 내게로 가져왔기로 내가 불에 던졌더니 이 송아지가 나왔나이다 (거짓말이 죽죽 늘어난 다. 아론은 그 금송아지가 불 속에서 생긴 묘한 작용으로 인하여 만들어진 것이 라고 모세가 믿어주기를 바랬단 말인가. 정말 놀랍다!) (출 32:22-24)

아까 금송아지가 도구를 이용, 만들어진 것임을 왜 강조했는지 독자들은 마지막 줄을 읽음으로써 이해할 수 있으리라. 아론은 거짓말을 한 것이다! 그는 진실을 마주하려고 하지 않았다. 그는 비밀을 간직하고 있었던 것이 다! 아마 이것은 반은 은폐 공작이요, 반은 '평소대로'라는 마음가짐이라 할 수 있을 것이다.

상황이 그렇게 비극적이지 않았던들 그의 설명은 너무도 우스운 것이 되어 버렸을 것이다. 아론 자신은 아우에게 말한 것을 정말 믿은 것처럼 보인다.

무슨 일이 일어났는가? 기만(deception)이다. 아론의 마음은 너무도 뒤틀려 있어서 어떤 사실도 그에게는 통하질 않았다. 수천 년이 지난 지금 우리는 그의 우스꽝스런 설명을 읽으며 웃음을 터뜨리지만 아론에게 있어 그것은 중대한 문제였다. 그는 어두워진 마음의 말을 순순히 따랐던 것이다.

아론의 행동을 다시 생각해 보면 세 가지 의문이 떠오르게 된다. 첫째, 백성들이 모세를 두고 이제 믿을 수가 없다고 했을 때 그는 왜 그리 쉽게 아우를 배반하고 백성들의 의견에 굴복해 버렸는가? 둘째, 그는 왜 그렇게 빨리 모세를 제쳐두고 금송아지를 만들고 그것을 알리는 의식을 할 것을 지시했는가? 셋째, 모세가 산에서 내려왔을 때 왜 자신이 한 일에 대해 거짓말을 하여 아우를 속였는가?

성경이 주는 기만이라는 주제를 잘 숙고해 볼 때에야 아론의 행동이 이해가 될 것이다. 아론의 어두운 쪽의 내면에 도사린 자아는 사고와 가치관을 덮어버리고, 한 순간에 백성들을 심각한 타락으로 이끌고 간 것이다.

예레미야는 인간 마음 속의 어두움을 누구보다도 잘 묘사하고 있다.

> 만물보다 거짓되고 심히 부패한 것은 마음이라 누가 능히 이를 알리요마는
> (렘 17:9)

분명 우리 인간에 대한 유쾌하고 즐거운 분석은 아니지만, 주의깊게 읽어보면 심오한 사실 하나를 알게 될 것이다. 예레미야는 인간 마음의 깊숙한 곳보다 더 어두운 장소는 우주 어느 곳에도 없다는 것을 말하고 있는 듯하다. 어둠이란 바로 속임수와 거짓말과 함께 하는 법이다.

아론의 마음 속 어두운 부분은 그 사건에서 드러난 듯 보인다. 자신이 받는 관심을 그가 조금은 즐겼다고 해도 틀린 말은 아니며, 그것 때문에 모세의 길어지는 부재(不在)를 혹 돌아오지 않을지 모른다는 신호로 해석을 하는 것은 어려운 일이 아니었을 것이다. 게다가, 금송아지를 만드는 일을 허락하고 감독하는 것은 백성이 자신을 더 따르도록 만들 수 있는 수단이었으므로 더욱 쉬웠으리라. 차근 차근, 마음 속에서 우러나오는 기만의 힘은 그를 사로잡아 버렸다. 그때쯤 되자 그는 자기 자신에게조차 거짓말을 하고

있었다. 그러므로 폭로의 순간이 다가왔을 때 아론이 왜 진실을 왜곡하고 모세에게 거짓말을 하려고 애썼는가는 쉽게 이해할 수 있는 일인 것이다. 스스로에게도 거짓말을 하는데 아우에게 거짓말하는 데 무슨 어려움이 있었겠는가.

이것이 바로 인간을 사로잡는 '속임수'의 전형이다. 우리 모두가 매일 이것을 가지고 싸우고 있다. 또한 이것이 인간이 할 수 있는 모든 악한 행위가 저질러지는 온상인 것이다. 하나님께 대적하는 우두머리 영인 사탄을 지칭하는 이름 중의 하나가 "참소자" 혹은 "사기꾼"이라는 건 하나도 이상한 일이 아니다.

다시금 빛으로 들어와서, 우리가 얼마나 내면에서 속삭이는 거짓말의 영향 아래 살아왔는가 하는 것을 깨닫는 순간만큼 기만이 추해 보이는 때도 없을 것이다. 어떻게 그걸 믿을 수가 있었는가? 우리는 자문해 본다. 어떻게 내가 그렇게 추락할 수가 있었을까? 내가 어떻게 그런 상황에서 한 일이 괜찮을 거라 생각하고 있었단 말인가? 어떻게 그런 비열한 행위가 이끌어 낼 결과를 생각지 못했단 말인가?

왜 내면의 '속임수'가 우리를 통제하게 되는 것인가는 이 책의 다른 부분에서 다루어질 것이다. 지금까지는 그 내면이 크고 작은 결과들이 시작되는 곳임에 주목하는 것이 중요하다. 미심쩍은 기회와 만나는 왜곡된 생각은 재앙으로 연결되기 마련이다.

나는 비밀을 간직하고 사는 게 어떤 것인지 알고 있다. 그리고 그 비밀을 하나님 앞에, 내 사랑하는 사람들 앞에, 교회 앞에 풀어 놓으며, 나는 다시금 빛 가운데서 사는 것이 어떤 것인지도 알고 있다.

하지만 나는 그 비밀을 간직하고 살 때의 외로움을 절대 잊지 못한다. 그리고 그것들이 나를 비밀 유지자들의 사회 안의, 아직도 그 어둠 속을 헤메고 있는 수십 명의 사람들에 대해 무척 민감하게 만들어 주었다. 그 낭비되는 에너지, 극심한 공포, 스스로를 가두기 위해 만드는 감옥이라니! 그러나 비밀들이 던져지고 어둠에서 빛으로 걸어나올 때의 해방감 또한 얼마나 멋질 것인가!

크리스 딜룰로 소년의 죽음에 관련된 비극이 빛 가운데 드러났을 때 한 경찰관이 쓴 것으로 끝을 맺으려 한다.

그들 모두가 그 사실을 숨기려고 전전긍긍했지만 그러지 못했다. 그들은 그저 아이들이었다. 그들은 두려움과 죄의식 속에서 비밀을 너무도 오래 간직하고 있었다. 저질러진 일에 대한 죄의식, 벌받을 것에 대한 두려움이었다. 이 아이들이 그런 느낌에서 회복될 수 있도록 도와주는 것 외에 우리가 해줄 더 정당한 결과가 뭐가 있는지 나는 달리 생각할 수가 없었다.

CHAPTER7

안에서 폭파된 세계

"영(靈)이 걸리기 쉬운 병 중 하나는, 자신이 매우 잘 해 나가는 중이라고 생각하는 것이죠." G.K. 체스터튼

보스턴에 사는 5만 명의 시민들은 최근에 20층 짜리 고층 빌딩이 눈 깜짝할 사이에 무너지는 굉장한 광경을 보게 되었다. 다 짓는 데 2년이 걸렸던 빌딩이, 다 무너지는 데는 15초도 걸리지 않았다.

그 붕괴 작업은 내파(內破) 장치에 의해서 이루어졌다. 수백 개의 다이나마이트가 건물 골조에 부착되어, 간격을 두고 밑에서부터 차례로 터져 쌓이도록 장치한 것이다. 그 빌딩이 50피트 높이도 안 되는 잡석으로 변하기까지는 오랜 시간이 걸리지 않았다.

TV 프로 제작자들은 그 붕괴를 고속 카메라로 촬영하여 시청자들에게는 슬로우 모션으로 몇 번이고 다시 보여주었다. 우리는 붕괴 과정을 한 장면 한 장면씩 모조리 볼 수 있었다. 폭발물이 터질 때의 섬광, 건물 바깥쪽 벽에 금이 가면서 쪼개지는 모습, 건물의 육중한 파편들이 똑바로 바닥으로 낙하하면서 무섭게 피어오르는 먼지구름 등등.

지금쯤이면 여러분은 아마도 내가 쓰려고 하는 은유를 깨달을 수 있을 것이다. 이것도 예외가 없는 것이었다. 나에게 있어 빌딩이 붕괴하는 그 광경은 개인 세계가 무너져내리는 또 하나의 그림으로 보였다. 커다란 벽돌들이 아래로 쏟아져내리는 모습에서, 나는 삶이 내면의

폭발로 터져나오고, 무너져내리고, 그것으로 인한 결과와 비통의 더미에 앉아 어쩔 줄 모르는 모습들을 생생하게 볼 수 있었다.

예를 들어 힘이 장사였던 삼손은 경솔하고 비이성적인 결정을 마구 하고는, 여태껏 달성해 온 모든 업적은 간데없이 수치스런 약점을 드러내는 꼴이 되고 말았다. 기지가 넘치고 영웅적이었던 기드온도 백성들로 하여금 자신의 성읍에 에봇을 만들고 백성들이 절하도록 내버려 둠으로써 그동안 이룩한 성공적인 업적에 큰 손상을 입혔다. 하나님에게서 놀라운 지혜를 선물받은 솔로몬조차 그 지혜를, 점점 커져가는 성적으로 문란한 생활에 다 낭비해 버리고 말았던 것이다.

안쪽이 파열하여 주저앉는 빌딩이라는 극적인 장면을 보면서 나는 나 자신과, 예전의 생활 방식과 관련을 가지고서 끔찍한 선택을 해 버린 셀 수도 없이 많은 세계가 무너져버린 사람들을 떠올릴 수가 있었다. 왜 인간들의 "내파" 현상은 규칙적으로 일어나는 것인가? 그런 일들을 보면서 우리는 무엇을 배울 수 있을까?

돼지우리 안에서 통찰의 순간을 맛본 탕자의 경험에는 그가 한 무서운 선택들에 대한 아연실색할 정도의 깨달음이 포함된다. 또한 자신의 내면 세계에 대한 가혹한 진실을 마주해야만 한다는 것을 의미하는 것이다. 그 자신이 시인했듯이, 그는 더 이상 아버지의 아들이라 불릴 자격도 없었다. 그는 젊을 때에 집을 떠나려고, 그가 벌지도 않은 재산을 요구하려고, 가질 자격이 없는 것들을 좇아 재산을 탕진하려는 고의적인 결심을 한 것이다. 그는 선택을 해 버렸다. 아무도 그렇게 하라고 떠다밀지 않았다. 돼지들과 함께 있으면서, 정말로 중요한 질문이 딱 하나 남았다 : 그 내면에 무엇이 있었기에 이런 선택들을 하도록 만들었으며, 탕자는 그걸 가지고 무엇을 했는가?

그런 질문에는 단 한 가지의 적당한 대답이, 아주 기분나쁜 대답이 있다. 이 단어 하나가 모든 것을 설명한다 - '악(惡)'. '죄'라는 단어가 더 익숙하게 들릴 사람도 있으리라.

현대인들에게 있어서 '악'이란 아주 기분나쁜 문제이다. 칵테일 파티에 주제로 오를 만한 유쾌한 것은 분명 아니다. 내 생각에 악(혹은 죄)은 신학적 관점에서 그 실체를 인정하고 있는 사람들 가운데서조차 수박 겉핥기

식으로 다루어지는 것 같다. 다른 이들의 그릇된 선택에 대하여 분석하고 설명하려고 하는 사람들의 판단과 의견들을 들어보면 정말 맥이 빠지는데, 그 이유는 우리들 대부분은 서로에 대해 아는 것이 거의 없으면서 성급히 판단하려고 함을 알게 되었기 때문이다. 내파(內破)가 일어났을 때 그 사람이 왜 그런 식으로 행동해야 했는가의 이유를 이해한다고 확신하기 전에 우리는 조심스럽게 생각해 보아야 한다.

사람의 마음 속에 든 악한 영에 대한 이야기로 오게 되면, 어떤 사람은 18세기의 버킹엄 공작 부인의 의견을 숙고해 볼지도 모른다. 조지 휘트필드 선교단체에 함께 가자는 요청을 받고 그녀는 안주인인 헌팅든 백작 부인에게 편지를 썼다.

> 마님이 세상을 기어다니는 비열한 인간들만큼이나 죄악에 가득찬 마음을 갖고 계시다고 하다니 듣기만 해도 끔찍스러운 얘기예요. 너무나 불쾌하고 모욕적입니다. 나는 마님께서 고귀한 신분이나 귀한 혈통과는 차이가 나는 사람들의 의견을 받아들여야 한다는 것에 참 의문을 가지고 있습니다 · · · 가장 좋아하시는 설교자의 설교를 들으라고 날 동행시켜 주시겠다는 친절한 제안을 해 주시다니 무척 기쁩니다. 기다리고 있겠습니다. 저는 퀸스베리 공작부인을 후원하기로 결정이 되었으니, 그녀도 곧 우리 일행이 될 것입니다. (George Whitefield)

죄와 악에 대한 자신의 혐오감을 나타낸 후에, 그 공작 부인은 백작 부인의 일행으로 보이기를 바라면서 어쨌든 휘트필드의 말을 듣기 위해 갔다. 그녀는 '악의 문제'를 취급하는 데는 그저 입다물어버리는 것이 최고라고 생각하는 부류를 대표하고 있다. '말을 안 하면 그만이야'라고 그들은 생각할지도 모르나 그게 아닌 것이다!

한편으로, 20세기에 유죄판결로 사형당한 살인자 벨마 바필드(Velma Barfield)는 인간의 마음 속, 정확히 말하자면 자신의 마음에 대해 반대의 의견을 가지고 있었다. 그녀를 단순히, 1986년에 독약 주사라는 사형 선고를 받은 한 여자로 기억하는 사람들도 있을 것이다. 생을 마감하기 얼마 전에 그녀는 썼다.

> 나는 내 죄를 마약 탓으로 돌리지 않겠다는 걸 확실히 하고 싶다. 나는
> 지독했던 내 어린 시절이나 남편 토마스와의 결혼생활의 문제점을 탓하
> 는 것도 아니다. 누구는 이렇게 말했다. "벨마, 당신은 수많은 고통과 상
> 처, 분노를 안고 있었는데 그걸 해소할 방법을 못 찾았죠. 마치 시한폭탄
> 같았지요. 결국 시간이 다 되어 터진 거예요." 맞는 말일지도 모른다. 모
> 르겠다. 저지른 잘못에 대해 나는 책임을 진다. 고통과 상처같은 게 내게 영
> 향을 미친 건 확실하나 결국 모든 것은 나의 죄, 나의 잘못이다. (Woman on
> Death Row)

　악에 대한 주제는 내게 있어 결코 새로운 것이 아니다. 종교적인 환경에
서 자랐기에 나는 아주 어렸을 때부터 죄라는 문제에 대해 많이 들어 왔다.
그러나 수년이 흐른 후 무너진 세계의 경험 후 통찰의 순간을 갖게 되면서,
나는 어렸을 때 알고 있던 모든 걸 뒤집는 듯한 이 문제를 더 깊이 인식하
게 되었다. 악의 문제는 예전엔 거의 학문적인 관점에서 보아 왔는데, 이제
나 자신이 무너진 세계라는 상태에 처해 있으니 그것은 고통스런 경험을
통하여 절실히 다가왔다. 대부분의 사람들은 우리가 돼지우리같은 비참한
상태에 놓이게 될 때만 악이라는 주제에 매우 조심스럽게 접근해 본다.
　오스왈드 챔버스는 이 과정에 대해 이해하고 있었다.

> 하나님께서 자신을 본따지 않은 인간의 본성이 무엇인가를 보여주고자
> 하신다면 인간의 마음 속을 보여주셔야 한다. 만약 하나님의 성령이 그분
> 의 은혜와 동떨어진 우리의 모습을 보여주셨다면(하나님만이 그렇게 하
> 실 수 있다), 그 내면을 보며 우리는 모두가 범죄할 수 있다는 죄성을 지
> 니고 있음을 알게 될 것이다. (My Utmost for His Highest)

　나의 통찰의 순간(탕자를 기억하며 이 순간을 '돼지우리 안의 깨달음'이
라 불러도 좋을까?)은 나로 하여금 뒤돌아보게 만들고, 나쁜 선택들을 다시
금 돌려보며 '왜?'라는 질문을 해 보도록 만들었다. 왜 내면에 그렇게 죄성

을 지니고 있어야 하는가?

그 불편한 질문의 대답을 얻으려 나는 나의 내면의 여행을 시작했다. 내가 찾은 것은 무척 신비롭고도 대단히 골치아픈 것이었다. 묵상과 독서를 하면서 나는 내 생활의 내적 공간이 상상했던 것보다 훨씬 더 넓고 악으로 가득하다는 것을 알게 되었다.

그럼에도 불구하고, 왜 개인 세계가 폭파되는가에 대한 결론에 이르기 위해서는 내가 활기차게 내면을 탐험해야 함을 알게 되었다. 그것은 분명 평생 걸리는 작업이다. 많은 이들이 이 여행을 시작하기나 했을까 나는 잘 모르겠다.

다음은 '천성적인 죄인' 다윗이 말하는 여행이다.

> 하나님이여 나를 살피사 내 마음을 아시며
> 나를 시험하사 내 뜻을 아옵소서
> 내게 무슨 악한 행위가 있나 보시고
> 나를 영원한 길로 인도하소서 (시 139:23-24)

테이야르 드 샤르댕(Teilhard de Chardin)은 다음과 같은 말로 내면의 공간으로의 개인적인 여행의 시작을 그려냈다.

> 내 일생 처음으로 (매일 이 묵상의 시간을 가져야 했지만 그러지 못했다!), 나는 등불을 집어들고 명명백백하게 보이는 주위 것들 – 직업이나 사람들과의 관계라는 영역을 떠나 맘 속으로, 나의 활동하는 힘이 나오는 곳이라 생각되는 깊은 심연으로 내려갔다. 그러나 내가 하고 있는 사회 생활이 피상적으로 보여주고 있는 관습같은 것에서 점점 멀어질수록 나는 자아와의 접촉을 잃어가고 있음을 깨닫게 되었다. 한 발자욱씩 내려갈수록 이제는 누군지 확신할 수도 없는 새로운 (또다른) '나'가 자꾸 불거져 나왔다. 그는 더 이상 내 말을 듣지도 않았다. 발 밑으로 이제 길이 끊겨 버려서 탐험을 그만 두어야 했을 때 나는 발 밑으로 이제 바닥이 보이지 않는 심연을 발견했고, 어디서 생긴 것인지 모르는 – 내가 감히 '내 생활'이라 부르는 것이 그곳으로부터 올라왔다. (The Divine Milieu)

　다윗이 하나님께 간구했던, 그리고 테이야르가 묘사한 내면의 탐험을 불편하게 받아들일 사람들이 아주 많을 것이다. 대부분이 거죽의 바로 밑만 건드려 보고는 더 깊숙이 내려가볼 생각을 못 한다. 그러면서 "시간이 없어요." 혹은 "너무 무서워 보이는데요."라고 변명한다. 그러나 우리로 하여금 다윗의 "살피소서"하는 기도를 못하게 만드는 것은 바로 그 내면에 있는 수많은 것들을 알게 되는 데서 오는 두려움인 것이다. 바꾸기에는 너무 고통스럽고, 수치스러우며, 너무 요구하는 게 많다. 그 여행을 자꾸 피하다가는 성격은 비굴해지고 결국 무너진 세계에의 경험을 하게 될 가능성을 불러들이게 된다.

　테이야르가 내면으로 내려갔을 때 그는 분명 미지의 영역에 대해 경계하고 있었다. 이것을 보면 중세의 지도 제작자들이, 가 보지 않은 육지나 바다가 있는 위치에 "사나운 용과 짐승들이 있는 곳"이라고 써 놓곤 한 사실이 떠오른다.

　내면의 공간이란 창조주 하나님께서 당신이 머무르실 곳으로 만들어 놓으신 영역(내면의 성전 혹은 지성소라고 할 수도 있다)을 의미했다. 하나님께서 우리와 이야기하시고, 당신의 모습과 영광을 나타내게 하시려고 우리에게 힘주시는 곳도 여기인 것이다. 여기가 성경에서 말하는 거룩함, 하나님의 성품을 닮는 생활을 하게 만드는 생각과 행위의 수원(水源)인 것이다.

　그러나 이 무너진 세계를 확실히 알기 위해 여행을 시작함에 따른 통찰의 순간 속에서, 나는 이 악이라고 하는 무서운 힘이 내면의 성전을 침범하고 대부분의 공간을 차지하고 있다는 것을 즉시 확인하게 되었다. 그것은 마치 용이 - 요즘으로 말하면 테러리스트가 - 영혼을 강탈하여 붙잡아두고 하나님께서 우리를 지으셨을 때 각자에게 주신 선한 행위와 마음가짐을 포로로 잡고 있는 것과도 같았다.

　여러분도 알겠지만, 나는 거의 묘사하기 불가능한 것들을 묘사하기 위해 결국엔 상상과 은유를 사용한다. 옛날 지도제작자들이 말하는 식으로 표현해 보자. "여기 사나운 용과 짐승들이 있다 ; 그것들이 당신의 '세계'를 납치하여 산산이 부수려 하고 있다." 이 어두운 내면의 공간에서 그런 일들이 일어날 수가 있는 것이다.

삶의 표면에 일종의 안전문을 하나 마련해두려는 것이 인간이 가진 경향이다. 내면의 공간으로부터 나오는 어떤 것도 차단해 줄 수 있는 문, 그것으로 그 용을 (얼마간은) 내면에 숨겨두는 데 무리없이 성공하고 있다.

물질적으로 부(富)한 사람들은 종종, 얼마간은 잘 견디는 거대하고 튼튼한 문을 지을 수 있다. 그게 바로 부유한 이웃을 처음 보았을 때, 그 도시의 가난한 사람들의 생활보다 외면적으로 그리 악하게 보이지 않는 이유이다. 돈과 기회가 있는 곳에, 그 문들은 종종 사람들의 내면의 용을 잠시 동안은 담고 있거나 적어도 감춰줄 수가 있다.

내면의 도시에서는 은폐 작전이 그리 효과가 없고, 그래서 우리는 처음으로 인간 마음의 추함을 있는 그대로 보게 된다. 주택 지구나 교외 거주지의 삶으로 들어가 보면 용이 거기 있는 것을 볼 수 있다. 그것들은 잠시동안 다른 곳으로 옮겨졌을 뿐인 것이다.

그러나 용들은 아무리 튼튼한 문이라도 결국엔 부숴버리며, 우리의 시간이나 편의를 존중해 주는 법도 없다. 용이 표면으로 나올 때, 대부분의 사람들은 그것들이 가지고 오는 생각이나 동기, 태도, 그리고 뒤틀린 가치관에 할 말을 잊고 충격을 받는다.

독실한 하나님의 자녀들은 마음의 유용한 거름 장치가 병을 앓다 잠시 고장이 났을 때 입에서 나오는 깊은 분노, 폭력적이고 상스러운 불경죄, 의심, 비난을 발견하고 고통스런 경험을 해 왔다. 그 말들과 생각, 태도가 다 어디서 왔는가? 그들은 의아해한다. 대답은? 용이 도사리고 있는 내면의 공간으로부터 나온 것이다.

앞장에서 나는 몇 년 전에 허리 통증을 경험했다는 이야기를 했었다. 의사는 내게 통증을 진단하는 데 있어 몇 가지 어려움이 있다고 했는데 그 중 하나는, 몸 뒷편, 등 가까운 쪽에 통증이 있다고 해서 그곳이 다 허리 통증 치료 대상이 될 수는 없다는 것이다. 사실은 등이 아픈데도 그게 허리의 고통으로 보여질 수도 있다는 말이었다.

그런 애매한 고통이 나쁜 행실을 한 많은 사람들의 영적인 병과 얼마나 비슷한가 하는 것이 머릿속에 떠올랐다. 우리는 항상 그 문제의 지점이 더욱 안으로 – 내면의 악이 그 용과 같은 나쁜 영향을 줄줄이 산출하는 곳으로 깊어졌을 때에야 아파하면서 그 상황을 설명하려고 애쓴다.

성 어거스틴(St. Augustine)도 예외없이, 용을 보고 자신의 내면의 공간에 도사린 고통의 근원에 대해 질문을 했다.

> 나는 누구이며, 어떤 사람입니까? 나 한 일 치고 죄 아닌 게 무엇이며, 행동으로 아니면 말로, 말로 아니면 생각으로 죄짓지 않았습니까? 그런데 선하고 자비로우신 주여. 당신께서 내가 있던 그 죽음의 심연에 당신의 오른손을 두사 부패의 소용돌이에서 나를 끌어내시고, 당신 원하시는 일은 미워하고 당신 싫어하시는 일은 사랑하던 이 죄인을 구해 주셨습니다. (Confessions)

이것들은 나 역시 통찰의 순간 속에서 숙고해보기 시작했던 것들이었다. 용들이 문을 부수고 들어와 나의 생각과 '선택 장치'를 인질로 잡는 순간이 왔던 것이다. 그 내면의 공간에 있던 악함을 외면의 악한 행동으로 바꾸어 내보냈던 것이었다.

예수께서는 마음에 대해 제자들에게 말씀하실 때 이런 행위의 근원에 대해 다음과 같이 말씀하셨다.

> 입으로 들어가는 모든 것은 배로 들어가서 뒤로 내어 버려지는 줄을 알지 못하느냐 입에서 나오는 것들은 마음에서 나오나니 이것이야말로 사람을 더럽게 하느니라 마음에서 나오는 것은 악한 생각과 살인과 간음과 음란과 도적질과 거짓 증거와 훼방이니 (마 15:17-19)

루이스 스미디즈(Lewis Smedes)는 그의 훌륭한 저작들 중 하나에서 이 문제를 더욱 명쾌하게 지적하고 있다. 그는 독일군 포로 수용소 안에서 나찌 감시관에게 두들겨맞는 친구를 지켜보며 서 있던 한 여성에 대해 썼다. 그녀는 그 군인을 향해 분노와 증오로 가득 차 있었다. 그러나 통찰력의 순간이 따랐다. 어떤 음성이 들려왔고, 그 순간 그녀의 복수심은 눈깜짝할 새 스러지고 만 것이다. "기억하라, 네 안에도 나찌가 들어 있다는 걸."

그 여인의 통찰의 순간을 읽으면서, 나는 나의 내면의 공간에도 역시 나찌가 있었다는 사실에 사로잡혔다. 어쩌면 내 안에 '히틀러'가 있었다고 하는 편이 더 정확할지도 모른다. 주위 환경만 잘 따라 주었다면 나도 그가한 만큼, 어쩌면 더 심한 일도 할 수 있었으리라. 매우 놀라운 발견이었다. 그 사실이 내게 끼친 영향은 결코 과장이 아니다. 내 안의 용은 그토록 나쁜 성질의 것이었다.

나는 모든 인간은 태어날 때부터 죄인이라는, 우리가 행하는 그릇된 행동은 하나님께 불순종하고 반역하려는 인간 본성의 산물이라는 본질적인 가르침에 언제나 찬성해 왔다. 그러나 어쨌건, 그런 사실들을 주일학교에서나 배웠을 법한 교리상 기초 교육으로 이해하는 것과, 그 부당한 힘(성경이 말하는 '죄')이 당신의 안팎에 있는 모든 선한 것들을 파괴해 버릴 수 있다는 것을 깨닫게 해 주는 끔찍한 실패를 체험함으로써 이해하게 되는 것 사이에는 차이점이 있는 듯 하다. 그 힘은 옆에서 당하는 "죄없는 구경꾼들"의 세계가 무너지는 것은 고려하지 않는다.

보스턴에서 다른 건물을 손상입히지 않고 고층 건물을 전문적으로 무너뜨리는 붕괴 기술자들은, 우리 죄인들이 내파해 버릴 때 주위의 많은 사람들에게 상처를 입히곤 하는 것과 비교할 때 매우 명인답지 않은가? 죄란 누구든 상관않고 무차별적으로 상처를 입힌다.

죄인으로서의 나 자신을 분명히 인식하게 되면서 나는 로마서를 읽기 시작했다. 내면의 통찰력이 자라나면서 나는 로마서를 단숨에 읽어나갔고 예전엔 정말 집어내지 못했던 단순한 명제를 하나 발견하게 되었다. 옛날에도 이것을 많이 읽고 공부했지만, 이번에는 설교자로서도, 신학을 조금 한다하는 사람으로서도, 심지어 노련한 그리스도인으로서의 관점도 포기한 채 성경을 읽었다. 나는 로마서를 있는 그대로, 무슨 일이 일어났으며 어떻게 하면집에 갈 수 있을까 고민하며 도움을 청하는 탕자의 심정으로 읽었던 것이다.

다 읽었을 때, 나는 게일에게로 몸을 돌려 말했다. "이제야 알겠군. 이 글을 쓴 사람(물론 바울)은 자신이 무너진 세계 사람이라는 것, 자신이 편지를 보내는 사람들도 그 세계를 경험한 사람들이라는 것을 깨닫고 쓴 거야. 그러니 이 장의 주제는 죄악에 의해 무너지는 개인 세계와 그것에 대한 해결책이 될 수밖에 없지.”

바울은 악이란 것이 반드시 붙잡고 겨뤄야 할 세력이라는 것을 개인적인 경험과 그에게 주어진 계시를 통하여 잘 알고 있었다. 그것을 무시하다가는 재앙을, 무너진 세계를 자초하는 일이 될 것임을 알았기에 그는 그것에 대해 조심스런 해설을 하기 시작했다. 그는 어디서부터 시작했는가? 하나님과, 창조와 속죄라는 진리를 거스르려는 인간의 생각에서 악이 싹텄다는 사실에 그는 주목한다. 바울은 진리를 바로 보지 못하게 만든 거대한 은폐 수작이 바로 ‘인간의 역사’라고 보고 있는 것이다.

그 결과는? 문명과 문화의 체계적인 붕괴, 질서잡힌 생활 방식의 파괴이다. 증오, 부패한 경쟁의식, 육신의 악용, 위선 등등. 악이 풀려났을 때 바울이 이런 일이 일어날 것임을 쓴 것같이 우리도 오늘날 잘 보고 있지 않은가.

그는 모든 인간의 마음 속에 들어있는 악의 광범위함에 대한 자신의 생각을 아래와 같이 씀으로써 결론짓고 있다.

> 그러면 어떠하뇨 우리는 나으뇨 결코 아니라 유대인이나 헬라인이나 다 죄 아래 있다고 우리가 이미 선언하였느니라 … 우리가 알거니와 무릇 율법이 말하는 바는 율법 아래 있는 자들에게 말하는 것이니 이는 모든 입을 막고 온 세상으로 하나님의 심판 아래 있게 하려 함이니라 (롬 3:9,19)

입을 막고! 변명은 없다! 경감 사유가 될 만한 변명은 없다.

필요한 것은 통찰력, 인류가 개인적으로 십자가로 나아올 필요가 있다는 인식인 것이다. 그곳에서 하나님이 우리 안에 있는 악을 통제할 수 있을 만한 사랑이 담긴 치료제를 제공해 주시는 것이다. 하나님께서는 우리의 죄를 그분의 은혜를 통하여 다루시기를 원하신 것이다.

내가 지금까지 설명해 온 것은 많은 그리스도인들이 가지고 있는 죄에 대한 생각에 혼란을 줄 수도 있다. 인습적인 관점을 가진 사람들은 언제나 ‘원죄 의식’에 수긍할 준비가 되어 있지만, 우리가 도대체 어떻게 ‘죄’에 굴복하고 마는가 하는 사실을 설명해보고 싶은 사람도 적잖이 있을 것이다.

사도 바울이 자신을 “죄인의 괴수”라고 칭한 것은 거짓말을 하거나 속여

가면서까지 겸손해하려는 의도가 아니었다. 그는 이 말을 자신이 이 세상에서 가장 나쁜 죄인이라는 뜻이라기보다는, 자기 속에 있는 잠재적인 악의 세력에 대해 잘 인식하고 오히려 그것에도 불구하고 자신을 사도로 쓰신 하나님의 은혜가 넘친다는 뜻으로 보아 쓴 듯 싶다. 로마서 7장에서 그는 악에 대항한 내면의 전쟁을 생생하게 묘사하고 있으며, 내면에서 능력 주시는 주님이 없다면 아무것도 이루지 못하는 절망적인 인간임을 시인하고 있다.

나는 사도 바울을 불공평하게 대하고 싶지 않지만 그가 여러모로 거슬리고, 논쟁하기 좋아하며, 협박하는 데 뛰어난 사람이었다는 것을 언급해야만 하겠다. 젊은 마가와 마음 따뜻한 바나바를 뿌리치고 돌아서버리는 바울의 '쉽게 동요하는 마음'은 용서할 줄 모르고 판단하려는 생각에 의해 종종 희생되어 버리곤 했다. 이 노(老) 사도는 그런 성격의 결함을 가지고 고통을 받았을까? 그랬을 것이며, 종종 하나님께 그것을 제거해 달라고 간구했음을 나는 안다. 이것이 혹시 잘 알려진 '육체의 가시'가 아니었을까? 신체적인 문제보다는 성격과 인성의 문제가 아니었겠는가?

■ 좋은 소식

바울과 우리들의 내면의 공간에 있는 악이라는 것은 원래부터 그렇게 인간 안에 있도록 지음받은 것은 아니었다. 우리가 악을 정말 중대한 문제로 취급하고 있지 않은 이유들 중 하나는 아마, 창조주 하나님께서 본래 우리를 만드실 때에는 지금과는 전혀 다른 목적으로 지으셨다는 것을 우리가 깨닫지 못하기 때문일 것이다. 성경은 하나님께서 창조하신 피조물 가운데 가장 아름다우며, 가장 귀중하며, 또한 가장 강력한 잠재력을 가진 존재가 인간임을 분명히 하고 있다.

이것은 악함과 같은 침울한 주제를 논할 때로 보면 다소 지적하기 생소할지도 모른다. 그러나 그 침울함이라는 것은, 우리의 창조주이신 하나님의 태초의 창조 목적이 무엇이었는가와 우리가 그 본래의 목적에서 일탈함으로써 몰수당한 것은 무엇인가를 우리가 깨닫게 될 때만이 적절히 논할 수가 있을 것이다. 그러므로 우리는 다음을 확언하고 넘어가야 한다 : 인간은 아름답고 통합된 존재로, 개인적으로 또 상호간에 연합하여 하나님의 영광을 찾고, 즐기고, 또 나타내기 위해 지음받은 존재이다.

이런 태초의 아름다움은 악에 의해 무자비하게 손상되었다. 몇 년 전에 바티칸에서 일어난 숭고한 피에타(Pieta) 상의 손상 사건처럼 말이다. 한 정신이상자가 방책을 넘어들어가 상을 망치로 내리쳤던 것이다. 바닥에 흩어진 부서진 조각들을 보며 예술계는 충격에 휩싸였으며, 이 위대한 예술품이 과연 복구될 수 있을 것인가의 문제가 뒤따랐다. 최초의 남녀가 살던 세상이 산산조각나고 만 후에 성경이 우리에게 준 큰 질문은, 그 세상이 재건될 수 있을 것인가 하는 것이었다. 이 두 가지 질문에 대한 답은 '그렇습니다'였다.

미술 전문가들은 피에타를 다시 복구해서, 누구나 알고는 있으나 손상입은 곳을 알아볼 수는 없게 만들었다. 기독교의 복음이 가진 특성은, 과거의 사건에 의해 인류가 영위해 온 세계가 얼마나 지독하게 손상을 입었건 간에 그 아름다움 또한 (피에타처럼) 회복될 수 있으며 "재건이 가능"함을 말하고 있다는 것이다.

대리석 조각품 하나가 손상되었을 때는 예술계가 그렇게 넋을 잃는데, 대부분의 사람들이 악이라고 불리는 이 영의 세력에 의해 피폐되어온 인간성에 대해서는 왜 꿈쩍도 하지 않는 것인지 묵상해 보는 것이 도움이 될 듯싶다.

바울이 가르치기로, 인간의 경험을 회복 내지 재건하는 과정은 두 부분으로 나뉜다. 인간 본래의 아름다움이 천천히 다시 회복되지만, 악한 영에 의한 손상으로 인한 영향도 여전히 볼 수 있는 "현 생활"이라는 부분이다. 그리고 그리스도의 날인 "장차 올 때"가 있다. 악한 영이 일으키는 본래의 손상으로 인한 상처가 모두 지워지는 때, 마치 아무 일도 일어나지 않았던 것처럼 우리의 인간성이 온전해지는 때인 것이다. 성경에는 이 두 부분의 재건 과정이 '큰 소망'이라고 언급되어 있으며, 그리스도를 믿는 믿음으로써 얻기를 원하는 사람이면 누구에게든 유효한 것이라고 되어 있다.

영국의 한 양 방목지에서 전해오는 이야기는 이 과정을 잘 설명해 준다. 몇 백 년 전에 두 사람이 양 절도죄로 체포, 유죄판결을 받았다. 판사는 몇 년간의 복역과, 뜨거운 쇠로 이마에 S자(Stealing : 절도죄)의 낙인을 찍는 형벌을 내렸다. 그것으로써 누구도 그 죄를 잊지 않도록 하려는 것이었다.

형기가 마감되었을 때, 둘 중의 한 사람은 그 지역을 떠나 다시는 소식을 들을 수 없었다. 자신이 지었던 죄를 몹시 후회하며 하나님께 여생을 바치기로 한 나머지 한 사람은 그 지역에 남아 사람들을 섬기는 데 온 삶을 바쳤다. 세월이 지나면서, 그는 마을의 아픈 이들, 가정의 위기, 직업에서의 어려움을 솔선수범하여 도와주었기 때문에 그 마을에서 그에게 빚을 지지 않은 사람이 하나도 없게 되었다. 이제 아무도, 그가 옛날에 양을 도둑질한 사람이라는 것을 기억하거나 말하려고도 하지 않았다. 사람들은 그가 은혜와 사랑으로 가득한 마음으로 자신들에게 준 것만을 말했다.

그 이야기는 두 조그만 소년들의 대화로 끝을 맺는다. 그들은 어렸기 때문에 과거에 일어났던 일에 관해서는 아무것도 모르는 아이들이었다. 이제는 노인이 된 예전의 그 도둑이 지나가는 것을 보며, 한 소년이 친구에게 물었다. "왜 저 분은 이마에 S자를 찍고 다니시는 거지?"

"잘은 모르겠지만 말야." 친구가 대답했다. "엄마가 저분에 대해 말씀하시는 걸로 봐선 틀림없이 성자(Saint)를 나타내는 말일 거야."

■ 나쁜 소식

나의 내면의 공간 탐험은 내게 내 안에 있는 악함은 현재는 없어지지 않을 것이라고 가르쳐 주었다. 그러나 하나님의 성령이 주시는 선물인 적당한 에너지로서 그것은 관리될 수 있다. 그러나 내면의 악이 가진, 일을 망치는 능력이 점검되기는 하나, 완전히 없어지지는 않을 것이다. 나는 악한 영에 대해 잘 인식하고, 주의하기만 한다면 잘 통제할 수 있는 만성 전염병을 주의하여 감시하는 것과 마찬가지로 나를 배신하려는 시도에 대해 방심않는 법을 배워야 한다.

어쩌면 자신들을 그리스도인이라고 부르는 많은 이들이 가장 곤란해하는 것이 이 부분일지도 모른다. 자신들의 소망과 기대를 전환된 체험과 그리스도인으로서의 새 삶의 초기 단계에 발생하곤 하는 빠른 변화에 두면서, 그들은 내면의 아주 깊은 곳에 악이 잠적하고 있다는 것을 너무 쉽게 잊어버린다. 단지 내면의 공간의 처음 "2피트" 정도의 깊이가 정밀 조사되고 순간적으로 깨끗해졌다고 해서 몇 마일 깊은 곳의 악이 조만간 그 실체를 밝히지 않을 것은 아니잖은가?

내면 깊은 곳에서 으르렁대는 악한 영의 신호를 가장 잘 감지할 수 있는 곳은 어디인가? 이 질문에는 아마도 많은 대답이 있을 것이다. 그러나 나는 우리 내면에 있는 그 기분나쁜 것이 나타날 만한 때와 장소를 몇 가지 말해 보고자 한다.

1. 악이 우리 안에 "잠복해 있을" 때

무엇보다도, 준비하지 않은 상태에서 반응해야 할 때 우리는 내면 깊은 곳에 있는 악을 발견하기가 쉽다. 예를 들어, 겟세마네 동산에 있었던 그 밤, 시몬 베드로는 안 잤으면 좋았을 잠을 자다 갑자기 깼었다. 그때 예수님을 잡으러 사람들이 오고 있다는 것을 깨달은 것이다. 어떻게 해야 할지 몰라서 그는 칼을 뽑아들고 휘두르기 시작했다. 3년동안 주님을 쫓아다니는 동안, 절대 하지 말라시던 바로 그 행동이었다. 압박이 가해지자 그는 예전으로 돌아가 버렸다. 용이 슬그머니 표면으로 나온 것이었다.

"기독교 신앙(Mere Christianity)"에서 C.S. 루이스(C.S. Lewis)는 내면의 공간에 있는, 갑작스런 체험을 하게 될 때 드러나는 죄악에 대해 말하고 있다. 시무룩해져 있는 자신을 보게 되거나 다른 사람에게 호되게 말할 때, 그는 처음에는 자신의 반응이 내면의 악이 표출되는 것이 아닌, 그보다는 베드로가 병사를 공격한 것처럼 반사적인 것이라는 이유를 달기 쉽다는 것을 인정한다. 그러나 좀더 숙고해 보면 자신이 틀렸다는 것을 알게 된다. 내가 내면의 용이라고 부르는 것을 그는 천정에 숨은 쥐들이라고 부른다.

천정에 쥐가 있을 때, 그 쥐들을 보려면 그야말로 갑자기 들이닥쳐야만 가능할 것이다. 그러나 그 갑작스러움이 쥐들을 만들어내지는 않는다. 쥐들을 숨지 못하게끔 해 줄 뿐인 것이다. 같은 방법으로, 내가 갑작스레 화를 내는 것이 나를 성미 급한 사람으로 만들지는 않는다. 내가 얼마나 성미가 급한 사람인지 보여줄 뿐인 것이다. 쥐들은 언제나 천정 위에 살고 있지만 만약 소리를 지르고 시끄럽게 하면서 올라간다면 쥐들은 불을 켜기 전에 숨어버릴 것이다. 명백히, 분노와 앙심이라는 쥐들은 언제나 내영혼의 천정에 살고 있으며, 그 천정은 나의 의식적인 의지가 닿을 수 없는 곳에 도사리고 있다. 나는 나의 행위를 얼마간은 통제할 수 있으나, 내기질을 통제할 직접적인 방법이 없는 게 문제다.

2. 우리가 그동안 "잘 대접받지 못했다"고 느낄 때

그들 잘못이건 우리 잘못이건간에, 다른 사람들에 의해 불이익을 당했을 때도 우리는 내면 깊숙이 무엇이 있는가를 발견할 수 있을 것이다. 어떤 이들은 복수하고 싶고, 맞받아 싸우고 싶고, 끊임없이 항의와 해명을 해 대면서 자신을 방어하고 싶을 것이다. 우리는 자신이 돌려받아야 할 것을 얻고, 동시에 남의 신용은 떨어뜨릴 수 있는 방법이 없나 공상을 한다. 우리가 잘못한 게 확실하다면, 우리가 얻기를 바라는 은혜와 용서를 그들이 충분히 베풀어주지 못했다는 것을 우리가 폭로한다면 그들이 어떻게 나올 것인가 하는 것들을 조심스레 생각해 볼지도 모른다.

3. '나'라는 인간에 어울리는 취급을 받을 때

내 친구 하나는 내가 하인취급을 받을 때 내가 하는 반응을 보면, 내가 진짜 하인 정도밖에 안 되는 인간인지 아닌지 알 거라고 말한다. 나는 그 얘기를 듣고 이런 생각을 해 보았다. 사람들이 내가 저지른 죄에 관해 알려주려고 할 때, 내가 그것을 어떻게 받아들이느냐에 따라 내가 진짜 죄인인지 아닌지 알 수 있을 것이라고.

스탠리 존스(Stanley Jones)와 한 바라문(Brahmin : 인도의 카스트 계급 중 최고위인 승직계급 : 역주) 개종자에 대한 얘기가 있다. 그는 인도에 세워진 아시람(ashram)이라는 암자에서 사람들과 같이 살기 시작했다. 모든 사람들이 그 사회의 여러가지 허드렛일을 함께 하도록 했다. 예전에 바라문이었던 그에게 화장실 청소가 맡겨지자 그는 그 일만은 할 수 없다고 했다. 그리스도 안에서 낮아진 자들에게 어울리지 않는 일은 없으며, 주를 따르기로 결심한 이들이 화장실 청소같은 일에 무슨 문제가 있겠느냐고 존스가 말했을 때 그 인도인은 대답하기를, "형제여, 나는 분명 개종했으나 그정도 까지는 아니오."

나는 나의 인간적인 모습이 사람들에게 알려지는 것을 그리 꺼리지는 않지만, 사람들이 나의 인간성과 그 잘못과 단점에만 주목할 때면 정말 신경이 쓰인다는 것을 그동안 잘 알았다. 그 때가 바로 악이 내면 깊은 곳에 살고 있음을 다시금 떠올리게 되는 순간이었다.

4. 타인들이 저지르고 있는 악에 우리가 끌릴 때

바울은 로마인들에게 보내는 편지에서 악에 대하여 참으로 많이 언급했다. "그 일[악]을 행하는 자를 옳다"(롬 1:32) 고 하는 이들에 대하여 낱낱이 고발하고 있었으니 그들이 바울의 말을 쉽게 받아들일 수 있었겠는가?

우리는 왜 실생활이나 허구의 작품 속에서, 사람들이 우리같은 사람은 할 수 있다고 믿지도 않는 행동들을 척척 해내는 것을 그린 오락물이나 굉장한 광경들에 끌리는 것인가? 운동 경기나 연극, 영화관, 문학에서 우리가 고르는 오락들은 사실 우리에게 진실을 말해준다. 우리 속 "깊이" 내재한 것이 우리에 대한 악한 것들을 은연중에 불러내고, 두 존재는 서로를 먹여 살린다.

비밀 유지자들과의 대화에서, 나는 외면으로 봐선 정말 본받을 만한 삶을 살고 있는 많은 사람들이 포르노(가볍게 말해서)나 영화 속의 폭력, 적나라한 섹스, 온갖 불법적인 행위들이 일어나는 장소에 이끌린다는 것을 알게 되었다. 케이블 TV가 내면의 용과 결합하여 나오는 정보와 자극물들을 많은 가정으로 가지고 오며, 내파와 무너진 세계를 가져오는 선택과 가치관을 재촉하는 것이다.

그러므로 나는 내면의 악함은 외면의 공간에 있는 악한 힘과 잘 맞물린다는 것을 새롭게 인정하게 되었다. 그 두 형태는 서로를 매혹하여 끌어당기고 있다고 말할 수도 있을 것이다. 내면의 형태는 반항하는 영으로서 나타나며, 외면은 매혹적인 유혹의 형태로, 대개 감정이나 기호, 지성같은 내가 귀기울이기 쉬운 면에 호소함으로써 나타난다. 이 두 가지 악 사이에 어떤 음모가 있다고 말할 수 있을 뿐, 더 좋은 표현이 생각이 나질 않는다.

때때로 외면의 악함은 사람이나 이루고 싶은 목표, 또는 쾌락을 주는 유혹 등을 통해서 우리에게 다가온다. 삼손은 들릴라를 만났고, 기드온은 백성의 찬양에 귀기울였으며, 솔로몬은 권태로움에 붙들려 점점 육욕을 탐해나갔던 것이다. 외부에서 다가오는 사람이나 그럴 듯한 일들은 참으로 매력적이다. 그때 내면에 있는 악의 세력이 자극을 주어 그릇된 선택으로 몰고 가는 것이다. 그 상황을 완전히 잘 알고 있지도 않고 내면에 있는 것들을 잘 관리하지도 못하기 때문에, 그들은 내파되어 버리고 보스턴의 무너진 빌딩 더미처럼 주저앉게 되는 것이다.

요한은 "예수는 그 몸을 저희에게 의탁(依託)지 아니하셨으니 이는 친히 모든 사람을 아심이요" (요 2:24)라고 썼다. 우리 주님은 과연 무엇을 아셨단 말인가? 바로 예레미야가 한 말이 아니겠는가. "만물보다 거짓되고 심히 부패한 것은 마음이라 누가 능히 이를 알리요" 그러기에 예수께서 당신 자신을 아무에게도 - 인간의 의견이나 종작없는 생각들에 - 의탁하실 수 없으셨다면, 나 자신도 내게 의탁할 수 없다는 뜻이 됨을 나는 깊이 생각하게 되는 것이다. 나를 떠나서, 내면의 힘은 분명히 날 배반하기 쉽고 결국은 내파로, 무너진 세계로 인도하는 삶을 떠다니며 살도록 나를 종용할 것임을 잘 알고 있어야 한다. G.K. 체스터튼(G.K. Chesterton)은 분명 이것을 생각하고 다음과 같이 썼을 것이다. 그의 유명한 캐릭터 브라운 신부는 이렇게 말한다. "영(靈)이 걸리기 쉬운 병 중 하나는, 자신이 매우 잘 해 나가는 중이라고 생각하는 것이죠"

이것은 가장 쓰기 힘든 장이었다. 이렇게 끝내 놓기는 했으나 이 내용에 전적으로 만족하고 있는 것도 아니다. 내면의 악에 관한 주제는 몇 페이지에 다가 적절히 쓰기엔 너무나 광범위하고 실체가 뚜렷하질 않다. 너무도 탐탁찮기 때문에, 독자들이 제쳐두고 피할까봐 쓰기 싫어하는 문제가 바로 이것이다. 이 주제가 주는 비관주의는 너무도 무서워 영혼을 울적하게 만든다. 하지만 악은 반드시 밝혀져야 한다. 내면의 공간에 상주하는 포괄적 존재뿐만 아니라, 그 특별한 용같이 생긴 외모까지도 밝혀져야 한다. 우리는 반드시 알아야 하며, 맞서 싸워야 하며, 관리하고, 증오의 대상으로 삼아야만 한다.

내가 깊이 존경하는 젊은 선교사의 말에 참으로 감명을 받았기에 나는 이 말을 마지막으로 덧붙인다. 어느날 같이 아침 식사를 하면서 그에게 물었다. 그렇게 날마다 거리와 대학 캠퍼스를 다니며 그리스도의 복음을 전하는 힘은 어디서 나오느냐고. 그는 간단히 대답했다. "죄를 미워하기 때문이지요. 그리고 하나님의 복음은 그것에 대한 해결책이기 때문입니다."

그의 대답에 나는 너무도 부끄러웠다. 내가 그동안 충분히 죄를 증오해오지 못했다는 사실 때문이었다. 이제는 그렇지 않다!

나는 보스턴의 그 빌딩이 무너져 잡석이 되는 것을 보았다. 그 건물은 세워져 있을 때에도 그 도시의 가장 아름다운 건물은 아니었다. 그러나 이제 심히 감상에 젖어서, 나는 건물을 설계한 건축자를, 지은 사람을, 테이프를 자르고 문을 연 소유자를 생각해 본다. 그곳에서 일했던 사람들을, 그곳에서 이루어진 친구관계를, 크나큰 목적을 이루거나 잃은 사람들을 생각해 본다. 그 빌딩은 곳곳에 수많은 추억들을 가지고 있었지만, 이제는 모두 사라졌다. 안에서 폭발해 버렸다. 내면에 도사린 악이 무서운 세력을 가졌다는 것을 모르고 있었던, 세계가 무너져버린 사람처럼.

PART 2
세계가 무너져내리는 이유

CHAPTER 8
좋지 않은 주위 환경

1952년, 내가 막 사춘기를 맞게 되었을 때 우리 가족은 동부에서 서부로, 로키 산에 접한 작은 도시인 덴버로 이사를 했다. 나는 어린 시절을 뉴욕과 클리블랜드라는 도회지의 삭막함 속에서 보냈기 때문에 덴버는 내 꿈이 실현된 곳이나 다름없었다.

도시 서쪽에 있는 산맥은 맑은 날이면 언제나 경관이 눈에 잘 들어왔다. 건조하고 상쾌한 공기도 그 마음에 드는 기후에 한 몫을 했다. 또 그 도시는 로이 로저스(Roy Rogers) 문화에 꼭 들어맞는 서부적이고 소탈한 멋을 간직하고 있는 곳이었다. 이 1950년대의 격식없는 나날들을 가장 잘 나타내 주는 것은 콜로라도 주지사의 사무실을 예고도 없이 쳐들어갈 때의 재미였다. 우리는 주지사님을 '댄 아저씨'라고 불렀고, 그분이 카우보이 장화를 신은 발을 책상 위에 얹고 앉아 있을 동안 20분 가량 그분과 얘기를 나누곤 했다. 그때 내 나이는 열세 살이었다. 덴버는 작은 소년에게는 환상적인 도시였다.

앞에서 묘사한 기후, 상쾌한 공기, 서부의 소탈함 등등 그 모든 호감가는 기억들이 최근에, 어머니께서 아버지와 함께 덴버를 떠날 계획임을 전하기 위해 전화하셨을 때 내 기억에서 되살아났다. 내가 왜냐고 묻자, 어머니는 의사가 이사가는 것이 좋겠다고 조언했기 때문이라고 하셨다.

"내가 폐가 안 좋다잖니." 어머니는 말씀하셨다.

"하지만 세상에 폐가 약한 사람에게 덴버만한 곳이 또 있어요?" 나는 예전에 주위 환경에서 얻는 이득에 대해 자랑까지 했던 것을 기억하면서 이렇게 물었다.

"의사 선생님 말씀이, 근래 몇 년간 덴버의 공기는 이제 너무 오염돼서 나같은 호흡 계통에 문제가 있는 사람들은 더 이상 살 수 없다는구나. 떠나는 게 현명할 것 같아."

근본적으로, 어머니는 사람이 건강을 약화시키는 요소가 있고 또 다른 질병까지도 가져올 수 있는 환경에서 산다면 그 사람의 건강이 불리하게 영향받을 수 있다는 것을 말씀하고 계셨던 것이다.

정말 아이러니컬하군 - 나는 어머니께서 이사 계획에 대해 설명하실 동안 계속 이런 생각을 했다. 한때는 건강을 회복하기 위해서 찾아오던 맑았던 도시가, 이제는 건강을 유지하기 위해서 떠나야 하는 도시가 되어버리다니. 그게 바로 덴버와 같은 많은 도시가 이제 다음과 같은 환경 예보까지 하게 된 이유이리라. "오늘은 공기 오염 수치가 높아집니다." 라디오의 뉴스 아나운서는 종종 이렇게 말한다. "호흡기 질환 환자들은 외출을 삼가해 줄 것을 보건 당국은 권하고 있습니다."

나의 어머니가 약해진 폐 때문에 주위 환경에 민감해지셨다면, 우리 영적인 생활에 이롭거나 해로울 수 있는 여러 종류의 환경에 주목해 보는 것도 가치있지 않을까 하고 나는 생각해 보았다. 그 생각을 하다 보니 나는 자연히 탕자 이야기로, 큰 도시와 멋진 인생을 누리려 집을 떠나서는 돼지들과 또 많은 생각거리들과 함께 막을 내린 그 젊은이의 이야기로 되돌아갔다.

탕자는 돼지우리 안에서 곰곰 생각한다. 그의 세상은 그야말로 산산조각 났다. 그 깨져 뒹구는 상태 속에서 그는 차츰 통찰력을 얻게 되는 것이다. 그는 진리와 반대되었던 자신의 생각을 정리해보기 시작했다. 아버지가 자신에게 가르치고 경고한 것은 사실 진짜 겪게 될 인생이었다. 그러나 그는 아버지의 예상을 받아들이지 않았던 것이다.

그 깨달음 속에서 그는 자신의 의도적인 큰 실수를 정리해 본다. 거만함, 안하무인의 태도, 받고만 살려는 마음, 선택, 이기심, 빈번히 찾아오는 경고의 신호에 대한 무시 · · · 그는 자신의 내면에 있었고 지금도 있는 사기꾼 근성을 본다. 아마도 그는 벌떡 일어나, 자신의 어리석음을 생각하곤 분노에 가득 차서 발을 동동 구르기도 했으리라. 이제야 그는 자신이 아버지께 얼마나 상처를 입혔는가를 깨닫는다. 진정한 사랑이 있고 안정되고 풍족했던 생활을 떠나 모든 것을 잃었다. 평생동안 안고 살아야 할지도 모를 불행한 결과들을 어떻게 만들게 됐는가를 생각할 것이다. 마음 속에 있던 악이 이젠 명백하다. 잘 다스리지도 않고 내버려둔 것에 대한 댓가도 명백하다.

그 마음 속에 드릴로 뚫는 구멍은 점점 깊어지며, 항상 그러듯이 그 과정은 끔찍스레 고통스럽지만 그는 처음으로 정신을 똑바로 차리고 생각하고 있다. 결국 그 구멍은 깨끗해질 것이고, 이 고난은 결국 그의 무너진 세계를 재건하는 데 걸리는 시간인 것이다.

이제 그 아버지의 가족이 될 자격이 없다는 것을 스스로 인정하면서, 그는 돌아갈 준비를 하고 자신이 선택을 했던 영적인, 도덕적인 환경의 현실에 대해 생각해볼 것이다. 자신의 내면의 상황(마음 속의 악)을 보게 되면서, 그는 자신의 어리석은 선택을 가능하게 만드는 데 공모했을지도 모를 요소들인 외면을 볼 준비가 되어 있다.

그는 처음 집을 떠날 때 가서 살기로 하고 골랐던 도시에 대해 생각해보기 시작할 것이다. 왜 하필이면 그 곳이었을까? 그는 같이 시간을 보낼 친구들로 골랐던 이들을 떠올려보리라. 왜 하필이면 그들이었는가! 가기로 작정했던 장소, 그곳에 도착했을 때 하고 놀았던 것들 · · · 난 무슨 생각을 하고 있었던 거지? 그는 의아해할 것이다. 한때 그렇게 만족스러워 보였던 것들이 이제는 왜 이리도 불쾌할까? 기억이 잘 나지 않는다. 그 소음, 그 현란함, 그 쾌락들 - 모두가 이제 호소력을 잃고 말았다.

나는 탕자가 대양의 해류같은 변덕스런 영향과 행동에 자신을 맡겨버렸다는 것을 깨닫는 것을 상상해 본다. 그 결과가 통제를 벗어날 때까지 역류가 점차 자신을 쓸어가는 것과도 같이 말이다. 돼지들 사이를 걸어다니면서, 쥐엄나무 열매를 조금씩 갉아먹으면서 그는 몇 번이고 자문해 보지 않았겠는가? 왜 지금처럼 명확한 걸 그 때는 깨닫질 못했나? 이런 일들에 대해 경고를 받았었지. 다른 사람들이 무너지는 것도 많이 보아 왔다. 유독 나만 특별한 예외일 것이라 생각하고 있었단 말인가?

나는 인간의 행위에 대한 우리 그리스도인의 관점은, 무너진 세계를 경험한 이들이 왜 그렇게 많은가를 이해하기 위해서는 항상 그 행동을 하게 만드는 선택을 할 때의 환경을 고려해야 한다고 굳게 믿고 있다. 깊이 후회하고 있는 대부분의 세계가 무너져버린 사람들은 그들이 한 선택이 이젠 자기들이 봐도 불가사의할 정도라고 말할 것이다. 그들은 뒤를 돌아보면, 자신들의 사고와 행동하는 방식에 영향을 준 조건들을 분명히 알아본다. 그렇게 돌아봄으로써 옛날에는 충분히 고려해보지 않았던 것들을 이제는 본다. 주위의 영향과 기분, 사람들과 분위기, 압력과 피로, 이런 것들의 상당수, 혹은 이 모두가 마치 연막탄처럼 생각을 뒤틀어 버린다.

사업 환경이란 것은 극도로 미묘한 문제이다. 이것을 논제로서 내 놓으면서도 나는 잘못된 행실에 대한 변명을 제공할지도 모르는 위험을 감수하는 것이다. 실수하지 않기 위해서, 마음 속의 악에 대한 것을 먼저 쓴 이유가 바로 이 때문이다. 나는 정말 오해받지 않기를 바란다. 하나님 존전에서는 악한 선택에 대해서 변명의 여지가 없다.

악한 행위를 두고 변명할 수 있는 여지를 남겨준다고 반드시 은혜를 베푸는 처사가 될 수는 없다. 그러나 악이라는 주제에 대해 입을 다물고, 어떤 사람이 다른 날 같으면 저지르지 않았을 악한 일을 누구의 도움으로 특정한 그 날에 하게 되었는가에 대한 아무 말도 하지 않는 것도 마찬가지로 잘못된 것이다. 마음 속의 악과 이 세계의 환경은, 세계가 어떻게 무너지는가를 이해하기 위해 연구하고 터득해야 할 일종의 결합체이다. 불행하게도, 다른 쪽을 희생시키고 한 쪽에만 주목하는 경향이 너무 많다.

나는 몇몇 실례(實例)를 들고 최근에 그런 경험을 한 사람과 나누었던 대화 안에서 관련성을 보임으로써 이 환경이라는 것을 잘 그려볼 수 있을 것 같다.

사업상 여행을 자주 하는 사람들은 집을 떠나 있는 동안 무거운 도덕적 유혹에 시달리게 된다는 사실에 쉽게 동의한다. 왜 그런가? 환경이 다르기 때문이다. 집을 떠나 있는 조건 하의 환경은, 생각도 못하던 것들로 인해 무너진 세계로 가는 아주 다양한 형태의 선택을 불러오게 된다.

가족과 친구들과 함께 하는 가정 생활 속에서는 일상의 스케줄, 지지 기반이 되는 것, 일을 처리하는 방법, 책임감있게 살아가라는 격려, 반대로, 무책임한 삶을 절제하라는 격려가 있다. 사람이 가정으로부터 수백 마일 떨어져 있을 때 사실상 그 모든 외적인 체제는 사라져 버린다.

그러므로, 그는 선택과 의무를 안내하는 데 필요한 내적인 가치와 확신만을 가지고 있을 수 있다. 그것들이 조심스럽게 개발되고 공급되었다면 아주 적절하게 쓰였을 것이다. 그러나 그동안 무시되어 왔다면? 그렇다면 세계가 무너지기는 시간문제인 것이다.

여행자가 잃어버리게 되는 특별한 외부 지지대란 무엇인가? 친밀감(Intimacy)이 그중 하나다. 낯선 환경은 강력한 외로움과, 자신을 걱정해 주는 사람과 접촉하고 싶은 욕구를 자극한다. 외로움이란 주로, 한 인간을 온전하고 특별하게 느끼도록 만들어 주는 영적이고 심리적인 힘으로부터 떨어져나올 때의 가치없음의 감정, "단절감"의 느낌이라 할 수 있다.

절제(Restraint)도 자주 잃어버린다. 익숙한 환경 아래 있는 사람은 주위 사람들과 어기고 싶지 않은 체제에 대한 책임감을 가지고 있다. 어쩌면 자기가 부대끼고 살아야 할 지역 사회 안에서 소외당하길 두려워하는 마음에 서일 수도 있다. 예를 들어 자신의 나쁜 행실이 부모님의 귀에 들어갈 것이라는 걸 알게 된 한 아이가 행동하는 것을 보자. 물론 그 아이는 부모님이 무슨 생각을 하실까 걱정하고 그분들이 주실 벌을 두려워할 것이다.

그러나 여행자는 자신이 지금 완벽하게 익명으로 있을 수 있다는 것을 알고 있다. 내가 뭘 하는지 다른 이들이 알게 뭐야 하는 조그만 내면의 목소리가 - 절대 하나님의 음성이 아니다 - 속삭이기 쉽다. 들키지 않을 테지. 이 내면의 속삭임은 인간 본성의 반항적인 면을 건드려 유혹한다. 다시 말하면, 조금 불미스러운 일을 벌인다 해도 걱정할 만한 결과는 없을 것이라고 잘못된 결심을 할 수도 있다는 것이다.

여행자가 잃게 되는 세번째 환경적인 요소는 활기찬 도덕적 문화(Active Moral Culture)이다. 그는 이득을 위해 그의 관심을 사려고 애쓰는 정 반대의 문화를 발견하게 된다. 그는 자기 방으로 가기 위해 호텔 로비를 지나다가 칵테일 라운지를 보게 된다. 바와 대부분의 호텔 방에서는 주류를 취급하는데, 그것들은 선택하는 문제에 있어 사람의 분별을 한층 낮추어 놓는 역할을 한다. 방에 들어앉아 그다지 노골적이지 않은 포르노 영화를 몇 달러에 시청할 수 있게 되어 있다. 만약 동행이라도 함께 있게 되면 그들 중 어떤 이들은 혼자서는 하기 어려운 그런 행동을 - 친숙한 환경에서는 할 수 없는 일들을 다른 동료에게 재촉할 준비만큼은 잘 되어 있다.

이 모든 요소들이, 내가 몹시 후회하고 있는 한 비행기 조종사를 방문했을 때 분명해졌다. 그는 한 여성과의 불륜의 관계를 내게 털어놓았다. 그 일은 그가 가정으로부터 천 마일이나 떨어져 있을 때 일어났다. 무슨 일이 일어났던가 떠올리며 그는 너무나 끔찍스러워 했다. "내가 그런 일을 했다는 게 믿어지질 않아요. 평생 절대로 그런 일이 없었단 말입니다. 무슨 변명을 해도 내가 한 일은 정당화될 수가 없습니다."

그는 회사의 지사에서 무역 협정에 대한 일을 맡고 있었다. 회의 참가자들과의 12시간에 걸친 대화를 끝마치고 밤마다 그는 녹초가 되어 호텔로 돌아왔다. 참가자들의 매우 불쾌한 대접으로 그의 외로움은 점점 커지기만 했다.

3일째 되던 날 밤, 그는 호텔 레스토랑에서 저도 모르게 한 여성과 대화를 나누고 있는 자신을 발견하게 되었다. 그녀는 그가 식사하고 있던 곳에서 몇 피트 떨어진 곳에 앉아 있었다. "그녀는 나로 내 얘기를 하도록 유도를 했죠. 솔직히 말해 그 대화가 너무도 즐거웠어요. 매력적이고, 또한 내게 매력을 느끼고 있는 듯 보이는 사람과 대화하고 있다는 게 정말 좋았습니다. 사흘동안 그런 제대로 된 대화를 해볼 기회가 없었으니까요."

그는 그들이 잠시동안 어떻게 대화를 나누었나와 그런 뒤 그녀를 방으로 데려간 일을 말했다. 그때의 그도 논리적으로는 그런 초대가 서투른 판단에서 나온 것임을 알고는 있었다. 그러나 그 사람의 또 다른 자아가 통제권을 잡고 경고의 신호를 몰아내 버렸던 것이다. 그런 상황에서, 그는 자신이 성(性)관계까지 가졌다는 것을 뒤늦게 알게 되었다.

"내가 정신을 차렸을 때, 이미 저질러진 일을 믿을 수가 없었어요. 마치 다른 사람이 저지른 일을 보고 있는 것 같았지요. 내가 얼마나 나 자신을 증오했는지 설명할 수도 없습니다. 생각할 때마다 한마디로 덜덜 떨려요.”

내 친구는 흔들렸다. 이게 모두 무엇을 의미하는가? 만약 아내가 알기라도 하면 결혼 생활과 가족은 어떻게 되는 것인가? “난 정말 아내를 사랑합니다. 이 일이 밝혀진다면 우리 관계가 어떻게 될지 상상이 가십니까?”

이 일로 해서 그 사람의 인격과 그리스도인으로서 살아온 생활은 어떻게 될 것인가? “이런 식으로 말하는 게 바보같이 들릴 거라는 건 압니다. 하지만, 난 정말 그런 사람이 아니란 말입니다. 이런 일은 다른 사람들에게나 일어나는 줄 알았었는데 · · · ”

이 문제를 해결할 수 있다고 친다면, 앞으로는 어떻게 할 것인가? “그 일을 머릿속에 다시 떠올릴 때마다 소름이 끼칩니다. 이런 일이 또 일어날까요? 내가 그정도로 약합니까?”

그는 이제 자신이 하나님과 함께 있는가를 알고 싶어 할 것이다. “난 정말 믿음생활을 잘 해 왔습니다. 이런 유혹들을 충분히 이겨낼 수 있을 만큼 오래 믿어 왔다고 생각했었는데요.”

그의 경험을 분석해보려 애쓰는 동안, 나는 그가 그 자신의 책임임을 받아들임으로써 시작하지 않고서는 이제 철저하게 미워하고 있는 이 일을 이해하는 일은 진전이 없을 것이라고 말해 주었다.

“당신은 그날 밤 해버린 선택에 대해 하나님 앞에서 책임을 져야 한다는 사실을 마주해야만 합니다. 핵심 문제는 죄이고, 그날 밤의 행동들은 본능에 관한 건 치워 두고라도, 대개 하나님의 법과 당신 주위의 사람들과 했던 개인적인 약속들을 떨쳐 버리는 내면의 자아로부터 나온 것입니다.

하지만 당신은 당신으로 하여금 잘못된 선택, 당신이 다른 곳에 있었다면 하지 않았을 그런 선택을 더욱 쉽게 만들어준 환경이 있었다는 것을 이해하는 선에서 계속해야만 합니다. 난 변명거리를 제공하려는 게 아니라 그저 그 잘못된 선택을 하게 만든 상황을 이해하자는 겁니다.“

“무슨 뜻인지 설명을 좀 해 주십시오.” 그가 청했다.

“자, 가능한 한 단순화시켜 놓고 봅시다. 당신이 평소처럼 집에 있었다면, 날이 저물어 갈 무렵엔 무슨 일을 하겠습니까?”

"집에 가지요."

"바로 맞습니다. 당신이 말한 대로 당신 부부가 좋은 관계를 유지하고 있다고 치고, 당신은 필요로 하는 친밀감을 채우기 위해 함께 좋은 저녁 시간을 만들 작정이었겠죠. 그 날의 좋고 나빴던 얘기도 나누고, 사랑하는 사람들 속에서 편안하게 지낼 작정이었겠죠?"

"물론이죠."

"하나만 더요. 당신이 사는 곳에서도 성적인 유혹을 받을 기회는 얼마든지 있었을 것이라 생각합니다. 당신은 그 선을 넘어가고 싶질 않았던 게 당연하겠지요. 왜냐하면, 우선 당신은 조금 후에 집으로 가서 가족과 만날 것이고, 두번째, 당신이 잘못을 저지른다면 탄로날까봐 두려워했을 것 아닙니까?"

"그러믄요. 자기가 일하는 곳을, 자기를 다 알고 있는 그런 곳을 돌아다니며 바보짓을 할 멍청이가 어디 있습니까? 난 그런 짓은 안했을 테지만, 목사님의 논리를 보니 정말 바보같은 짓이군요. 모두에게 상처를 주게 될 일이니까요."

내가 대답했다. "그럼 당신이 하는 말은, 우리의 보통 일상의 가정 생활은 그 자체로 합리적인 절제 수단이라는 뜻이군요. 사람들이 다른 곳에 있으면 할지도 모르는 일을 차단해 주는 방법이요."

"네, 바로 그겁니다."

우리는 그가 그 밤에 후회스런 선택을 하게 된 환경에 관한 토론을 계속했다. 고립감을 느끼게 된 고된 일로 가득한 날들. 호텔이라는, 절제하기 힘든 행동에 대해 아무런 대책이 없는 낯선 주위 환경. 예상치 못하고 순간적으로 만난, 지치고 고독한 한 남자의 욕구와 약점에 호소하고 자극하는 유혹하는 기술을 지닌 사람.

"자, 그 식당에 먼저 앉은 사람은 누구였는지 말해 주시겠습니까?"

"그 여자였던 것 같아요. 내가 들어왔을 때 거기 앉아 있었어요."

"그 때 당신은 식당 안 어느 다른 자리에 앉을 수도 있었습니까?"

그는 대답을 중단하고 잠시 생각했다. "네에, 그럴 수 있었어요."

"그런데 여자 가까이 앉기로 작정했죠. 자, 사실을 털어 놓으세요. 왜 그랬어요?"

"남자 대 남자로서?"

"그래요 · · · 남자로서."

"이렇게 말하면 바보같을까요? 그녀가 너무 아름다와서, 그렇게 매력적인 사람과 말해 보고 싶었을 뿐이라고 말한다면요? 난 일을 벌일 의도는 전혀 없었어요. 나는 그 여자가 내게 미소만 지어 줘도 행복하겠다는 생각을 한 것 같습니다. 많은 남자들이 이렇게 생각하지 않습니까?"

"매력적인 사람으로부터 받는 미소는 누구나 좋아하지요. 스스로 가치있는 사람이 된 듯 느껴지니까요. 분명 당신은 그날 밤 가치고 뭐고 생각할 수도 없었지요?"

"네, 그렇습니다. 목사님도요, 미인이 주목을 하는데 그런 생각이 들지 않겠나 생각해 보세요."

"그럼 이건 어디에 앉을까 하는 선택에서 시작해서, 그녀가 당신을 주목해 주기를 바란 걸로, 그 다음엔 약간의 친근한 한 마디 정도, 곧 더 오랜 대화로 발전한 것이군요. 그 때 넘지 말아야 할 선을 넘어버렸지요. 얘기가 이게 맞습니까?"

"그거예요."

"세상에서는 당신의 행동을 용서해 줄 수가 없습니다. 그것은 하나님 전에 내어 놓아야 하고, 의무로서 당신의 아내에게도 밝혀야 할 것입니다. 응보는 받아야 하는 것이죠. 하지만 당신이 선택을 하게 된 그 환경을 잘 조사해 보고 그 선택을 달리 바꿀 수도 있었을 것들을 따져 본다면 많은 도움이 될 겁니다."

"무엇이 달라질 수 있었을까요?" 그는 물었다.

"첫째는 명백합니다. 여행을 떠나기 전에 그게 어떤 식의 여행이 될지 예상을 했어야 하지요. 스케줄이 이미 잡혀 있었을 테고, 그것을 보면 적잖이 피곤하고 외롭겠구나 하는 것을 알 수 있었겠지요. 그렇기 때문에 당신은 영적으로나 심리적으로 단단히 준비를 했어야 합니다. 그리고 그 환경이 그리스도의 말씀을 따라 살고자 하는 이들에게는 참으로 적대적인 것임을 환기시켰어야 합니다.

그리고 당신은 좋지 않은 기회들로 북적거리는 그날 저녁에 어떤 특별한, 다른 할 일들을 준비할 수도 있었을 겁니다. 솔직히 말해, 당신이 떠나기 전에 부부간에 그동안 당신이 받을 압박에 대해 의논을 했어야 합니다. 시간을 정하고 서로 전화로 데이트를 하는 것도 좋았을 텐데요. 매일 밤 저녁 식사 자리를 고르는 데도 잘 생각해 보는 게 신중했을 겁니다. 내가 아는 어떤 사업가는, 당신에게 일어난 바로 그 일을 피하기 위해 모든 식사를 방에서 합니다. 그 사람은 공적인 장소에서 낯선 사람들을 만나는 데 흥미가 없어요. 레스토랑에 들어가서 고의로 매력적인 아가씨 바로 옆에 자리를 잡지 않지요.

그 저녁 동안에 어떤 해야 할 과제를 가져갈 수도 있었겠지요. 예를 들면, 매일 저녁을 고대하게 만들 내용이 담긴 일 관련 서적 한두 권 정도요. 다시 말하면, 당신은 주위 환경이 위험할 때와 그것에 어떻게 대비할 것인가를 알고 있어야 한다는 것입니다.

적대적인 환경 속을 어리석게 돌아다니다가는 언제나 나쁜 선택에 항복하게 됩니다. 솔직히 말한다면, 기독교 단체를 찾아보는 것이 현명했을 겁니다. 요즘은 어딜 가나 대부분의 도시들은 기독교에 관련된 기관을 찾을 수가 있습니다. 아마 당신은 너무 지쳐 있었던 것 같습니다. 하지만 적어도 선택할 수는 있었으니까요."

"그 모든 일들을 내가 다 할 수 있었겠는가는 모르겠는데요. 날마다 지독하게 녹초가 되어버렸으니까요."

"그럴지도 모르죠." 내가 대답했다. "하지만 당신은 벌어진 일을 어떻게 피할 수 있었겠는가 하는 것을 알고 싶어 했습니다. 내가 단 하나 알고 있는 것은 말입니다. 사람은 적대적인 환경은 피하고 건강한 환경을 추구해야만 한다는 사실이지요. 무슨 뜻인지 조금 자세히 설명해 드리죠. 어머니께서 얼마 전에 전화를 하셔서는, 당신과 아버님이 덴버를 떠날 계획이라고 하셨죠. 왜인지 추측해 보시겠습니까?"

그는 추측해보지 못했다. 그래서 나는 어머니가 덴버를 두고 한 불평섞인 이야기를 해 주었다. 1952년의 처음 이야기부터 말이다. 내가 그 얘기를 – 환경에 얽힌 이야기를 한 까닭을 여러분은 알 것이다.

CHAPTER 9

O링과 영하의 기온

스페이스 셔틀 챌린저 호가 창공으로 솟아오르고 비행한 지 73초만에 공중폭발하고 말았을 때 전 세계가 경악했다. 우리 모두가 그 끔찍한 상황을 찍은 비디오테잎을 질리도록 많이 보아왔다. 그래서인지 우리는 마음 속에서도 그 장면을 그려볼 수 있다. 구불구불한 연기로 선이 좍 그어진 새파란 하늘과, 바다로 수직으로 떨어지는 커다란 쇳덩어리들을 · · · 그 폭발을 침울한 가운데서도 다시 떠올리며, 그 떨어지는 잔해들 사이에 미국의 가장 선량한 사람들의 시신이 함께 있었음을 우리는 알게 된다.

그 비극의 원인 조사 결과가 인간의 심각한 판단 부족과 부품 관리의 실수임을 지적하고 있음도 우리는 알고 있다. 뉴욕 타임즈 지(紙)는 이 결과에 대해 솔직히 보도했다 : 스페이스 셔틀 재난의 근본적인 원인은 바로 자만심이었다. 주요 관리자들 무리가, 이상 압력 하에서의 부스터 로켓(booster rocket)의 어떤 부품에 대한 기술적인 신뢰도에 대해 염려하던 사람들의 경고를 주의깊게 듣지를 않았던 것이다. 관리자들은 자기들이 가장 잘 알고 있으니 발사 계획을 바꿔서는 안 된다고 자신만만해 했다. 그들은 틀렸던 것이다.

그 폭발의 근본적인 원인이 자만심이었다면, 좀더 특별한 원인은 O링과 관련이 있었다 . O링이란 부스터 엔진의 연결 부분을 꼭 맞게 고정시켜 주는 동그란 고무 패킹이다. 발사되는 동안, 셔틀을 궤도 진입시킬 때까지 받쳐 주느라 로켓이 커다란 압력을 받게 될 때 연결 부분에서 가스가 새는 것을 막아주는 것이 그것의 역할이었다.

그 비극의 날이 오기 전에 실시된 모든 비행에서는 O링은 아무 문제가 없었다. 그러나 바로 그날은 뭔가가 달랐다. 바로 주위 환경이었다. 기온이 0도씨 이하로 내려가고, 그런 조건 하에서는 몇몇 기술자들이 경고한 대로 O링이 깨지기 쉽고 딱딱해지며, 결국 믿을 수가 없게 되는 것이었다. 그 경고는 거의 들리지가 않았거나, 들렸다 해도 아무도 주의하는 이 없이 무시되었을 것이다. 그래서 발사 개시 신호가 내려졌을 때, 압력을 받은 연료가 O링을 지나 새어나가 그런 비극을 불러온 것이다.

다시금 환경 - O링같은 부속의 작동 혹은 사람의 행위에 영향을 미칠 수 있는 조건에 대한 이야기를 해 보자. 낮아진 기온 때문에 O링이 기능 발휘를 못 한 것처럼, 사람의 생활도 마찬가지이다. 역사에도 보면 갑자기 진로를 바꾸어서, 자신들이 믿었던 것, 과거에 했던 일들, 혹은 살아오면서 정해두었던 목적과 목표에서 완전히 벗어난 각본에 매이고 마는 믿음직한 사람들의 많은 이야기를 찾을 수가 있다.

왜 그런 붕괴가 있는가? 왜 그런 선택을 하는가? 이런 질문에 대한 최종적인 대답은 인간 마음 속의 악함이라고 이미 굳건히 못을 박아 놓았다. 옛날이나 지금이나, 우리 내면 속의 어두운 부분에 대한 책임을 회피할 수 있는 사람은 아무도 없다. 잘 관리되지 않거나 절제하지 않을 경우에 악은 우리를 혼란시키고 똑바른 생각을 하지 못하게 하며 자제심을 잃게 하고, 결국 우리의 선택에 영향을 미치는 것이다.

그러나 거기에는 우리가 앞 장에서 살펴보았던 환경에 대해 또 나오게 되는 질문이 있다. 무너진 세계와 그 결과가 나오는 과정에서 그들이 맡고 있는 역할은 무엇인가? 나는 아주 많다고 믿는다. 우리를 둘러싸고 영향을 끼치는 이 조건들에 대부분의 사람들이 충분한 관심을 보이지 않는 것을 나는 강하게 느끼고 있다. 좀더 충분히 주의를 기울이기만 한다면, 우리는 악한 영의 맹공격을 마주하게 될 때를 예측하여 훨씬 대하여 싸우기가 쉬울 것이다.

호텔에서 겪은 비통한 경험을 나와 나눈 그 친구는, "가정"이라는 영역 안에 있었더라면 일어날 가능성이 거의 없었던 도덕적 유혹의 순간에 넘어가버린, 무서운 도덕적 선택의 여파를 잘 이해하고 있다. 집을 떠나 있게 되면 가정에서의 절제와 책임 의식도 사라지게 된다는 사실에 주의를 하고 있었다면 그는 더욱 군건하게 마음을 다잡았어야 했을 것이다. 자신의 생각들이 불리한 영향을 받기 쉽다는 것을 잘 관찰해서 관리했어야 했다. 그 일을 하지 못했기에 세계는 무너져 버렸다.

스페이스 셔틀의 비극이 일어난 그 날, 누군가가 일찌기 이렇게 말했어야 했다(분명 누군가가 말했겠지만 무시되었을지도 모른다). "너무 추워서 O링이 잘 견딜지 모르겠습니다. 너무 위험하지 않을까요? 분명 일어난다고 꼬집어 확신할 수는 없지만 그래도 위험률이 너무 높아요. 발사를 취소하시오!"

가인은 분노에 못 이겨 동생을 죽이려는 선택을 했다. 아브라함은 점점 나이들어가는 아내 사라를 보며 걱정한 나머지 하녀인 하가와 동침하여 임신시킬 결심을 했다. 정의감에 불타 모세는 그만 사람을 죽였다. 이스라엘의 초대 왕인 사울은 인내하지 못하는 동요된 상태에서 하나님께 불순종하고 말았다.

사울로부터 몇 세대가 지난 뒤 즉위한 웃시야 왕은 무너진 세계로 인도하는 선택을 하고 말았다. 제단에 가까이 갈 수 없는 신분이라고 만류하는 제사장의 경고를 듣지 않고 제단에 분향하려고 한 것이다. 그는 문둥이가 되었으며 불명예스럽게 죽었다. 권태로움과 교만이라는 환경 속에서 저질러진 선택이라고 추측해볼 수 있을 뿐이다.

많은 사람들의 비극적인 순간들을 연구해 보라. 2차적인 조건들은 깊이 박혀 있는 악의 실체에 숨겨져 있음을 알게 될 것이다. 이러한 조건들은 유혹에 저항하려는 사람들의 결심을 약화시키고, 옳지 않거나 진실되지 못한 결정들을 내리게 만든다.

나중에 나는 개인 세계를 보호해 주고 성장과 발전의 기회를 제공해 주는 좀더 긍정적인 환경들을 짧게 언급하려고 한다. 그러나 이 책의 주제가 무너진 세계에 집중되어 있기 때문에 나는 재난을 불러오는 부정적인 환경의 실례들에 주목해 보고자 한다.

왜 우리는 인생의 비관적인 면으로밖에 안 보이는 이것에 강조점을 두어야 하는 것일까? 나는 다섯 가지 이유가 있다고 생각한다.

1. 우리는 환경이라는 현실에 더욱 민감해져야 할 필요가 있다. 그럼으로써 우리는 내면에 다음과 같은 질문을 하는 습관을 가질 수 있다 : 나의 사고 과정, 가치관, 반응, 선택들에 대 혼란을 주기가 쉬운, 나의 내면과 주위를 둘러싸고 있는 조건들이란 무엇인가?
2. 우리는 가능한 한 피하고 싶은 환경과 강화하고 싶은 환경에 대해 결정을 내릴 수 있다.
3. 스스로 바꾸지 못하는 환경 속에 살고 있다는 것을 알고 있을 때, 환경에 대해 뭔가를 안다는 것은 우리를 결정과 방어의 다양한 형태로 무장시키는 데 도움을 줄 수가 있다.
4. 환경에 대한 인식은 주위 사람들에 대해 더욱 민감하게 해 줄 것이다. 그들이 직면하고 있는 문제는 무엇인지, 그리스도 안의 형제 자매로서 보호와 더 나은 결과를 위해 상호간 책임의 유무를 알 수 있게 된다.
5. 마지막으로, 환경이란 문제를 통해 생각하면, 우리는 다른 사람들이 실패하는 원인에 대해 좀더 깊이 이해해 주고, 그들의 무너진 세계를 재건하는 데 도움을 주는 자비와 격려를 줄 수가 있을 것이다.

그래서 여기 다섯 가지의 환경의 보기를 들어 보았다. 틀림없이 이것보다 많이 있을 것이다. 나는 나 자신과 이것을 나누는 사람들과의 경험을 통하여 인생을 보는 그리스도인으로서 이것을 쓰려고 한다. 새로운 것은 없다. 우리 스스로를 새로이 조명해 볼 수 있도록 가능한 한 간결하게 묘사했다.

요점은 간단하다. NASA에 있는 사람들이 다양한 기온에서 O링이 어떻게 되는가를 알 필요가 있다면, 우리는 마주하기 쉬운 다양한 주위 환경들 속에서 우리의 영적, 정신적 체계가 어떻게 작동하기 쉬운가를 알 필요가 있는 것이다.

■ 연령에 따른 환경

1. 유아기

게일과 나는 로스앤젤레스에서 보스턴으로 가는 6시간 걸리는 여행을 하고 있는 중이다. 고맙게도 좌석 배치 컴퓨터가 소위 말하는 간막이 벽 쪽으로 자리를 잡아 주었고, 그것은 아기가 있는 젊은 부부들과 탈 가능성이 많다는 것을 의미하는 것이다. 그런 부부가 셋이 탔다. 우리가 젊었을 때를 상기하며 그 젊은 부부들을 보면 참 기분이 좋은데, 그런 가족이 의미하는 것은 곧 우는 아기이다. 솔직히, (게일이 완강히 도리질을 할 애기지만) 난 우리 아이들이 사람들 보는 앞에서 그렇게 울어댔던 때가 있었나 기억할 수가 없다.

예상한 대로, 비행기가 이륙한 지 얼마 안 되어 한 아기가 울기 시작한다. 아니, 비명이라고 하는 게 더 적절할 듯 싶다. 혹은 분노라고 해야 할지도!

그게 무엇이든간에, 비행기는 네바다, 유타, 콜로라도, 곧 네브라스카 상공을 흐르듯 날고 있다. 가뜩이나 민감한 귀를 가진 내가, 천 오십 마일을 계속 비명소리를 들으며 가다 보니 상관 않으려는 노력이 급격히 사그라들어 버렸다. 지금 하려는 질문이 신통한 대답을 얻어내지 못할 것을 알면서도 나는 게일에게 묻고야 만다. "도대체 저 아기 어머니는 뭐하고 있는 거지?"

아내가 무슨 대답을 할지는 정해져 있다. 또한 하나도 안 틀리게 그 대답을 내놓는 것이다. "여보, 저 아기는 너무 지친 게 분명해요. 비행기 시각에 대기 위해 부모들이 저 애를 유별나게 일찍 깨워야 했을 테니까요. 저 불쌍한 것이 이제 부모에게 그 짜증을 호소하고 있는 게죠." 게일은 이렇게 설명해 놓고 만족한 듯 싶다. 나도 만족한 듯 보이려고 노력을 하지만 잘 안 된다. 자기 행동에 해석을 해 준 게일의 말에 끄덕이기라도 하듯 아이는 계속 울어댄다.

일리노이, 인디애나, 그리고 오하이오를 한참 날고 있을 때, 또 다른 아이가 울음을 터뜨리며 자신의 존재를 알린다. 아내를 쳐다보며, 이젠 질문할 폼도 잡기 전에 그녀는 대답을 척 해 준다. "배고파서 저러는 걸 모르시겠어요? 엄마는 우유가 떨어졌는데, 승무원들은 아이에게 줄 것이 아무 것도 없으니." 아내는 이번에도 그 분석에 꽤 만족해 한다. 나는 부아가 나지만 겨우 겨우 숨긴다.

알바니, 뉴욕을 거쳐 이제 비행기는 보스턴을 향해 하강하기 시작한다. 세 번째 아이가 이것을 민감하게 느끼는 즉시 앞서의 두 아이보다 더 크게 비명을 내지른다. 이제 게일은 내 신호를 기다리지도 않는다. "저 아기 마음이 어떻지 상상이나 가세요? 감기가 걸려서 고도가 변할 때마다 귀가 아파 죽겠다고요. 아마 비행기가 완전히 착륙할 때까지 울 걸요. 저 애 엄마나 다른 사람이 그걸 좀 눈치챘으면 좋을 텐데. 당신도 귀가 저렇게 아파 보세요. 똑같이 울 테니."

우리는 울어제끼는 아이 - 그 행동이나 소리를 대개 좋아하지 않지만, 적어도 게일처럼, 그런 행동을 하게 되는 이유를 이해하려고 노력은 한다. 물론 환경의 문제이다 : 피로, 허기, 고도의 변화. 그것들을 알게 되면 우리는 갑자기 자애로와지는 것이다.

나는 이 문제를 오래 끌고 싶지 않지만, 우는 아기에 대한 문제라는 단순성은 이 연령에 따른 환경이라는 문제가 좀더 복잡해질 때 도움이 될 것이다. 많은 경우에 우리는 화가 난 부모들이 사람들 앞에서 울어제끼는 아이를 때리는 것을 본다. 아픔이나 불편함 때문에 하는 행동을 잘못 이해하고는, 더욱 아픔을 줌으로써 끝내려고 하는 것이다. 아기의 그런 행동에 좋아할 부모들은 없겠지만, 그건 아기도 마찬가지다. 비행기 안에서와 같은 상황에 직면한 현명한 부모들은 거칠게 징계를 내려야 할 때와 자애롭게 위로를 해 줄 때를 결정한다. 그들은 울거나 못된 행동을 하는 아이들을 다루는 법을 잘 알기 때문이 아니라 그 순간에 아기들이 어떤 상태에 있는가를 잘 느끼기 때문에 그런 결정을 할 수가 있는 것이다.

2. 청소년기

아기들이 그런 것처럼, 청소년들도 환경의 문제를 마주한다. 몇 년 전, 아들 마크가 막 십 대에 들어섰을 때, 그는 토요일 아침에 종종 침대 가장자리에 앉아, 내가 그냥 봐 두면 몇 시간이고 창문 밖을 내다보며 그냥 있곤 했다. 아들녀석 방을 몇 번이고 지나치며, 나는 그 시간 버리는 꼴을 보면서 내 손을 비틀곤 했다. 나는 물어보고 싶었고 자주 그렇게 했다. "애야, 이 귀중한 시간을 그렇게 낭비하면 어쩌니? 뭐 하고 있는 거냐?"

"아, 모르겠어요. 생각 · · · 하고 있는 것 같아요."

"뭘 그렇게 생각하는데?

"음, 저, 모르겠어요 · · · 그냥 생각이요."

역시 십대의 아들들을 두고 있는 내 의사 친구는 마크와 같은 열 두세살 먹은 아이들은 다 그렇다고 말해 주었다. 마크는 막 몸 속에서 활성화되고 있던 호르몬이라는 중요한 물질의 많고 적음에 따라 행동하고 있었던 것이다. "그 녀석이 한 순간은 활발하다가 갑작스럽게 처지는 것도 호르몬의 영향이 크지. 호르몬 때문이라구!"

그 때 나는 십대 소년들에 대한 지식을 얻을 수 있었다. 나는 아들을 더욱 이해해야 할 필요성을 느끼게 되었다. 나는 그 아이가 선택하는 것들이, 자기는 전혀 모르고 있는 몸 안의 되어지는 일들에 의해 영향을 받곤 한다는 것을 깨달았다. 그것들을 잘 조절할 수 있을까? 그걸 잘 듣고, 조사해 보고, 적당히 "안돼"라고 말할 수 있을까? 그것 때문에 부모라는 사람들이 있는 것이다. 아이들이 자기관리를 잘 하고 책임감있는 생활을 해 나갈 때는 물러나 있다가, 그렇지 못할 때는 나서야 하는 것이다. 예를 들어, 마크가 하는 선택이 그 애가 조절할 수가 없는 내면의 힘에 의해 영향받은 것이라면 나는 민감하게 반응해야 했다. 가끔은 그러지 못했지만.

딸 크리스티가 십대였을 때는 친구가 주체할 수 없을만큼 많았고, 그 모두가 그녀의 인생을 위해 크나큰 계획들을 가진 듯이 보였다. 여기 가자, 저기 가자, 이거 해, 저거 해 · · · 나는 딸아이가 그 집단이 원하는 것을 다 하려고 노력하다 지쳐서 우는 것도 여러 번 보았다. 그것은 가끔씩 위험할 수도 있는 사회 환경 - 올바르고 건전한 판단력을 가진 사람들과 있었다면 하지 않았을 그릇된 선택들을 보다 쉽게 할 수 있는 인생의 상황과 행위 - 을 뜻하는 것이었다.

그 두 십대 아이들이 커가는 것을 보면서, 나는 그들이 몸의 변화와 사회적 관계에서 일어나는 환경적인 요소에 의해 영향받곤 한다는 사실을 깨달고 숙고해 보았다. 그것을 알고 나자, 나는 아이들이 내가 원하고 기대하는 행동에 어긋나는 행동을 했을 때 흔히 보이던 것과는 다른 반응을 보이게 되었다. 이것은 애들 엄마나 내가 그동안 믿어왔던 기준을 굽혀 절충했다기보다는, 아이들의 억압된 환경을 이해하려고 기분을 누그러뜨렸다고 보는 것이 좋을 것이다.

십대 아이들이 개인 세계를 부서뜨리는 선택을 했다면, 그것은 친구들간의 압력이 최고조에 달했을 때, 생활하면서 주위의 중요한 사람들에게 사랑받지 못한다고 느꼈을 때, 혹은 내면의 충동과 열정이 자극을 받고 절제할수 없는 상황에 놓이게 되었을 때 그런 선택을 하기가 쉽다. 물론 선택은 그들의 것이다. 그러나 그 선택은 특정 환경에서 좀더 파괴적인 쪽으로 기울어지기가 쉽다.

우리 어린 아들딸이 다른 열 서너살 어린이들과 마찬가지로 쉽게 상처받을 수 있다는 것을 알고 나자, 나는 아이들이 열 한살 때 앞에다 앉혀 놓고 말했다. "너희 엄마하고 나는 열 여섯 이전에는 남녀간 데이트를 시작해선 안 된다고 믿고 있다. 너희가 그걸 알아줬으면 한다. 받아들이기 힘든 요구라는 걸 알게 될 테지만 어쨌든 그때까지는 절대 허락하지 않겠다. 아무 초대에나 응하지 말고 이 규율을 꼭 기억하고 행동하는 게 현명한 일일 거야. 너희가 집에 와서 아빠, 마음 안 바꾸시면 전 챙피당해요 등등 무슨 말을 해도 난 절대 타협 안한다. 절대로."

난 타협하지 않았다. 글쎄, 적어도 열 다섯살 반이 될 때까지는 굽히지 않았다. 내가 아이들을 못 믿어서라기보다, 어떤 환경이 십대 아이들이 다룰 준비가 되어 있지 않은 선택과 압력을 행사할 수 있다는 것을 이해했기 때문이다. 상상도 하지 못했던 선택을 하고 그 결과를 가지고 절뚝이면서 사느니, 차라리 잠시동안 부모님들에게 짜증을 내며 자라는 것이 우리 아이들에게 결국 더 좋지 않을까.

요점은 바로 이것이다. 청소년들은 그릇된 행동을 할 가능성이 99퍼센트이다. 하지만 가족들간에 애정을 가진 적당한 권위와 책임감이 존재한다면 이들은 효과적으로 돌보아질 수 있다. 그런데 내가 하는 말이 사실이라면, 세대를 통해 내려온 전통적 가족상에서 탈피하여 따로 사는 등 분리된 생활 방식을 채택한 가족이 맞을 결과에 관해 생각해볼 것이 많을 것이다.

3. 성년기

성년기는 심리적인 호르몬에 의해서라기보다는 감정적인 욕구에 의해 통제받는 것 같다. 예를 들어 친밀감(Intimacy)은 사랑을 주고받을 기회가 있는 개인적인 관계의 틀로 들어가고자 하는 욕구이다. 정체성(Identity)은 사회에서 유용하게 쓰임받고자 하는 욕구이며, 직업이나 경력에서 스스로를 증명하고자 하는 욕구인 기능적 가치(Functional value)는 점차 대단히 중요해진다.

성년들은 종종 이런 욕구나 충동을 만나기 위해 노력함에 따라 이치에 어긋나게 보이는 결정과 선택을 할 것이다. 무너진 세계로 인한 결과들이 바로 곁에 와 있고, 옆에서 지켜보는 사람은 앞날이 창창한 활기찬 젊은이가 어떻게 그리 지혜도 절제력도 없이 모든 것을 위험에 빠뜨릴 수 있는가 의아해할 것이다.

나는 이미 15년 전에 파경에 이른 결혼에 대해 의논하러 온 40대의 여성을 만나본다. 그 결혼으로 해서 두 사람의 세계는 완전히 박살났기 때문에 회복시키는 데 몇 년이 걸릴 듯했다. 그녀는 신혼여행에서 돌아오기도 전에 식어져버린 그 부부관계에 대해서 털어놓았다. 말하는 걸 들으니 둘 다 서로에게 감정적인 상처를 주는 데 이제 도가 튼 것 같이 보였다.

"결혼식장에 걸어들어가면서는 이런 일들이 생길지 모른다는 걸 생각해보지 않았나요?"

그녀는 대답했다. "그랬을지도 모르죠. 부모님께서 결혼식을 며칠 앞둔 날까지도 허락하길 주저하셨던 게 기억나요. 날 여러모로 설득하려고 하셨지만 듣질 않았죠."

왜냐고 묻자 그녀는 이렇게 대답했다. "나는 외롭다는 것이 너무너무 싫었고, 그래서 성인이 되어서 혼자 살아간다는 것을 생각조차 할 수가 없었어요. 그가 완벽한 남자가 아니라는 건 알고 있었지만, 결혼을 해서 자리를 잡고 나면 같이 이 모든 문제를 풀어갈 수 있을 거라고 스스로 위로했지요. 할 수 있어 라고 말이예요. 하지만 이제, 두 사람 사이에 일어나는 일들 중엔 풀 수 없는 일도 있다는 것을 발견한 거겠지요. 부모님 말씀을 들을 걸 그랬어요."

왜 그런 잘못된 선택을 하는가? 친밀감에의 욕구라는 압도적인 감정적 환경이 조성되었기 때문이다. 그것이 지혜의 목소리를 잡아먹었다. 통제되었어야 하나 그러질 못했다. 결혼생활의 손실과 몇 년에 걸친 가정 불화를 생각해 볼 때, 우리는 더 나은 결정을 할 기회가 왜 없었는가 의문을 품게 된다.

독신의 삶을 사는 것에 대한 두려움은 젊은 여성을 그녀가 좋아하는 남자의 주의를 끌기 위해 도덕적 기준과의 타협으로 이끌 수 있는 바로 그 감정적인 환경이다.

야망의 환경, 출세하고 꿈을 이루려는 욕망 속에서 더 커다란 타협이 온다. 경력을 쌓고 조직에서 발판을 얻으려는 욕구가, 반윤리적인 결정을 하는 순간에 눈돌리거나 동료에 의해 저질러지는 부정을 못본 체 해 주는 등의 일을 쉽게 해 준다. 누군가가 말했듯이, 여러분이 젊고 약점도 많을 때 "소동을 일으키는 것"은 사업계에서 행할 가장 신중한 행동이 아닌 것이다. 항상 누군가가 끼어들 준비를 하고 있고 자리를 빼앗으려 들 것이다. 압력은 거세지고, 이제 그는, 전에는 가능하리라 생각지도 않았던 선택과 결정들을 감행해 보는 것이 훨씬 쉽다는 것을 알게 된다.

이것들은 성년들이 왜 그리도 몹시 믿을만한 의논 상대나 후원자들, 같이 있으면서 조언이 될 만한 지혜와 격려, 독실한 행실의 모델을 제공해 줄 인생 선배들을 찾는가의 몇 가지 이유들이다. 그들은 모든 것을 혼자 해치우고 싶어 하는 젊을 때의 성향을 포기하고 길잡이와 책임감을 제공해줄 관계를 찾을 때 이 어려운 환경들을 헤쳐나갈 수 있다. 인생에서 분명하고 일정한 영적인 규율을 정립하는 데 있어 성년기만큼 중요한 시기는 없다. 남아 도는 에너지, 젊은 날의 카리스마, 내면의 열심에 의지하려는 유혹은 고요함, 고독, 심사숙고, 귀기울임의 필요성을 무시해 버리라고 속삭인다. 그런 유혹을 억누르고 독실하고 수용하는 생활 방식으로 대항해 나가야 한다. 그런 환경들을 주목하고 있는 위험을 이런 식으로 상쇄시켜 나갈 수 있다.

4. 중년기

중년기에 접어든 사람들은 점차적이고 가차없는 상실감이 현실로 다가 오는 것을 느끼게 된다. 시간, 기회, 에너지, 젊음의 상실이 오는 때이다. 그 사람은 이제 세상이 그 가치관과 기호를 더 젊은 세대에게 맞춰 나간다는 사실에 신경이 날카로와질 수도 있다.

중년기에는 주위에 맺고 있던 관계들이 변화한다. 부모님은 노쇠하고, 자식들은 떠나고, 동료들은 다양하게 각자의 성공을 추구하는 가운데 그에게 신경쓸 겨를이 없는 듯 느껴질 것이다. 결혼 생활의 재미를 유지하는 데 신경쓰지 않은 까닭에 이제 시들해지고, 건강을 잘 돌보지 않아서 몸 움직이기가 힘들 수도 있다. 참으로 무서운 기간이다. 인생의 반 이상이 끝나 버렸고 앞으로 남은 생은 옛날과 같지 않을 것이 분명하기 때문이다.

중년기는 부모님과 아이들이라는 막중한 책임이 부과되는, 압박이 가해지는 환경에 놓여지게 된다. 그는 아이들의 대학 등록금을, 늙어가는 부모님께 필요한 것들을, 달마다 날아드는 청구서들을 어떻게 모두 해결할 것인가? 어느날 그는 이 짐을 덜어줄 것이 확실한 정교한 반동 계획을 선택할 수가 있게 된다. 이 사람은 그런 일을 생각도 못 해봤을 것이다. 그러나 생각하기를, 이젠 때가 바뀌지 않았는가. 모두가 그렇게 한다. 어쨌든 나는 그동안 공정히 대접받질 못해 왔잖아. 얼마 전까지만 해도 잘잘못이 분명했던 선택 사항은 이제 너무도 고르기 쉽게 되어 버린다.

초기 성인기로 돌아가서 그 당시의 마력같은 힘으로 생활을 조금 늦추고 싶은 크나큰 유혹이 있을 수도 있다. 혹은 생활에 더욱 박차를 가해서 외면적으로는 확실하게 보이나 잡히지는 않는 것들을 잡으려는 유혹도 있을 수 있다.

"난 자네 친구고 참 좋아하고 있네만, 자네 꼴이 엉망이라는 말은 좀 해야겠구만." 알고 지내던 어떤 사람을 주유소에서 우연히 마주쳤을 때 나는 이렇게 말했다.

"당연히 그렇게 보일 걸세. 하는 꼴마다 모두 엉망이니."

우리는 커피를 마시러 갔다. 거기서 나는 친구가 큰 빚을 지고 있으며,

무기 시스템 프로그램의 예상치 못했던 인원 감원으로 지금껏 일해오던 직장을 잃게 될 것이라는 걸 알았다.

"캐리(가명이다)와 나는 요 근래에 아주 위험한 상황을 겪게 됐네. 집 치장을 하고, 처지에 맞지 않는 비싼 차를 들여놓고, 신용 카드로, 쓰지 말았어야 할 돈을 옷값과 여행 경비에 마구 써서 엄청난 빚을 지고 말았지. 저축도 바닥이 나고, 파산해 버렸네. 구직란도 신통치가 않아 · · · 내가 할 일이 있어야 말이지."

내가 예전에 알고 있었던 그를 떠올려보고 나는 놀랄 수밖에 없었다. 도저히 그런 재정적인 어려움을 겪을 사람이라고는 보이지 않았는데 말이다.

"우리 자신을 꽉 붙들어 통제하기가 어렵게 되어 버렸네. 우리는 친구들이 스위스로 스키타러 가는 걸 보며 발끈 했지. '우리라고 못 가란 법 있나?' 친구들이 BMW와 오디스를 타고 다닐 때 시보레를 타고 다녀야 한다는 데 질려 버렸단 말이야. 아내와 내가 따분해져 있었다고 말한다면 너무 영적이지 못한(세속적인) 말이 될까? 그래서 · · · 그런 비싼 물건들의 약정서에 서명하는 것이 쉽게 생각됐지. 후에 돈 지불하려니 무척 힘들더군. 특히 · · · 금요일 오후에 회사로부터, 9년동안이나 일했던 그 좋은 직장에서 해고한다는 통지 전화를 받았을 땐 · · · "

이야기를 다 끝내고 그와 헤어진 후, 나는 우리 중년의 사람들이 인생의 흐름에 주체하질 못할 때 만드는 그릇된 선택들에 대해 생각해 본다. 그는 번쩍이는 비싼 것들을 구입함으로써 다가오는 권태로움과 싸우려 했다고 생각된다. 그가 했던 행동을 난 절대 하지 않았을 거라고 생각하고 싶고, 그 선택을 용서해 줄 이유도 거의 찾아볼 수가 없다. 그러나 나는 그 친구 둘레의 사람들이 그렇게 잘 산다는 것을 이해하고, 그런 환경에서는 성격에 맞지 않는 이상한 행동을 하기가 매우 쉽다는 것을 나 스스로에게 환기시킨다. 무언가를 할 기회를 놓쳤다고 생각하기 쉽다. 그 유혹은 점점 커져서, 사람들은 위험을 무릅쓰고 세계가 무너질 가능성이 농후한 결정을 하는 것이다.

중년은 동료간의, 살아온 인생을 회상하며 같이 남은 인생을 걸어가기로 약속한 친구들과의 친교를 쌓아가는 기간이다. 그들의 관계는 상호간의 나

눔과 하나님을 향한 믿음의 탐구 위에 세워질 필요가 있다. 몰려오는 변화에 도전하게 될 때 서로를 지지해 주는 것, 잘못된 전제에 바탕을 둔 어리석은 선택으로부터 서로를 보호해 줌을 의미하는 것이다.

중년은 새로운 꿈을 꾸는 시기이다. 젊은 세대에게 인생 선배로서 자신을 투자할 작정을 하고, 물건이나 놀이의 양보다는 삶의 질적인 면에 중점을 두어야 한다. 그 뜻은, 운동 전문 용어에서 볼 때 '공격적인' 결정을 하는 것이지 주유소에서 만난 내 친구가 한 그런 '방어적인' 결정을 하고 안주하는 삶이 되어서는 안 되는 것이다.

5. 노년기

우리보다 연세가 많으신 분들조차도 그릇된 행동을 하는 데는 예외가 아니다. 그런 잘못된 선택을 하게 된 배경에 대하여 묻게 된다면, 노인들이 생각하고 행동하는 방식의 전후관계를 놓고 하는 질문이 중요해질 것이다.

예를 들어, 노인들은 이제 자신들이 인간으로서 살 가치가 없다고 느끼기 쉽다. 그게 맞는 생각이든 그렇지 않든간에, 노인은 젊은이들이 자기 자리를 차지하고, 또 능력도 그만큼 있다는 것을 알게 된다. 간단한 것을 하는 데 전보다 시간이 오래 걸린다는 것을 알게 될 때 자존심에 상처를 입기도 한다. 모든 사람들이 다 원하는 변화를 그 자신 언제나 환영하는 바는 아니다. 또한 질병이나 허약해진 팔다리를 느끼며 근심하고, 비인격적이고 치료비는 점점 비싸지는 건강 요양소에 대해 걱정을 한다.

또한 씁쓸함을 느낄 수도 있다. 세상이 노인들을 옆으로 떠밀어 놓고 돌보지 않으려는 경향을 느끼고 화를 내기가 쉬운 것이다. 이것에 더하여, 옛날에는 "감출 수가" 있었던 부정적인 감정을 이젠 숨기기가 어렵다는 것이다. 예전엔 조심해서 하지 않았던 말도 그냥 입에서 술술 빠져나온다. 숨기기도 전에 날카로운 감정적 반응들이 보여지는 것이다.

노인들은 죽음이라는 문제를 자주 떠올려본다. 친했던 친구들과 사랑하는 이들이 떠나고 장례식을 빈번히 치른다. 손자 손녀들은 아예 보기도 힘들고, 젊은 세대는 늙은이들의 추억거리들엔 관심이 없고 노인들이 제공해 줄 수 있는 지혜조차 얻으려 들지 않는 것이다.

많은 노인들에게는 참으로 어려운 때이다. 절망하기 쉽고, 환경은 노인들로 하여금 삶의 방식으로 이기주의를 선택하게 만든다. 이것은 점점 늘어나고 있다. 그 좋으신 분들이 이제, 우린 할 만큼 다 했어 하며 자신들만을 위해 살 결심을 하는 것이다. 예전에는 하나님의 뜻에 어긋난다 했던 선택도 하기가 쉽다. 느낌과 필요가 확신을 뛰어넘어 버렸기 때문이다. 강조하건대 이것은 변명의 여지가 없다. 그러나 민감하게 숙고해 봐야 할 이야기도 있다.

플로리다에 사는 70대의 한 노인은 부인이 차츰 치매에 걸려가는 것을 보게 된다. 젊었을 때 그렇게도 사랑했던 그 여인이, 가족을 이루고 추억들을 함께 만들어 온 그 여인이 이제는 옛날의 자기 아내, 자신이 결혼했던 그 사람이 아닌 듯 느껴지는 것이다. 그는 아내의 고통과, 인간으로서의 존엄을 잃어가는 것을 본다. 결국 그녀를 도와줄 방법이 아무것도 없음을 알게 되자 그는 아내를 죽인다. 그것이 최선의 길이라 여기며.

그의 무서운 행동은 더 이상 매달릴 곳이 없는 외롭고 혼란스러운 상황에 다다랐을 때 발생할 수 있는 그릇된 행동의 극단을 보여주고 있다. 어떤 원조 기관이 그 일을 막을 수 있었겠는가?

아기들과 청소년들이 부모를 필요로 한다면, 성년들이 의논 상대를 필요로 한다면, 그리고 중년이 친구들을 필요로 한다면 노인들은 거의 그 모든 이들을 필요로 한다는 것을 염두에 두라. 그들은 모든 사람들을 필요로 한다. 그들을 요즘의 많은 노인들이 가진 '고립'이라는 환경에 처하도록 둘 수 없다. 우리가 그분들을 매일 매일의 생활에서 한 발짝 벗어나도록 내버려둔다면 그분들을 무너진 세계로 가는 선택에 무방비로 놓아두는 것이며, 우리 젊은 사람들은 생활의 귀중한 재산을 잃어버리는 것이다. 우리의 나이든 형제, 자매들이 접촉과 감사와 존경과 상담을 필요로 한다는 것을 이해할 때, 우리는 그 연령의 환경이 주는 부정적인 영향을 상당수 중화시킬 수 있을 것이다.

간단히 말해, 연령에 따른 환경에는 유아기, 청소년기, 성년기, 중년기, 노년기의 다섯 가지가 있다. 각각의 환경이 무너진 세계로 인도하는 선택을, 하나님의 법과 가장 중요한 것들에 반대되는 선택을 하도록 사람들에게 기회를 제공한다. 그러나 적절히 이해된 환경 또한 성장과 온전함을 향한 풍부한 기회를 제공해 준다. 그것들을 위아래로 철저히 조사할 때, 우리는 행동하는 방법, 선택하는 것, 안팎에서 다가오는 악한 영의 공격에 경계해야 할 장소를 알게 된다.

여러분은 그런 종류의 경계심이 스페이스 셔틀이 발사되던 날 아침에 조금 두루 퍼져 있었더라면 하고 바랄지도 모른다. 발사 통제 센터에 있던 사람들이 부스터 로켓의 부품이 예상치 못한 차가운 기후라는 조건에 어떻게 반응하는가에 대한 질문을 조금만 더 신중히 해 보았더라면 하고 생각할 것이다. 그러나, 뉴욕 타임즈 지(紙)에서 보았듯이, 항공 우주국은 자만심에 가득 차 있었다. 한 치의 실수도 없이 이미 55명이나 되는 사람들을 우주로 보낸 자신들이 무슨 실수를 하겠느냐고 확신하는 사람들이 너무나 많았던 것이다.

그런 특이한 환경이 아니었더라면 아무 일도 일어나지 않았을 것이다. 인생에 대해 모든 것을 알 수만 있다면. 그럴 수만 있다면 무너진 세계란 현저히 줄어들 수도 있을 텐데.

CHAPTER 10

진흙 사태(沙汰)와 홍수

> 몸과 감정과 마음이 한계에 다다를 때
> 죄짓게 될 위험이 더 많다.

최근에 우리는 친구들과 함께 캘리포니아 해안의 유명한 카탈리나 섬으로 여행을 갔었다. 그 섬에 있는 수많은 계곡들 중 하나를 지나갈 때, 친구들은 계절마다 찾아오는 심각한 진흙 사태(沙汰)와 우기가 지난 후의 홍수의 위험성에 대해 말해 주었다.

"그러면 무슨 일이 벌어지나?" 내가 물었다.

누군가가 대답해 주었다. "흙이 물을 잔뜩 빨아들이기 때문에 언덕이 불안정해져서, 결국 땅이 물로 포화상태가 되어 버리지. 언제 그렇게 된다고 정확히 말은 못하지만, 어쨌든 흙이 물을 최대로 흡수해버리고 언덕이 동요하기 시작하면 다음 비가 올 때 - 눈곱만큼이라도 내리기만 하면 끝장이 나는 거야. 진흙이 미끄러져 내리고 홍수가 맹렬하게 계곡 사이를 지날 때면 그 길에 있는 건 뼈도 못 추리게 되지. 건물이건 가축이건 길이건 간에 말이야."

포화상태와 동요라고! 그것은 내 면 깊은 곳의 생활 방식을 묘사하는 좋은 단어가 될 만했다. 감정과 지성, 기분, 본능, 그리고 욕구가 개인의 가치관과 선택의 통제권을 놓고 싸우는 곳 말이다. 그 계곡에 서서 진흙 사태와 홍수를 상상하고 있으려니, 그동안 보아온 내파되는 건물, 터지는 부스터 로켓, 지구를 강타하는 유성처럼 산산조각나는 개인 세계들을 또 떠올려볼 수 있었다.

나는 사업장에서의 압력, 스트레스, 소문, 싸움으로 항상 소란스런 집안, 근심거리들이 마치 끊임없이 내리는 비처럼 개인에게 몰아치는 것을 상상해보기 시작했다. 별안간 물이 가득 차 포화상태가 되고 동요하더니, 미끄러지고, 홍수가 나고, 붕괴되는 것이다. 무너진 세계이다. 그가 지나는 길에 있는 모든 사람들이 여러모로 영향을 끼친다. 마음은 상처받고, 명성은 위기에 처하며, 신뢰도 깨지고, 안전도 보장받지 못한다.

그날, 사태와 홍수의 영향을 눈앞에 그려보면서 나는 온종일 골똘히 생각에 잠겨 있었다. 여기저기에 그동안 있어온 사태와 홍수의 흔적이 남아 있었다. 이제야 조금 생생한 묘사가 나오고 있군 하고 나는 생각했다. 사태와 홍수에 의한 붕괴는 단시간에 없어지지 않는다. 그 영향은 우리가 계곡 얘기를 하든 개인 세계 얘기를 하든간에 평생을 남아있을 수가 있는 것이다.

그날 나는 우리들 대부분이 종종 하게 되는 선택 환경에 이름을 붙여 줄 수 있게 되었다. 간단히 말해 '포화되어 불안정해진 환경'이라고 할 수 있을 것이다. 그 환경을 구성하는 많은 가능한 요소들이 있을 것이지만 그것들을 모두 열거할 엄두가 나지 않았다. 그것들은 신학적으로는 고사하고, 과학적으로나 심리적으로도 쉽게 정의되지 않는다. 왜냐하면 사람마다 다 틀릴 수밖에 없는 경험이란 것에 대해 논하고 있기 때문이다. 한 사람에게 영향을 미치는 것이 다른 사람은 건드리지도 못할 수가 있는 것이다.

우리가 다른 사람들의 포화상태와 동요를 쉽게 규명하지 못하는 이유가 여기에 있는 것 같다. 다른 사람이 개인적인 문제를 가지고 싸울 때, 내가 보기엔 복잡하지도 않고 다루기 쉬운데 왜 저럴까 하며 무덤덤하게 생각하는 것도 이 때문인 것이다.

우리 인생에서, 일어나는 사건과 그 결과가 우리가 감당하지 못할 정도까지 덮어씌워질 때(첨단 기술의 시대라고 말하는 이 때에) '포화되어 불안정해진 환경'이라는 묘사가 적절히 쓰인다. 결단력을 잃어버리고, 우리를 둘러싼 사건들을 더 이상 통제할 수 없다고 느끼는 때를 말하는 것이다. 다른 사람들이 만들어내는 문제와 걱정거리들에 반응하느라 시간을 다 쓰고 있는 듯 느껴지기도 한다. 우리의 유용함도 급감소함을 느낀다.

한 의사 친구는 말하기를, 의과대학 부속 병원에서 학생들을 36시간 연속 근무를 시킬 때 병원 당국이 시험하고 있는 바가 바로 그게 아니겠느냐고 했다. 그들은 포화되어 불안정해지는 경험이라 할 수 있는 과중한 짐을 그들에게 안기고, 그럼으로써 사람들이 강요 하에서 어떻게 행동할 것인가를 볼 수 있다. 그들은 또한 학생들의 진단과 진료 능력이 근무 처음 시작했을 때와 마찬가지로 훌륭히 마쳐질 수 있는가를 근심스레 지켜본다.

게일과 나는 포화되어 불안정한 환경이란 것을 아주 잘 알고 있다. 사람의 기질에 대해 전문가이며 우리를 개인적으로 아는 사람들은 종종, 이 환경이 우리의 행복에 가장 큰 걸림돌이 될 수 있다고 경고한다.

여느 사람들과 마찬가지로, 나도 성인기를 시간에 제한받지 않는 바쁜 직업일에 쏟아부어 왔다. 끝이 보이지 않을 정도로 많은 일, 잠시 후퇴하여 혼자 있을 수 있는 시간도 마련해보지 못한 것이다. 나는 불평하고 있는 것이 아니다. 이 직업을 언제나 좋아해오긴 했지만, 이 과중한 업무가 나의 영적, 심리적 에너지 저장고에 심각한 경종을 울릴 수 있다는 사실을 시시각각 인식해 왔던 것이다.

이것에 더해, 내가 타고난 민감증 환자이자 흡수자(absorber)임을 말하고 싶다. 나는 날 둘러싼 사람들의 투쟁과 고민과 소원을 민감하게 느끼며, 다른 사람들의 분노는 흡수하고 내 것은 조금도 내보이지 않는 경향이 있다. 그리고 사람들에게 상처를 주거나 실망시키기 싫다는 이유 때문에 내가 감당할 수 있는 것보다 더 큰 책임을 떠맡는 일도 빈번하다. 사람들이 내게 기대하는 모든 일을 다 해낼 시간과 힘이 있을 것이라 여기면서 동시에 내 주위에 튼튼한 보호막을 세우는 것이 힘들다는 것을 깨달았다. '내면세계의 질서와 영적성장'(IVP 역간)에서 설명한 규율들이 내게 있어 참으로 중요한 까닭이 여기에 있는 것이다. 그 규율들은 포화상태와 동요를 막아주는 "울타리"인 것이다.

얼마 전에 그 책을 읽고 혼란을 표시했던 한 젊은이가 있었다. 그는 나처럼 조직적인 사람이 못 되기 때문에 도저히 그 기준에 맞추어 살지 못하겠다는 것이었다. 나 또한 천성적으로 조직적이거나 훈련되지 않은 사람이었으며, 나의 내면 세계를 잘 일구어 나가는 가운데 필요하다고 생각하는 것들을 그 책에 기록해 나간 것이라고 말해 준다면 그가 적잖이 놀랄 것 같다.

가끔씩, 내가 방금 말한 특질들은 어떤 사람들에게는 미덕으로 보여지나, 전혀 미덕이 아닐 수도 있다. 그것은 단순히 기질과 성격의 문제일 뿐이다. 나는 하나님께서 그것들을 보시고 유용히 쓰실 만한 것들을 골라내 주시기를 소망한다. 그러나 적절히 관리되지 않는다면 곧 빗나가서 나와 나같은 사람들을 포화되어 불안정한 상태로 몰고갈 것이다.

분명한 결과로 피로가 있다. 사람들을 기분나쁘게 만들지는 않을까 하는 걱정도 있다. 그 많은 이들에게 모두 네네 하다가는 어떤 사람을 실망시킬 수도 있고 약속을 지키지 못하게 될 수도 있다.

이런 이유들 때문에 나는 게일과 같은 아내를 주신 하나님께 감사한다. 그녀는 나의 기질을 잘 알고, 내가 의무나 약속을 하나라도 더 하려고 할 때마다 이렇게 말해 주곤 한다. "이게 참으로 하고싶은 일이라는 건 알겠지만요, 조금만 더 현실을 보시겠어요? 마감 시간에 맞출 수 있겠어요?" 전화를 해 줄 수 있을까요? 약속을 지킬 수 있어요? 그 사설을 써줄 수 있을까요? 만날 시간이 있겠어요? 등등 그녀는 나의 포화상태와 동요의 신호를 누구보다도 잘 알고 있다.

어느 저녁 나는 친구 한 명과 내셔널 아이스하키 리그 경기를 보고 있다. 출전자들은 준비운동을 하고 있고, 나는 보스턴 브루인스 팀이 블루라인에서서 골키퍼를 향해 공을 마구 때려대는 것을 보는 중이다. 그들은 기관총 모양으로 돌아가면서 공을 치고 있다. 골키퍼는 공이 얼음 위를 스치거나 공중을 나는 즉시 감지하여 잡거나, 스틱과 어깨 패드, 장갑 등을 사용해서 막아내야 한다.

나는 골키퍼가 다가오는 공들에 응하는 동작을 지켜보면서 친구에게 말한다. "저 사람 심정이 어떨지 이해가 가. 나도 방금 저런 일과를 보내고 왔거든. 시시각각 공들이 내게로 날아온단 말이야. 저 골키퍼나 나나 주의하고 있지 않으면 저것들이 휙 날아와서 네트에 박히든지 얼굴을 때리든지 할 거라구." 이 바쁜 세상에 사는 사람들은 이 말의 의미를 잘 알고 있으리라.

'포화되어 불안정해진 환경'으로 인도하는 조건들에는 어떤 것들이 있을까? 몇 종류를 들어 이름을 붙이고 설명을 하도록 하겠다. 그 존재에 민감하게 대처할 수 있게 된다면 그들을 억제하고 통제하는 일이 쉬워질 것이고, 그렇지 못할 때, 스스로 문을 활짝 열고 악한 영의 활동을 불러들이는 것이나 다름없음을 알아야 할 것이다.

■ 피   로

카탈리나 섬에 쏟아지는 엄청난 비처럼 피로 또한 우리를 포화상태와 동요로 몰아간다. 피로는 몸과 마음과 영을 죽음으로 모는 치명적인 요소이다.

스스로 도전하여 하는 것이 아니라 강요에 의해 일할 때, 다가오는 사람만 봐도 피하고 싶은 마음 뿐일 때, 냉소주의, 부정론에다가 비꼬는 마음까지 우리 마음에 가득할 때 우리는 피로가 가까이 와 있음을 알게 된다. 이 피로를 잘 점검해 보면, 과민해져 짜증을 내고, 에너지를 재충전하는 일에 힘들어하며, 세상이 재미없다고 느끼거나, 하는 일에 도무지 만족을 느끼지 못하는 우리 자신을 발견할 수 있다.

피로에 대해 왜 이리 지나치게 관심을 두는가? 바쁘고 생산적인 사람들은 늘 어느정도까지는 지쳐 있지 않은가? 물론 그렇긴 하다. 그러나 현명한 사람이라면 피로가 슬그머니 나타나기 시작하는 위험한 순간을 알고 적절히 대처하기 마련인 것이다.

어렸을 때 아버지는 내게 스키를 가르쳐 주셨다. 정상에 서서 내려가기 전에 해 주셨던 충고의 말씀 하나가 기억난다 : "애야. 오래 타서 힘들어질수록 조심해라. 사고가 일어날 가능성이 더 커지니까." 그 말씀이 옳았다는 걸 이제 알겠다.

스키장이 문을 닫기 전에 한 번 더 활주하고 싶어하는 사람들은, 이제 몸이 많이 피곤해졌다는 것과 재빨리 움직이기 힘들다는 것을 잊고 돌진해 내려간다. 짙게 어둠이 깔리고, 활주 표시점들도 눈에 잘 띄지 않는다. 지쳐 버린 몸과 잘 보이지 않는 장애물들은 사고가 나기 쉬운 최적의 조건(환경이라고 바꿔 말할 수도 있을 것이다)을 만들어내는 것이다.

아버지 말씀이 옳았다. 해가 질 때면 더욱 조심해서 타야 한다. 노련한 스키어는 자신을 잘 알고 지형도 잘 알아 사고를 면할 수가 있다.

주를 따르고자 하는 많은 사람들도 극도의 피로 상태에서 세계를 무너뜨리는 그릇된 선택을 하곤 한다. 하루 일을 마친 후의 육적인 피로만을 말하는 것이 아니라, 좌절감과 어려움이 최고조에 이를 때 겪게 되는 영과 마음의 피로도 중요하게 작용한다.

이 피로의 문제에 관해서는 '영적인 열정을 회복하라'(하늘사다리 역간)에서 상세히 다루었다. 그게 과연 어떤 것인가를 나 스스로 경험했기 때문이고, 똑같은 문제를 가진 수많은 사람들이 보내오는 신호를 강하게 느낄 수가 있었기 때문이다. 그 책에서는 언급하지 않은 것이지만, 이 피로 상태에서 나는 스스로를 부끄럽게 만들고 주위 사람들에게 상처를 준 일련의 나쁜 선택들을 한 것이다. 피로는 결코 변명으로 이용되어서는 안 된다. 그것은 다만 어떤 사람이 평소에는 전혀 그러지 않을 일을 특정 환경 아래서는 저지를 수가 있다는 것을 설명할 수 있을 뿐이다.

피로는 '탈진'상태로 이어진다. 그 상태가 되면 인간은 꿈과 사명을 추구할 의지를 잃어버린다. 한 권투 챔피언이 한 말이 기억나는데, 그는 상대방을 어떻게 지치게 만들고 그렇게 일격을 가할 수 있었는가 하는 것에 대해 이렇게 설명을 했다. "상대방이 지칠 때까지 그 팔과 몸통에 계속 주먹세례를 퍼부었지요. 너무 지쳐서 팔을 내린 순간에 머리 한 쪽에 레프트 훅을 먹였습니다." 그렇게 맞고 나가떨어진 친구를 난 이해할 수 있을 것 같다.

그리 세련된 묘사는 아니지만, 권투선수에게나 세계가 무너진 사람들에게나 딱 맞아떨어지는 상황임에는 틀림없지 않은가. 우리가 아는 것보다 더 많은 그리스도인들이 피로 때문에, 평생동안 떠올리며 후회하게 될 잘못된 선택을 해 버리는 것이다.

그럼 이것에서 얻는 교훈은? 이런 피로와 그 최후 생산물인 탈진 상태가 일어나기 쉬운 때와 요인을 어떻게 조사할 것인가. 그럼으로써 우리는 그런 극단적인 상태를 피하는 법과 주위의 도움을 청하는 법을 배울 수 있다. 책임감있는 관계 안에서 다른 이들은 우리를 보호할 수 있고, 우리는 무너진 세계로 인도하는 행위와 태도로 스스로를 해치는 일을 덜 수 있을 것이다.

1982년에 우리는 차를 한 대 샀는데, 거기는 차에 뭔가 이상이 생기거나 점검할 필요가 있을 때 실제로 우리에게 말로 일러주는 장치가 있었다. 여자 목소리였기 때문에 우리는 그 컴퓨터가 만들어낸 소리에 '힐다'라는 이름을 붙여 주었다.

"오른쪽 문을 닫아 주세요.", "보조 브레이크가 걸려 있습니다.", "열쇠를 갖고 가십시오.", "헤드라이트를 꺼 주십시오." 등등 힐다는 내가 잊고 있는 모든 것을 점검해 준다.

힐다가 가장 도움이 될 때는, 주행중에 연료가 얼마 남지 않았을 때이다. "기름을 채워 주십시오."라는 목소리가 나오면 우리는 주유소를 찾기 시작하는 것이다. 힐다는 우리가 불편한 일을 겪을 때 많은 도움이 되었다. 배터리가 나갈 경우나 도난당할 경우에 경보를 주고, 연료가 떨어지는 것 등을 미리 알려 주었으니 말이다.

우리는 생활 속에서 '힐다'와 같은 사람들이 어디 있는지 잘 숙고해 보아야 할 필요가 있다. 우리의 연료 탱크가 비어가고 있다는 것을 보고 인식시켜줄 만한 충분한 통찰력과 용기를 가진 사람들인 '외면의 힐다(external Hildas)'와, 비정상적이고 붕괴될 위험이 다분한 피로로 인해 고통받고 있다는 불가피한 신호를 보내줄 '내면의 힐다(internal Hildas)'를 생각해 보아야 할 것이다.

겟세마네 동산에서 예수님의 제자들이 보인 무기력한 행동은 피로 때문이 아니었을까. 날마다 긴장이 지속되는 지독한 일주일이었다. 논쟁, 비난, 위협, 그리고 주님의 말씀에 대한 대중들의 갈팡질팡하는 반응들은 틀림없이 그들을 기진맥진하게 만들었을 것이며, 그날 밤 동산에 이르렀을 때 머릿 속에 있는 건 잠 생각 뿐이었을 것이다. 예수께서 잡히셨을 때 그들은 어떻게든 대항하려고 했으나 그 피로 중의 당혹감에서 헤어날 수가 없었던 것은 아닐까. "이에 제자들이 다 예수를 버리고 도망하니라" (마 26:56)

나는 이 피로가 우리 시대의 영과 육적인 전염병이라는 내 생각을 어딘가 쓴 적이 있다. 현대인들은 끊임없이 감정적이며 영적인 결핍 속에서 살기를 선택하고 있으며, 공급되는 에너지를 훨씬 초과하는 양을 소모하고 있다. 비범한 회복력을 가진 극도의 소수만이 그 속도를 유지해나갈 수가 있다. 나머지 사람들은 그 수퍼맨들을 척도로 스스로를 측정해보려고 하고, 그들에 미치지 못하면 왜 나는 이런 피곤과 괜한 죄의식으로 다시금 빠져

들어야 하는가를 의아해한다.

이 현실이 사업장에서뿐만 아니라 교회나 비영리적인 단체 안에서도 마찬가지라는 사실을 우리는 솔직히 인정해야 한다. 기대치는 점점 높아가고 화려한 프로그램들과 기회도 많아지는데, 가장 흥분되는 것은 우리가 그런 것들을 더욱 더 원하고 있다는 사실이다. 그런 과정의 여파로 우리는 무너진 세계로 직통하는 선택을 하기 마련이다.

아무 생각없이 하는 일이 남에게는 얼마나 피곤을 안겨줄 수 있는지에 관해 우리는 민감해져야 할 필요가 있다. 이제 다 장성한 자식들을 둔 한 나이든 여인은 아이를 키우느라 몹시 바쁜 젊은 엄마에게 모르는 새에 압력을 줄 수가 있다. 왜 여선교회 일 등등 교회를 위해서 활동적으로 일하지 못하느냐는 등 죄의식을 느끼게 만드는 것이다. 어떤 사람은, 기질과 융통성이 뛰어나 활동적으로 일하는 다른 사람에 의해 떠밀려 점점 더 많은 공적인 활동에 말려들 수가 있다.

나는 예수님의 피로 취급 방법을 본다. 그분도 오랫동안 쉼없이 사역하셨으며 사람들의 요구가 있는 곳으로 직접 걸어가시기도 많이 하셨다. 그러나 그분께서는 조만간 군중들로부터 물러나셔서 고요한 회복의 상태로 들어가셨다는 것을 우리는 놓쳐서는 안 된다. 그리고 오늘날 많은 사람들이 지고 사는, 쉬면 안된다는 "죄의식"에 붙들리지도 않으셨다. 홀로 계실 때, 그분은 하늘 아버지와 당신의 내면을 보시고, 그 후에야 세상을 보시고 기도하셨다. 우리는 하나님의 아들 예수께서 만성적인 피로의 환경에 굴복하셨다는 흔적을 찾아볼 수가 없는 것이다.

■ 적대감과 욕구불만

나중에도 쓰겠지만, 얼마동안 우리는 캔자스 서부에 산 적이 있었다. 그 때 나는 대학원 수업을 위해 일 주일에 두 번 덴버로 가야 했는데, 비용이 적게 드는 "딱정벌레" 폴크스바겐을 운전하는 일이 만만찮았다. 176마일이나 되는 도로는 서쪽으로 곧게 뻗어 있었으며, 그 길을 가다 보면 종종 로키 산맥으로부터 초원을 지나 불어오는 거센 맞바람과 마주치곤 했다.

맞바람이란 덴버까지의 여행이 다소 시간이 걸림을 의미하고, 상대적으로 집으로 오는 길은 반대가 됨을 뜻하는 것이었다. 바람이 너무 세게 불 때면 나는 기어를 적당히 달릴 때 넣는 4단보다는 2, 3단으로 넣고 운전해야 했다. 바람 때문에 차가 도로를 왔다갔다하긴 했지만 목적지까지는 늘 이상 없이 갔다.

기어를 2단이나 3단에 넣고 달리는 것이 무슨 잘못된 일은 아니었지만, 속도는 느리고, 연료는 많이 들며, 엔진에 손상이 갈 우려가 있었다. 게다가 돌풍이 갑자기 밀어닥쳐 운전하기 위험한 조건을 만들어내기도 했다.

곧 나는 내가 덴버로 가는 도중 경험한 것 같은 비슷한 종류의 도전을 주는 인생의 맞바람을 우리 모두 직면할 수 있다는 것을 생각해보기 시작했다. 기어를 4단으로 넣고 경쾌하게 달리는 대신에, 우리는 다소 손해를 보면서도 그냥 2, 3단의 기어를 넣고 살아간다. 일은 열심히 하지만 달성하는 것은 별로 없는 그런 인생을 산다. 마치 내 폴크스바겐처럼, 일을 마치긴 하나 속도는 느리고 손상도 받으며 사는 것이 바로 우리들인 것이다.

포화상태와 동요를 가져오는 대표적인 요소들인 적대감과 욕구불만을 생각할 때마다 나는 그런 맞바람이 떠오른다. 적대감이라는 말을 쓸 때면 나는 거슬리고 왠지 싫고 불쾌한 사람들이 생각나며, 욕구불만이라는 말을 할 때면 성취나 만족과는 거리가 먼 과제들이 생각난다. 이것들 모두 기어를 2, 3단에 놓은 상태라고 할 수 있다. 위험하고 시간을 낭비하는 맞바람이다. 이런 상태에서 사는 사람들을 나는 참으로 많이 만난다.

이런 것들은 사람들에게 속마음을 도통 보이지 않는 사람들이거나, 도전을 즐기며, 하고 있는 일이 얼마나 어렵든지간에 조금도 동요하지 않는 이들에게는 전혀 문제가 안 될 것이다.

하비 맥케이(Harvey McKay)의 "산채로 먹히지 않고 상어들과 수영하는 법(Swim with the Sharks without Being Eaten Alive)"이라는 책의 이채로운 제목에 끌리는 사람들은 적대감이 빚어내는 "상어들"에 이름을 붙여볼 수 있을 것이다. 우리가 동기를 부여받고 평가받고 싶어하는 방식에 전혀 어긋나는 지도력을 발휘하는 상사나 관리자, 우리 생활을 불행하게 만드는 가족 성원 – 예를 들면 전혀 즐거워할 줄을 모르는 어머니나 끊임없이 징징거리고 불평하는 아저씨 등등이 그 "상어들" 축에 들어갈 것이다. 또한 우리가 선생님이라면 못되먹은 학생들일 수도 있고, 우리가 학생이라면 샐 쭉한 선생님이 될 수도 있다. 이밖에도 잠재적인 "상어들"은 끝이 없고 또 무시무시하다.

상어들은 우리를 지치게 한다. 그들은 우리가 방어책을 생각해내려고 애쓸 때 우리의 정신적인 시간을 사정없이 소모시키고, 앙갚음할 시간조차 주지 않는다. 매일 아침, 오늘만은 어림없어! 외치며 일어나도 그 상어들은 우리가 한계로 정해놓은 정도를 넘어서면서까지 방어막을 무너뜨리기 십상이다. 우리는 인내와 지혜를 달라고, 심지어 초자연적인 사랑을 간구하며 기도한다. 마음에 그런 생각이 든다면 기분이 좋지만 그렇지 못할 때는 언짢아진다.

내 오랜 친구 하나는, 혼란과 불신과 기분나쁘게 만드는 경영 방식을 가진 사람과 매일 같이 일한다. 그 친구는 집에 돌아올 때마다 그 날의 짜증과 혐오감을 다 가지고 오는 것이다. 그와 함께 있을 때면, 나는 그 일이 친구를 얼마나 지치게 만드는지 잘 알 수가 있다. 사실 그런 상황에서 그는 아무것도 할 수가 없다. 그의 고통을 알고 있는 나도 규칙적으로 그를 위해 기도하는데, 친구가 그 적대감 때문에 곧잘 포화와 동요의 상태까지 간다는 것을 알고 있기 때문이다.

희랍 신화에 나오는 시지프스 이야기가 생각난다. 그는 신들로부터 거대한 돌을 가파른 산 꼭대기까지 끊임없이 밀어올리는 벌을 받았다. 돌을 정상에 올려놓기만 하면 그것은 밑바닥으로 굴러떨어져 버리기 때문에 다시 밀어올려야 하는 것이다. 시지프스는 그 과업을 영원토록 행하게 되어 있다.

많은 이들이 시지프스의 짐을 함께하고 있다. 학교 들어가지 않은 꾸러기들을 힘들여 키우고 있으면서도 '참으로 가치있는 일이예요'라는 말 한마디 못 듣고 살아가는 젊은 어머니. 슬럼프에 빠져 상사로부터 '요즘 실적이 왜 그모양이야?'라는 핀잔을 듣는 세일즈맨. 성도들의 협조가 없어 교회를 현상 유지만 하고 있는 목회자 등등.

욕구불만은 매일 통근길의 길게 늘어선 차의 물결과 교통 체증에 시달리는 사람들, 거대한 관료주의 사회 안에서, 커다란 군대 권력기구 안에서 일하는 데 어려움을 느끼는 사람들에게는 흔한 체험이다. 특히 상사가 우수함이나 발전은 전혀 상관하지 않는 듯 보이는 부서에 배정받은 사람이라면 더욱 그렇다. 여러분은 직장과 교회, 학교, 가정 안에서 그런 불만에 가득찬 사람들을 얼마든지 만날 수 있다. 적대감만큼이나 욕구불만 속에도 포화상태와 동요의 가능성이 있게 마련이고, 그것은 무너진 세계로 인도하는 선택을 하게 만드는 환경인 것이다.

■ 슬픔과 상실, 분노

최근 뉴 잉글랜드의 한 중개업소 사무실에 옷 잘 입은 중년의 한 남자가 걸어들어와서는 상사를 총으로 쏘았다. 경찰과 기자들이 진상을 알아본 결과, 그 사람은 이 중개업소에서 주식 중개인으로 있었으며 사건 전날 해고된 것임이 밝혀졌다.

그 두 사람을 아는 이들 모두 믿을 수 없다는 반응들이었다. 동료들은 그 용의자가 그리 생산적인 일꾼은 아니었어도 한편으로 호감이 가고 정중한 사람이었다고 했다. 적어도 그들 보기에는 살인을 할 사람으로는 보이지 않았다는 것이다.

뭔가가 확 치밀었다. 생각할수록 혼란해지고, 감정은 폭발하고, 자제하려는 마음이 싹 가셔버렸다. 해고, 실패했다는 그 수치심은 그 사람이 도저히 받아들이기 어려운 것이었음이 분명하다. 그래서 그는 자신에게 이 모든 일을 안겨준 상징과도 같은 상사에게 벌을 내릴 결심을 한 것이다.

무슨 일이 벌어졌는가? 속에 도사리고 있던 악이 마음 속 포화되고 불안정한 환경과 공모한 것이다. 지금 이야기하는 이 사람은 일생을 폭력을 행사하며 살아온 사람이 아니다. 울화통과 복수심을 간직하고 살아온 사람의 얘기가 아닌 것이다. 천천히 붕괴점까지 흘러온 사람이다. 환경과 악이 공모하여 다른 사람들은 상상도 못했던 결심을 하게 만든 것이다.

이 사건을 보면서 나는 영화 '네트워크(Network)'의 가장 극적인 장면을 떠올렸다. 지금까지 말해온 포화상태와 동요에 빠져버린 뉴스 앵커가 TV 시청자들에게 이런 제안을 하는 것이다. 창문을 열고 특정 사람에게 말고 그냥 소리를 지르라는 것이었다. "나는 미쳤다. 이젠 더 이상은 못 참아!"라고. 이렇게라도 하면 기분이 좋아질 것이라고 그는 말했다.

영화 속의 사람들이 그대로 하기 시작하는 것을 보며 난 처음엔 웃음을 터뜨렸지만 곧, 그것이 실제 상황과 얼마나 다를까 하는 생각이 문득 들었다. 슬픔과 상실, 분노 속에서 사람들은 무너진 세계에의 선택을 하기 일보 직전에 놓여 있곤 하는 것이다.

가뜩이나 교통 체증이 심한데 새치기를 당했을 때 운전자가 폭발시키는 화 속에서 우리는 이러한 분노를 본다. 고속도로에서는 총소리도 빈번하게 울린다. 수퍼마켓에서 줄을 서다가도, 운동 경기를 관전하다가도 사람들은 종종 화를 내보인다. 돈이 관련된 지역구 결정이나 계획을 하는 마을 공청회에서 역시 분노는 거의 일반화되어 있는 것 같다.

그래도 가장 일반적이라 할 수 있는 슬픔은 사랑하는 사람과의 사별이라 할 수 있다. 목사로서 나는 그 많은 사람들이 느끼는 슬픔에 동참자로서 함께 해야 할 의무를 가지고 또 행해 왔다. 내가 재빨리 알게 된 것은, 슬픔에 잠겨 있는 사람들은 그 죽음으로 인한 무섭고 큰 혼란 속에서 심각한 판단의 잘못을 저지를 수가 있다는 것이었다.

슬픔이란 마음 속에 있는 묘한 내면 에너지이다. 인간이란 죽거나 큰 손실을 일으키려고 창조된 존재가 아니기 때문에 원래는 슬퍼하지 않는다. 그러므로 마음과 생각의 모든 내면 기관이 비명을 지르고 날뛰며 아무 의미도 없어 보이는 것들에 매달리게 되면, 적어도 내가 보기에는, 슬퍼하고 있다고 생각해도 좋을 것이다.

깊은 슬픔과 상실의 상태에서 어떤 사람들은 뒤로 물러나고, 곧 거의 반사회적인 사람이 되어 버린다. 또 다른 이들은 화가 나고 위안도 얻지 못해, 사랑하는 이의 죽음을 놓고 하나님을, 심지어는 스스로를 비난한다.

남편이나 아내를 잃은 사람들은, 사랑해서 인생을 같이 나누었던 사람의 상실의 여파로 부도덕한 행위에 빠질 수도 있다. 외로움과 공허함은 상상 외로 참기 어렵다. 친구들이 자신들의 고뇌가 얼마나 큰지 이해해주지 못할 때 그들은 친밀감을 얻을 수 있는 곳이면 어디든지 기대고 싶은 강한 유혹을 받는다.

나는 선한 사람들이, 포화와 동요 상태로 이끄는 상실과 슬픔의 환경 속에서 더 참지 못하고 멀리 이사를 가버린다거나 무분별하게 직업을 바꾸는 등의 건실하지 못한 재정적 결정을 하는 것을 보았다.

제 3세계를 몇 번 방문하면서, 나는 그 원초적인 문화의 사람들은 가족 중의 누가 사망했을 때 어떻게 상실감과 슬픔을 이겨나가는가를 보게 되었다. 나는 그들이 우리보다 그런 환경을 더욱 잘 이해하고 있다는 것에 감명을 받았다. 그들은 슬퍼할 시간을, 고인을 생각하고 상실감을 해소할 시간을 갖는다. 그들이 내는 통곡과 신음 소리도 나는 들어보았다. 이 과정을 이교적이고 소망이 없다고 비판하는 사람들도 있었다. 그런 요소가 물론 있을 것이다. 그러나 더 중요한 것은, 이 원주민들은 다음과 같은 사실을 이해하고 있었다는 것이다. 건강하고 받아들일 수 있을 만한 방법으로 슬픔을 배출해버리지 않는다면, 우리는 이 슬픔을 한 개인의 세계를 무너뜨리는 환경으로 바꿔버리기가 너무도 쉽다는 사실을 말이다.

■ 약물 남용과 생리적 스트레스

얼마 전에 보스턴에서 세 명의 의사들이 간호사 강간죄로 실형을 받았다. 예상한 대로 그들은 유죄 판결과 그 집행으로써 명성과 그동안의 경력을 모두 잃게 되었다. 네 명의 개인 세계가 하룻밤에 몽땅 무너져버린 것이다. 뛰어난 교육 환경과 비범한 기술, 창창한 미래로 밝게 빛나던 네 명의 삶이 모두 붕괴되어 버렸다.

그 사건의 배경은? 알콜이었다. 네 명 모두 초저녁에 열린 파티에 참석했고 술을 너무 마셔댄 끝에 그 결과를 치른 것이었다. 생각은 흐릿해지고 자제심은 옆으로 던져버렸으며, 곧 짐승같은 행동이 튀어나왔다. 결과는? 동요, 불안, 그릇된 선택. 산산조각난 개인 세계.

전국 철도공사 소속의 기차가 탈선하여 수많은 사람들이 중상을 입고 병원으로 실려가고, 기관사는 사망하고 말았다. 조사 결과, 그 사고에 관련된 철도 직원들 중 반의 혈액에서 마약 성분이 발견되었다.

조그만 영업용 비행기 하나가 콜로라도 동남쪽 부근에서 추락했다. 연방

항공국의 보고로는 조종사가 코카인에 양성 반응을 보였다고 한다.

어떤 농구 스타는 이제 프로 선수로서 뛰게 되어 억만 달러의 계약서에 서명한 날 밤 코카인 과용으로 숨진다.

도대체 무슨 일이 일어나고 있는 것인가? 왜 가장 훌륭하고 유망한 이들이 그런 선택으로 스스로를, 다른 사람들을 그렇게 파괴해 버리는 것인가? 마약과 알콜을 상용하는 사람들이 찾아 헤메는 것은 과연 무엇인가? 정신적 해방인가? 쾌락인가? 기분전환? 도피 행위? 아니면 사회적 승인? 그 모험이 정말 그렇게 가치가 있는 것인가?

대부분의 사람들이 이런 문제들을 빈민가, 가난하고 교육받지 못한 사람들과 결부시켜 버리는 데 너무 익숙해져 있다. 그러나 그럴 경우에 우리는 사실을 외면하는 셈이 되는 것이다. 주일 아침에 교회에 와서 앉아 있는 사람들의 10퍼센트가 아마 술 때문에 고민을 하고 있을 것이다. 신도석에 앉아 있는 적잖은 성도들이 정부가 위험하거나 위법이라서 규제하고 있는 약에 혹시나 하고 손을 대 보기가 쉽다는 것이다. 교회에서 집으로 돌아가는 길에 보는 많은 알콜 중독자나 마약에 취한 사람들이 우리에게, 우리 가족에게 심각한 위협이 될 수 있다는 섬뜩한 가능성도 배제할 수 없다.

성경에 기록된 롯의 일생을 보면, 잘 알려져 있진 않으나 술이 지배적인 역할을 맡았던 사건이 하나 상술되어 있다.

> 큰딸이 작은딸에게 이르되 우리 아버지는 늙으셨고 이 땅에는 세상의 도리를 좇아 우리의 배필 될 사람이 없으니 우리가 우리 아버지에게 술을 마시우고 동침하여 우리 아버지로 말미암아 인종을 전하자 하고 (창 19:31-32)

계획은 성공했다. 술취한 가운데 롯은 자신을 제어하지 못하고 두 딸을 임신시키고 말았다. 이 사건을 끝으로 롯은 더 이상 성경에 등장하지 않는다. 그에게서 우리는 개인 세계가 산산조각나버린 패배한 사람의 모습을 본다. 소돔으로 갈 것과 그 도시의 사람들과 거래하고자 한 것이 안 좋은 선택이었는데, 이제 또 이런 순간을 겪고 만 것이다. 이 경우에 선택은 "어떤 영향 아래서" 이루어진 것이다.

요즘 주위에서 되어지고 있는 사건들을 보며 배울 수 있는 것은 무엇인가? 살인, 폭력배들간 싸움, 폭행, 체포 등등. 우리는 적어도, 현실을 인식하는 힘을 잃게 만드는 약물에 굴복해 버릴 때 사람들은 마음속의 악한 영에 대항할 마지막 자제심마저 위태롭게 만든다는 사실만은 배울 수 있다. 이런 문제에 관심을 덜 두다가는 무너진 세계의 가능성은 한층 더해지게 된다.

친구들과 함께, 아내와 나는 카탈리나 섬의 아름다운 계곡을 둘러본다. 그리고 지나는 길에 있는 모든 것을 쓸어버리는 무서운 진흙 사태와 홍수에 대한 이야기를 듣는다. 무슨 일이 일어나기에? 흙이 물을 잔뜩 머금어 포화상태가 되고 대지가 불안정해지면 ···

사람들은 언제 자신의 세계를 깨뜨려버릴 정도로 큰 잘못을 저지르게 되는가? 똑같은 대답이 나올 수가 있는 것이다 : 인생이 포화상태가 되어 동요될 때, 피로로 탈진할 때, 욕구불만과 적대감을 참을 수가 없을 때, 슬픔과 분노가 진정되지 않을 때, 그리고 마음을 통제할 수가 없을 때. 그런 고갈의 경험들을 쌓아 나갈수록 무너진 세계에의 위험은 증가하는 것이다.

CHAPTER 11

죄의 짐을 옮기며

> *나쁜 행실은 종종 과거의 드러나지 않고 있던 것들에 뿌리를 두고 있다.*

그 대화를 나눈 후로 벌써 10년이란 세월이 흘렀지만 결코 잊을 수가 없다. 그는 주를 따르기 시작한 지 얼마 안 된 초신자로서, 스무 살도 안 되어 보이는 젊은이였다. 우리 대화의 주제는 그가 이제 막 신앙생활에서 즐거움을 찾는 가운데서 겪고 있는 일종의 갈등 문제였다.

그를 만났을 때, 나는 그의 말투와 얼굴에서 반항심과 무뚝뚝함, 심지어 분노까지 읽어낼 수가 있었고, 그런 특징은 자세와 어색한 몸짓에도 그대로 나타났다. 하지만 그런 걸 알아냈다고는 해도 도대체 왜 그런 것인지 얼른 이해가 되지 않았다.

그가 믿음 생활에 이제 활력을 느낄 수가 없어서 이 문제를 의논하러 왔다고 말했을 때, 나는 그가 제시하는 문제나 이의 사항 하나하나에 이론적으로 잘 정리된 대답을 해 주었다. 그것은 마치 일종의 테니스 경기 같았다. 그가 어떤 질문이나 직면하고 있는 어려운 문제들로 내게 서브하고 나면, 나는 '정답'으로 맞받아치는 식이었다. 대화는 제자리걸음이었다. 그의 '서브'는 아마추어 실력이었으며 내 '받아치기'도 나을 게 없었다.

잠시 쉬자고 그 딱딱한 대화를 중단한 뒤, 잡담을 하다 진짜 문제가 드러나게 되었다. "재미있게 즐기고 싶을 땐 뭘 하지?" 내가 이렇게 물었다.

"노래요." 라는 대답이 돌아왔다.

"노래? 잘 부르니?"

"네, 목소리가 좋은 편이예요."

"흠, 그럼 성가대에 들어가지 그러나?"

"지휘자가 맘에 안 들어서요."

"지휘자가 왜?"

"잘못된 게 뭐 있겠어요 · · · 그냥 맘에 안 들어요."

전에도 지휘자들에 대해 이러쿵 저러쿵 하는 소리들은 많이 들어 봤어도, 이렇게까지 결정적인 말은 정말 처음이었다. 그래서 나는 계속하도록 추궁했다.

"누군가가 내 앞에서 팔을 휘젓고 내게 노래를 부르라 마라 할 땐 정말 화가 난단 말예요. 두세 번 다른 성가대에서 찬양을 해 보려고 했지만 대개 짜증이 나서 연습하는 도중에 나와버렸어요."

그게 사실인지, 나는 기가 막힐 정도였으나 그가 계속했기에 귀를 기울였다.

"성가대 문제는 내게 있어 정말 사소한 축에 들어요. 난 다른 사람들이 내게 이래라 저래라 한다거나 너는 뭐가 어떻고 할 때면 참을 수가 없다구요. 경찰이 이건 해라 저건 하지 마라 할 때도 화가 나구요 · · · 목사님께도 화가 나요."

"나한테? 뭣 때문에 내게 화가 나는 거지?"

"설교하실 때, 내가 어디가 틀렸고 그걸 고치려면 어떻게 해야 하는가 하고 말씀하시기 시작할 때 화가 나요. 설교 도중에 그냥 나와버린 적도 한 번 있어요. 저, 괴상한 짓이라는 걸 알지만요. 나도 항상 이 일 때문에 괴롭다구요."

막다른 골목에 부딪힌 대화로부터 벗어나고자 잡담을 했던 것인데 그게 진짜 중요한 문제가 되어 버렸다. 이 손님이 하나님과의 관계에 대한 영적인 문제가 정말 있었는지는 몰라도, 그 문제는 서브하고 되받아치는 질문과 대답을 한다고 해결되는 것이 아니었다.

"부모님에 대해 조금 말해 다오."

"별로 말할 게 없는데요. 뭘 알고 싶으신데요?"

"부모님과의 관계가 어땠는지 조금 알고 싶구나. 아버지와 가까이 지냈다고 생각하는지, 어린 시절에 대한 재미있는 기억이 있는지, 어머니는 따뜻한 분이셨나 등등 그런 거 말이야."

"그러니까 결국은, 너는 그동안 네 주위의 권위적인 사람들과 갈등해 왔다는 얘기구나. 누군가가 네게 이건 해라 저건 하지 마라 하면, 넌 금방 아버지가 떠오른단 말이지."

"바로 그거예요."

"혹시 하나님과도 똑같은 문제를 가지고 있다는 생각은 안해 봤니? 네가 아버지를 싫어하고, 그럼으로써 모든 성가대 지휘자나 경찰, 나같은 사람들을 싫어하는 거라면, 왜 하나님은 제외가 되는 거냐? 권위에 관한 문제라면 그분도 예외는 아닐 텐데."

"그건 생각해 본 적이 없어요. 그럼 목사님께선 내가 내 인생에서 그리스도인의 입장에 설 때마다 이런 느낌들에 직면해야 한다는 말씀이세요?"

그게 내가 곧 하려고 준비해 두었던 질문이었다. 하지만 그가 먼저 말해 준 것이 기뻤다.

나는 기억나는 대로 대화를 재창조한 셈인데, 왜냐하면 이것으로써 악한 영이 조만간 그 악마적인 능력을 행사하기 쉬운 정신적인 환경을 그려주고 있기 때문이다. 10년 전의 그 손님은 다소 재미있게 자신을 소개한 셈이지만, 그 문제는 그만의 독자적인 것이 아니었다.

그 젊은이는 내가 '과거에서 가져온 무거운 짐'이라고 부르고 싶은 것을 지어날랐다. 적절히 확인되고, 구분하고, 버릴 건 버리고 했어야 할 짐인데 그러질 못했던 것이다. 그는 과거의 짐을 풀고 정리하는 과정을 시작하기 전 너무 오래 지체하다가 그만 앞에 올 여행의 힘든 도전을 감당해야만 하게 되었다. 그러나 결국 해냈고, 적당히 시간이 흐르자 이제 가볍게 "여행할"수 있는 자유인이 될 수 있었다.

내가 "여행"에 비유한 것을 히브리서의 저자는 "경주"에 비유하여, 그리스도의 뒤를 따라 달리는 성도들에게 이렇게 독려하고 있다. "모든 무거운 것과 얽매이기 쉬운 죄를 벗어 버리고 인내로써 우리 앞에 당한 경주를 경주하며" (히 12:1) 현재 상황을 꼼짝못하게 하고 미래를 위태롭게 하는 과거의 짐을 포함한 모든 것들을 던져 버리라는 것이다. 우리의 내면 세계에는 이 불길한 조각들이 수없이 쌓일 수가 있으며, 무너진 세계로의 행동을 낳는 현재의 태도와 동기에 영향을 줄 수가 있는 것이다. 그러므로 이 조각들을 힘차게 분석 작업을 하고 처분하는 것이 개인 세계를 지키는 중요한 관건이 된다.

이 과거의 짐은 큼지막하게 분류도 잘 되어 있다. 대부분이 무겁고 커서 다루기 곤란한 것들이다. 옮기기 위해서는 힘이 많이 들며, 운반 도중의 피로로 인해 더 나쁜 결과를 초래하기도 한다. 나는 예를 들어서 세 가지 종류의 짐이 든 가방들을 무거운 순서대로 제시하려고 한다. '해결되지 않은 관계'가 든 수트케이스, '고백하지 않은 죄'가 든 여행용 가방, '치료되지 않은 고통'이 든 서류가방들이 그것이다.

이렇게 이름을 붙이고 분류해 봄으로써, 우리는 개인 세계 안에서 잠재적인 붕괴의 씨앗이 들어있기 쉬운 영역들을 잘 살펴볼 수 있을 것이다.

■ '해결되지 않은 관계'가 든 수트케이스

10년 전의 그 젊은 손님은 아버지를 증오해오고 있었다. 그런데 본인도 그 아버지도, 부자간에 대화를 트거나 사이좋게 지낼 시도조차 하지 않고 살아오고 있었던 것이다. 이것을 '해결되지 않은 관계'라고 부르자. 어떤 두 자매는 일생동안을 반목하며 살아오고 있다. 서로에 대해서는 적의 뿐이며 말도 거의 하지 않는다. 이것도 '해결되지 않은 관계'이다. 동업자로 같이 일하다 분쟁과 불화로 끝나버린 두 사람이 있다. 두 사람 다 서로에게 속은 기분이며, 예전의 동업을 생각할 때마다 속이 들끓어오를 지경이다. 이것 역시 '해결되지 않은 관계'가 분명하다.

'해결되지 않은 관계'는 대부분이 가족 상황과 연결되는데 그 이유는, 우리가 인간됨을 형성해 나가는 데 도움을 주는 가장 중요한 "선물들"이 바로 가족간 체험을 모체로 하기 때문이다. 그 선물들이 시기적절하고 정연한 방법으로 주어지지 않는다면 가족관계는 상처를 입게 된다. 게다가 그 선물과는 다른 어떤 것이 주어질 때면 그 상처는 더욱 나빠질 것이다.

그런 이 "선물들"이란 과연 무엇일까?

사랑받는 것에서 오는 "행복"의 선물이 있다. 하나님께서는 인간들을 사랑받기에 갈급한 존재로 창조하셨다. 그 갈급함이 적절히 채워진다면 우리는 사랑하는 삶, 다른 이들에게 자신을 주는 삶을 살아갈 수 있다. 우리는 신체적 애정 표현과 말로 하는 칭찬, 사회적 접촉과 반대되는 뜻을 가진 개인적인 예민한 접촉을 통하여 이 선물들을 받는다.

"능력"의 선물도 있다. 부모님을 비롯한 가족들은 우리들 마음에 배우고, 창조하고, 섬기고, 원하기만 한다면 우리 세대를 변화시킬 능력도 있다는 자신감을 키워주는 가장 중요한 사람들이다. 그들은 우리가 하는 일들에 긍정적인 가치를 부여함으로써 이 선물을 준다.

"안전"의 선물은 어떤가? 상처입기 쉬운 어린아이로서의 우리는 반드시 안전의 선물을 받아야 하며, 받을 수 있을 때 나중에 가서도 하나님의 도우심을 입어 스스로의 안전을 도모할 수 있게 된다. 부모님이 마음문을 활짝 열고 서로 사랑하며 위하는 가정, 파괴적인 갈등과 분쟁이 없는 가정, 해도 좋은 것과 허락과 관련하여 생활에 질서와 조화를 가져다주는 일련의 구속력과 일과가 확실히 보장되는 가정에 살고 있다면 우리는 이 선물을 받고 있는 것이다. 결과, 우리는 안전에 대해 배우게 된다.

이제, 현명한 부모라면 고려해 봄직한 완만한 자유인 "성장"의 선물이 있다. 이로써 아이들은 인생에서 어떻게 선택을 하고 방향을 잡을 것인가를 배울 수 있다. 성장의 이상적인 조건 하에서라면 우리는 과잉보호받지도 않고, 그렇다고 무방비 상태가 되지도 않는다.

마지막으로, "본받음"의 선물이 있다. 어린 소년에게 '이상적인 남성상'을 심어주는 삶, 어린 소녀에게 '이상적인 여성상'을 심어주는 삶이 그것이다. 대부분의 아들딸들이 부모와 같은 삶을 살기를 소망하던 때가 있었지만, 지금은 조금 달라진 것 같다.

과거에는 이런 선물들이 부모님들 뿐만 아니라 친척과 이웃들로부터도 전해질 수가 있었다 : 할아버지와 할머니, 삼촌과 숙모들, 가까이 사는 이웃들, 또는 정기적으로 마주치는 사람들 등등. 부모님이 줄 능력이 안 되는 선물은 친척들 중에서 줄 수 있었던 것이다.

그러나 가족간의 유동성(流動性)이 삶의 방식이 되어버림에 따라 최근 10년 동안 확대 가족(extended family)은 급격히 사라졌다. 조금 더 최근으로 오면 대부분이 부모와 자식으로만 구성된 핵가족(nuclear family)화되어, 필요한 선물을 다 받는 데에 충분치 못하게 되었다. 오늘날, 미국 어린이들의 반 이상이 편부모(single-parent) 슬하에서 자라고 있으며, 미취학 아동을 둔 어머니들의 60퍼센트가 직업전선에서 뛰고 있다. 이 추세대로라면 무(無)가족(nonfamily)이라는 영역까지 생겨나게 될지 모른다.

아이들이 이런 선물들을 받지 못할 때는, 혹은 그 선물들이 명확히 상처를 입히는 가정에 산다면 어떻게 될까? "행복"의 선물 대신에 끊임없이 '넌 하등 가치가 없어'하는 말만 가득할 것이다. "능력"의 선물 대신에 비웃음과, 아이들의 노력이 쓸데없고 소용이 없다는 걸 상기시켜주는 말만 있을 것이다. "안전" 대신에 '앞으론 어떻게 될 것인가'하는 두려움만 가득할 것이다. 알콜 중독자가 되어버린 아이들은 이 모든 것들을 잘 알고 있다.

"성장"의 선물 대신에 억제와, 혹은 그 반대인 방종이 있을 것이다. "본받음"의 선물은 간데없이, 우러르고 갈망할 것이 아무것도 없는 것이다.

이런 선물들이 주어지지 않을 때, 내면의 분노와 적의는 점점 커진다. 그리고 성인이 되었을 때 어린 시절의 실망과 좌절이 희미하게 기억날 때마다 밖으로 튀어나오는 것이다.

브라질에서 있었던 일이다. 의학 실험실에서 나온 방사성 동위원소가 쓰레기장으로 옮겨져 그대로 폐기, 방치되었다. 몇몇 가난한 사람들이 그 위험한 물질을 발견했는데 무엇인지도 모르고 나누어 가졌다. 어떤 어린이는 몸에다 바르기도 했고, 누구는 먹기까지 했다. 무슨 일이 벌어진 것인지 밝혀지기도 전에, 그 마을의 상당수가 방사능에 오염되고 말았다.

어린 시절부터 계속되는 분노는 방사능 오염같은 것이다. 내용물이 밝혀지고 적절히 처분될 때까지 그것은 사라지지 않는다. 분노는 핵 에너지같은 것이어서, 유용하게 쓸 수도 있으나 파괴적인 힘도 가지고 있는 것이다. 그 차이점을 우리는 잘 알아야만 한다.

성경에 나타난 분노 중에, 성경은 오직 '해결되지 않은' 분노만을 비평의 대상으로 삼고 있다. 형 에서와 '해결되지 않은 관계'를 가지고 있던 야곱을 보라. 해결하게 되기까지 둘다 좋지 않은 일을 수없이 겪어야 했다. 압살롬은 형 암논에게 분을 품고 있었으나 아버지인 다윗이 그 관계의 해결을 중재하지 않은 탓에 그만 형을 죽이고 말았다.

우리 안에 있는 분노의 존재를 인식하고 그 원인을 찾아서, 그 나쁜 "선물"을 준 사람과 받은 사람 쌍방간에 용서가 있을 때만이 그것의 정당한 관리는 시작되는 것이다. 분노가 존재하는 가정 안에 산다면, 가족 성원들 사이에 더욱 용서해 주어야 한다. 그 일을 하지 않고 기다릴수록, 상처는 더욱 커지고 현재와 앞으로의 삶에 더욱 많은 실수를 하기 쉬운 환경을 허락해주는 셈이 되고 말 것이다.

■ '고백하지 않은 죄'가 든 여행용 가방

이와 비슷하게, 과거의 '고백하지 않은 죄'를 가지고 살 때도 극히 부정적인 환경을 조성하게 된다. 지금 우리는 남이 했던 일이 아니라 바로 우리가 저지른, 부끄러움과 후회를 가져온 일들을 말하는 것이다.

'고백하지 않은' 이라는 말을 쓰면서, 나는 중대한 잘못이나 해로운 일이 저질러졌을 때, 그리고 범죄한 사람이 죄를 인정하고 필요한 보상(고백이나 사과, 그 불행했던 사건의 해결을 본다든가, 혹은 빼앗아갔던 것을 돌려주거나 변상해 주는 일 등)을 해 줄 것을 거부하는 경우를 생각해 본다.

죄의식은 '느낌'이란 표현으로는 너무 가볍다. 영적인 '고통'이다. 진짜 죄의식은 인간의 내면에 자리한 하나님의 형상이 "반칙!" 이라고 외침으로써 나오는 결과인 것이다. 하나님의 법이 침해되었다. 그분의 영광이 가리워진 것이다. 우리 속에 있는 무언가가 항의하기 시작한다. 그 외침을 우리는 죄의식이라고 하는 것이다.

죄의식은 지속적일 수도 있고 간헐적인 수도 있다. 때때로 이것들은 오랜 기간동안 잠자고 있다가, 그런 비슷한 상황을 겪은 사람과 이야기하게 되거나 영화 속 장면 혹은 뉴스에서 전하는 소식들이 그 상황과 너무 비슷하면 슬그머니 잠을 깬다. 조금 후에 다루게 되겠지만, 옛날에 일어났던 사건과 묘하게 관련된 듯 보이는 압력과 스트레스가 있을 때도 이 '고백하지 않은 죄'는 잠깨어 표면화될 수 있다.

죄의식이 사람에게 미치는 영향을 일일이 알아보기란 무척 힘들다. 너무 민감해서 사실상 그것에 쫓겨다니는 사람도 있고, 조금 더 뻔뻔해서 무시하고 사는 이들도 있다. 죄의식을 만들어내는 장치를 아예 없애버릴 수도 있다는 것을 우리는 너무도 잘 안다. 어린이의 양심이라는 것이 규율과 질서를 중시하는 어른의 가르침을 받지 못한 경우에 그 장치는 없어진다. 내면의 음성이 주는 경고를 무시하기를 계속해온 까닭에 이젠 그 소리가 다른 소음에 의해 밀려나가버린 사람의 경우도 마찬가지이다. 성경 기자들은 이것을 "양심이 화인(火印) 맞은"이라고 썼다. 죄의식의 결과를 잠깐 덮어둘 수는 있으나, 그렇게 하는 데는 엄청난 감정적, 심리적 에너지가 드는 것이다.

구약에 보면 야곱의 아들들, 곧 요셉의 형제들은 15년이 넘는 세월을 '고백하지 않은 죄'를 가지고 씨름해왔다고 할 수 있다. 그 무례하고 아니꼬운 동생 요셉으로 인해 분노를 터뜨리며 그를 죽일 계획을 짰던 것을 기억해보자. 그 계획을 막 실행하려고 할 때 맏형인 르우벤이 그들을 진정시켰다. 마음이 가라앉자 그들은 지나가는 약대에게 요셉을 노예로서 팔아버렸다. 안 보면 멀어질 테니까. 문제는 풀렸다.

그들은 아버지께 거짓말을 하여 요셉을 처리한 것을 은폐해 버렸다. 요셉은 죽었습니다. 악한 짐승이 잡아먹었습니다. 아버지는 그 말을 그대로 믿고 슬픔에 잠겼다.

적어도 15년 동안은 그 공모한 비밀이 안전하게 보였지만, 고백하지 않은 죄의식은 형제들의 내면 세계 깊숙이 깔려 있었다. 그리고 후에 기근이 닥쳐와 애굽으로 양식을 사러 갔을 때, 그들은 예전에 했던 거짓말을 다시 입에 올려야 했던 것이다.

그들이 애굽의 총리 앞에, 그가 동생 요셉인지도 모르고 엎드려 절하는 순간이 오고 말았다. 그러나 요셉은 그들을 알아보았고, 간청을 퇴짜놓으며 엄하게 심문을 했다. 애굽의 틈을 엿보러 온 정탐꾼이라는 죄목을 씌우는 총리에게 형제들은 이렇게 말했다. "주의 종 우리들은 십이 형제로서 가나안 땅 한 사람의 아들들이라 말째 아들은 오늘 아버지와 함께 있고 또 하나는 없어졌나이다" (창 42:13) 다른 말로 하면, 요셉은 죽었다는 뜻이다. 요섭 자신이 그들 앞에 그렇게 버젓이 서 있다는 사실만 없었어도 믿을 만한 이야기였을 것이다.

유감스럽게도 살아 있는 동생 요셉은 점점 압박을 가하고 형제들은 대번에 그것을 느꼈다. 과거의 살인 음모와 현재 애굽에서의 이 불쾌한 상황이 그들의 마음 속에 함께 떠올랐다. 지금 자신들을 심문하고 있는 이 사람이 누군지 몰랐으나 하여튼 옛날의 범죄한 일이 생각났던 것이다. '고백하지 않은 죄'가 갑자기 슬그머니 잠을 깨더니 표면으로 올라왔다. 결국 안 본다고 해서 멀어지는 것이 아니었던 것이다.

> 그들이 서로 말하되 우리가 아우의 일로 인하여 범죄하였도다 그가 우리에게 애걸할 때에 그 마음의 괴로움을 보고도 듣지 아니하였으므로 이 괴로움이 우리에게 임하도다 르우벤이 그들에게 대답하여 가로되 내가 너희더러 그 아이에게 득죄(得罪)하지 말라고 하지 아니하였느냐 그래도 너희가 듣지 아니하였느니라 그러므로 그의 피값을 내게 되었도다 하니 (창 42:21-22)

요셉은 이 말들을 들었다. 통역관을 세웠으므로 형제들은 총리가 말을 알아들을 수 있다는 걸 모르고 있었다. 그렇게 당황하고 있을 때 요셉은 남몰래 눈물짓는다.

요셉과 화해하고 확실히 은혜와 용서를 받았음에도 불구, 형제들은 기우(杞憂)에 시달리며 평생을 살았다. 자신들이 저지른 일에 대해 동생 요셉이 전혀 복수할 의사가 없음을 완전히 믿질 못했던 것이다. 아버지 야곱이 죽었을 때도, 장례를 치르고 나면 동생이 앙갚음을 하리라 확신했기에 보복에 대한 두려움은 더욱 악화되었을 뿐이다. 그러나 요셉의 용서는 진실되고 확고한 것이었다. 형제들의 그 두려움은 너무나 오래 지속된 강력한 '고백하지 않은 죄'의 마지막이 어떤가 보여주는 대표적인 예이다.

'고백하지 않은 죄'는 선택하는 일도 불안하게 만든다. 앞날의 전망을 뒤틀어버리고 의미를 왜곡하며 현재 앞으로 나아가기 위해 가장 필요한 자신감을 약화시킨다. 과거의 짐이 우리의 관심을 요구하며 마음문을 계속 두드린다면, 미래를 건강하게 산다는 건 기대도 하지 않는 게 좋을 것이다.

스탠리 존스는 '고백하지 않은 죄'의 무서움에 대해 생각하며 다음과 같이 썼다.

> 계시록에는 이런 말씀이 있다. "내 입에는 꿀같이 다나 먹은 후에 내 배
> 에서는 쓰게 되더라"(계 10:10) 이것이 바로 죄에 대한 완벽한 그림이 아
> 니겠는가? 입 안에서는 꿀같이 달다, 처음에는 죄가 맛이 참 좋다 – 좋은
> 것 같다. 그러나 생명이 죄를 흡수하려고 할 때 잘 안 된다. 쓰라리다. 생
> 명은 죄를 흡수하거나 소화하지 않으며, 또 할 수도 없기 때문이다 : 죄와
> 몸은 결코 천생연분이 아니며 서로 알레르기를 일으킨다. 한 인도 청년이
> 내게 말했다. "그 여자와 간통하고 난 후에 무서워하면서 산허리로 올라
> 갔어요." 뭐가 무서웠다는 것인가? 속이 쓰려오는 것이다. "그런 일을 하
> 다니 난 바보 멍청이예요." 미국에서 한 여성이 내게 털어놓았다. 그녀의
> 속도 마찬가지다.
> 동서를 막론하고, 죄짓는 사람은 누구나 속이 쓰리다. 그들은 이것, 저것,
> 그리고 사람들에 치여 쓰라리다 : 모든 게, 모두가 다 엉터리야 라고 한
> 다. 인생이 쓰리므로 쓰라린 인생을 산다. 그들은 흡수할 수 없는 것을 흡
> 수하려고 애쓴다. 죄란 쓰라린 것이다. (Song of Ascents)

우리 자신의 '고백하지 않은 죄' 때문에 종종 다른 사람들의 행동을 의심
하기도 한다. 우리는 변명하려고 애쓴다. 자책감에 빠져 허우적댄다. 이 의
심의 환경, 스스로 느끼는 하찮음, 기분나쁜 가운데서 우리는 세계를 왕창
무너뜨릴 약속과 선택을 한다.

진실이 밝혀질 때, 은폐해 놓았던 것이 폭발하여 없어질 때, 고백할 때,
보상이 모두 이루어질 때 죄의식은 일소된다. 그 때만이, 마치 얼음처럼 죄
의식은 녹아 없어지는 것이다.

혹시 우아한 레스토랑에 있는 얼음 조각품을 본 적이 있는가? 나는 그런
레스토랑에서 몇 시간동안 모임을 가진 적이 있었다. 그래서 그 조각이 점
점 녹아 형태가 사라지면서, 마침내 다 사라지고 마는 것을 잘 지켜볼 수가
있었다.

분노가 잘 관리되지 않은 쓰레기장에 방치된 방사능 물질같은 것이라면,
'고백하지 않은 죄'는 커다란 얼음조각같은 것이다. 어둡고 차가운 장소에

놓아두면 딱딱하다. 그러나 따뜻한 곳으로 가지고 나와 잘 살펴보고 고백을 하면 녹기 시작하여 곧 없어져버린다. '고백하지 않은 죄'에 의해 얼어 있던 영혼은 이제 자유하는 것이다.

그러므로, 무너진 세계로 인도하는 선택을 방지하고자 하는 사람들은 죄의 신호에 주의하여 내면을 잘 살핀다. 이 사람들은 그런 선택을 막는 법을 찾으며, 죄의 무거운 짐을 지어 나르지 않을 것이다. 그들은 짐을 십자가 밑에 놓았다. 그리스도께서 당신의 은혜로서 처분하겠다고 말씀하신 그 곳에.

■ '치료되지 않은 고통' 이 든 서류가방

개인 세계를 튼튼히 유지하고자 하는 우리의 노력을 방해하는 또 하나의 요인은 바로 '치료되지 않은 고통'의 문제이다. 이것들은 주로 다른 사람에 의해 저질러지고 가끔은 죽을 때까지 계속되는 미해결된 상처이다.

목사였을 때, 나는 결혼하고자 하는 젊은 커플과 종종 얘기를 나누었다. 그 젊은이들의 결혼식에 참석해 주례를 하게 될 사람으로서, 나도 다른 목사님들과 마찬가지로 여러가지 대화를 주고받았다.

내가 보통 맨 처음에 묻곤 했던 질문은 "부모님들의 결혼 생활을 본받아 살고 싶으십니까?"였는데, 어떤 예비신부가 했던 대답을 잘 기억하고 있다. "그렇게 살 수만 있다면 난 세상에서 가장 운좋은 여자일 거예요."

아쉽게도, 그런 열정적이고도 긍정적인 대답보다는 부정적인 대답을 더 많이 들었다. 그런데 그 중에서도 특히 내 마음에 들러붙어 있는 대답 하나가 있다. 어떤 커플에게 이 질문을 했더니 이 예비 신부는 순간적으로 경직되는 듯이 보였다. 그건 마치 죽음이(아니면 증오였을까) 그녀의 얼굴을 획 스치고 지나가는 것 같았다. 뭔가 크게 잘못했거나 기분나쁜 말을 한 것이 틀림 없었지만, 나로서는 그게 왜 나쁜지 도무지 알 수가 없었다.

"내 질문이 아주 불편한가 본데요." 나는 조심스럽게 물었다.

"왜 그런 말을 하세요?" 그녀는 냉담하게 날 응시하며 물었다.

"말만 안할 뿐이지 눈빛으로, 얼굴 표정으로 별 방법을 다 써서 화가 났다는 걸 보여주고 있는데요 뭘."

"이 얘긴 그만두죠." 그녀의 말에 나도 그 때만은 잠자코 있었다.

며칠이 지났고, 다시 만나뵙겠다는 전화가 걸려 왔다. 이번에는 신부될 사람 혼자 왔다.

그때 나는 어린이 성추행에 관해 처음 듣게 되었다. 그녀가 얘기하는 것은 대부분의 사람들이 이제는 익숙해져 있는 그런 종류였다. 딸애를 강압적으로 성추행한 아버지, 무슨 일이 있었는지 눈치챘으면서도 완전히 부인하며 살아온 어머니. 아무에게도 말 못하고 ─ "누가 나를 믿어 줬겠어요?" 이제 가정을 꾸릴 정도의 성인이 된 그녀는 집을 떠날 만큼 나이를 먹을 때까지 숨기고 참아 왔던 것이다.

"이제 목사님의 질문이 내게 무슨 의미였나를 아시겠어요? 깊이 묻어버렸다고 생각했던 기억을 순식간에 들춰내신 거예요. 스스로, 기꺼이 마주하기까지 이틀이 걸렸어요. 왜 내가 그런 생활을 본받고 싶겠어요?"

나중에 나를 찾은 그 커플은, 결혼을 몇 달 연기하고 좀더 상담을 해 보기로 결정했다고 했다. 이것이 바로, 미움과 성적인 친밀감에 대한 혐오, '남자'에 대한 감춰진 원한을 낳는 '치료되지 않은 고통'의 한 사례이다. 그 모든 것이 결혼을 한 후에 터져나올 가능성이 다분하다.

'치료되지 않은 고통'은 우리의 의식 깊은 곳에 들어앉아 있을 수 있다. 산소를 찾으며 밑에 묻혀 연기를 내는 숯불처럼, 그 고통도 터져나올 수 있는 순간을 기다리고 있을 뿐인 것이다.

우리는 어린이 성추행과 학대 문제가 심각한 문제로 떠오르고 있는 시대에 살고 있다. 우리는 수많은 사람들이 내면 깊숙이 착취당하고 부끄러움당한 고통을 가지고 살아가고 있다는 것을 알게 된다. 그 고통이 표면화되면, 건강하지 못한 현 관계와 지혜와 가치관이 정립되지 못한 결정으로 이끌어 간다.

돌보아지지 않은 고통은 적절히 보듬어주지 못한 실패와 수치심을 포함하고 있을 수가 있다. 너무 갑자기 끝나버려 어느 한 쪽은 평생 계속되는 거절의 상처를 안고 살아야 하는 연애, 충분한 애도를 받지 못했거나 상실을 마주하지 못한 사람의 죽음, 용서와 화해는 간곳 없이 그저 잘 숨겨두기만 한 결혼에서 오는 배신 등등.

죄의식처럼, 고통도 다른 사람보다 더 길게, 깊이 느끼는 사람이 있다. 심리적, 감정적인 고통을 막아주는 장치가 대단히 높은 사람들은, 무시당하고 당황할 때, 그리고 착취당하거나 심히 패배할 때를 잊어버리는 게 쉽다는 것을 알게 된다. 또 그 장치가 낮은 사람들은 거의 모든 것을 기억하고 있다 : 따귀 한 번 맞은 것, 학예회 연극에서 대사를 잊어버려 모든 사람들의 웃음거리가 되었던 것, 데이트에서 바람맞은 것, 여름 아르바이트에서 해고당한 일 등등. 그들에게 있어서는 그런 사소한 사건들이 마치 포츈(Fortune)지 선정 500대 회사의 간부들이 감독 위원회에 의해 해고당하는 것이나, 결혼 생활이 파탄에 이르는 것 만큼이나 엄청난 일로 다가올 수가 있다. 그 고통이란 경험한 사람만이 알지, 객관적인 관찰자의 입장으로서는 알 도리가 없는 것이다.

돌보아지지 않은 고통이 우리에게 남겨주는 것은? 자신감의 문제에서 갈등하는 것, 타인을, 특히 과거에 자신에게 상처를 준 사람을 떠올리게 하는 사람이라면 더욱 신뢰하지 못하는 것 등이다. 혹은 또다시 그런 잘못된 취급을 받을 수 있다는 생각이 있기 때문에, 그런 경험을 또 하게 될 위험이 많은 관계나 과업에 참여하기를 거부할 수도 있다.

기억이란 바닥이 보이지 않을 정도로 깊다. 불편한 기간동안 그것을 잘 수색하지 않는다면, 해결되지 않은 관계나 고백하지 않은 죄, 치료되지 않은 고통이 우리의 영적인 회로에 들어올 때 배반당하기가 쉽다.

게일과 나는 수트케이스와 서류가방들을 들고 호텔에 들어선다. 우리는 지쳐빠졌으며, 나는 등이 시려오고 여행에 녹초가 되어가고 있다. 유니폼을 차려입은 보이가 뒤따라온다.

"제가 들어 드리지요."

"아뇨, 됐습니다. 우리끼리 들고 가도 됩니다." 건네주고 싶은 마음은 굴뚝같지만 나는 주머니에 신용 카드 외에는 동전 한 푼 없고, 그렇다고 가방을 건네지 않는 진짜 이유를 밝히기도 부끄러운 것이다.

"괜찮으세요? 도와 드리고 싶은데요."

"괜찮습니다. 고마워요." 나는 이렇게 대꾸한다.

169

호텔 데스크에 도착하여 숙박 서류에 기재를 하고 방으로 올라가려고 할 때 데스크에 앉은 아가씨가 우리를 붙든다. "안내원이 짐을 옮겨다 드릴 겁니다."

"아뇨, 됐습니다." 또다시, 팁을 줄 동전이 없어서 그렇다는 걸 인정하기가 싫다.

"그냥 건네 주세요. 어쨌든 모든 팁은 계산서에 올라가니까요. 안내원에게 팁 안 주셔도 됩니다."

내 마음을 읽기라도 한 것일까? 또 나는, 값도 미리 치러진 가운데 날 대신해 들어줄 사람이 있었는데도 이 짐들을 들고 지고 50미터나 걸어왔단 말인가? 나같은 멍청이도 없을 것이다.

위와 같은 경우는, 누군가가 이미 나의 짐을 벗겨 주기 위해 값을 치렀는데도 아직도 '해결되지 않은 관계', '고백하지 않은 죄', '치료되지 않은 고통'이라는 과거의 짐을 가지고 수고하는 것 만큼이나 이해할 수 없는 것이다. 그게 바로 십자가에서 일어난 일이다. 찬송가 작시자가 이 사실을 너무도 잘 나타내었다. "주께서 모두 지셨네." 라고.

CHAPTER 12

거미줄 위를 걷는 삶

무너지는 개인 세계는 악의 세력을
간파하는 것에서 시작한다.

대학원에 다니고 있을 때 우리 부부는 캔자스의 세인트 프랜시스로 이사를 했고, 그 소읍의 교구를 맡아 나는 주말 목사가 되었다. 목사의 서재는 교회 건물의 지하에 있었는데, 다소 축축하고 케케묵은 냄새가 났다. 그것은 벌레가 있다는 뜻이기도 했다.

그걸 일찌기 깨달았기 때문에, 나는 어느날 책장 한 쪽 끝에서 크고 멋있게 만들어진 거미줄을 발견했을 때 놀라지 않아도 되었다. 막 빗자루를 가지고 치워내려던 찰나, 나는 호기심이 발동했다. 다른 벌레가 그 거미줄에 걸려들었을 때 일어날 일이 궁금해져서 지켜보기로 작정한 것이다.

며칠간을 나는 거미가 거미줄을 넓혀가도록 내버려 두었다(나는 그것이 숫놈이었을 거라고 생각한다). 그 녀석은 곧 교회사(史)책 선반의 반을 - 초기 교회 신부들로부터 마틴 루터까지 몽땅 - 거미줄로 덮어 버렸다.

연구에 몰입할 수 없을 때 나는 거미가 만들어 놓은 실크 감옥의 한 가운데에 벌레들을 잡아 놓고 관찰하는 일에 재미를 붙였다. 물론 벌레들은 곧 붙어버렸고, 거대한 검은 거미가 라투렛트(LaTourette)의 "교회의 역사(History of the Christian Church)" 책 뒤에서 기어나와 벌레를 간단히 끝장내 버렸다. 하지만 그 녀석, 식사를 마련해 준 것에 대해 내게 고마와하고 있다는 인상은 받아본 적이 없다.

어느날 나는 큰 파리가 서재 안을 붕붕거리며 날아다니는 통에 신경질이 났다. 그놈은 가끔씩 거미줄 가까이에 내려앉곤 했고, 그럴 때마다 점점 가 가이 다가가서 가장 바깥쪽에 친 줄을 건드려 보기까지 했다. 마치 초겨울 이 되었을 때 강이 얼마나 얼었나 시험삼아 올라가보는 사람마냥. 하지만 언제나 그렇게 머뭇거리다가 휭 날아가 버리고는, 몇 분 후에 또 와서 붕붕 거렸다.

나는 그 파리가 거미줄에 대해 강한 호기심을 나타내는 것을 보고 많은 생각을 했다. 어쩌면 그놈은 거미에게, 또는 스스로에게 "한번 해 볼래?"라 고 수작을 붙였는지도 모른다. 뭐 증거할 일이라도 있었던 걸까?

그런 거라면, 파리는 그 일을 제대로 끝마치지 못한 셈이다. 그동안 거미 줄 주위만 집적거리다가, 이번엔 중앙으로 슬금슬금 너무 많이 들어오나 했 는데 갑자기 붙들려 버렸다. 파리는 무섭게 몸부림쳤으나 실패했다. 잘 만 들어진 거미줄이 먹이를 단단히 붙들고 있었고, 곧 거미가 라투렛트의 책 뒤에서 나와 그 운나쁜 파리에게 덤벼들었다. 항쟁은 단번에 끝났고, 이제 서재는 조용해졌다. 붕붕 소리도 사라졌다.

구약의 삼손 이야기를 읽을 때마다 나는 그 거미와 파리에 대해 생각하 게 된다. 비범한 힘의 소유자로서, 그는 블레셋인들의 지배 아래 괴로움을 당하던 히브리인들을 이끌면서 하나님의 돌보심을 받았다. 삼손이 나가는 곳에는 적들이 얼굴이 새파래져서 도망갔다. 삼손의 상대가 되지 않음을 싸 워 봐서 알기 때문이었다.

그러나 삼손은 "거미줄"을 좋아했다고 말할 수 있을 것이다. 그에게 있어 거미줄은 블레셋 여인이었다. 부친의 경고가 있었음에도 불구하고 그는 관 계하기를 주저하지 않았고, 딤나와 가사에서 사귄 여인들의 경우에서도 그 는 스스로 바보짓을 했을 뿐이다. 그는 그 경험들에서, 쾌락은 있을지 모르 나 사랑은 없다는 것을 끝내 배우질 못했다. 오직 덫과, 최후엔 재난 뿐이 다. 블레셋이라는 거미줄 주위를 너무 집적거리다가 결국은 붙들리고 만 것 이다.

이것은 한 영혼의 삶을 움직이시는 하나님의 역사에 대한 기묘하고도 교훈적인 이야기이다. 삼손은 어리석은 일을 세 번이나 되풀이했지만 하나님께서는 싸우는 데 필요한 힘을 줄곧 내려 주셨다. 우리 생각으로는 한 번의 실수도 하나님의 분노를 사지 않을까 생각할 수도 있다. 그러나 하나님의 인내와 인자하심은 인간의 그것과 비교할 수도 없이 크신 것이다.

무엇이 삼손을 움직였는가? 위험한 사랑이었는가? 유일하고 특별해 보였던가? 한계를 즐겨 시험했던 것일까? 혹은 자신이 어쩌지 못하는 상황은 있을 수가 없다고 생각했던 것인가? 그 엄청난 힘은 그에게 있어 무엇이었는가? 달변가의 말인가? 어떤 어려운 상황이든지 매수하면 된다고 생각하는 사람의 돈인가? 다른 어떤 사람들보다 한 수 위라고 자신하는 사람의 두뇌인가?

사람들이 삼손과 같은 상황에 이끌릴 때, 무엇이든 누구든 다룰 수 있다고 생각할 때 그들은 대개 다음의 세 가지를 충분히 심각하게 생각해보지 않고 있다 : 거미줄로 끌어가는 내면의 묘한 호기심, 거미줄 자체의 얽어매는 성질, 거미줄을 이기적인 목적으로 이용하는 거미 말이다.

우리는 지금까지 악이 인간의 행동을 좌지우지하기 쉬운 환경들을 보아왔다. 연령에 따른 상처받기 쉬운 환경을 보았고, 포화되어 불안정해지는 상태를 조사했으며, 과거의 일과 그것이 현재에 어떻게 영향을 미치는가를 살펴보았다.

그러나 우리 기독교가 전통적으로 영적 전쟁(spiritual warfare)이라고 불러온 것에 대해 아주 조금이라도 훑어보지 않는다면, 악이 본색을 드러내기 쉬운 환경에 대한 지금까지 해온 어떤 토론도 완전한 것은 아니다. 이 논쟁의 여지가 많은 문제는 당연히 상당한 의견 차이와 다양한 견해를 보이게 된다. 그러나 나는 숨을 깊이 들이쉬고 이 주제로 뛰어들 필요성을 느낀다. 왜냐하면 그 전쟁이 인간과 그 약점에 대해 가르치는 것이 무엇인가를 먼저 생각해보지 않는다면 무너진 세계에 대한 성경적인 이해는 완전할 수가 없기 때문이다.

시험(temptation)이 이 시점에서 핵심 단어가 된다. 시험은 거미줄에 끌리는 파리의 모습부터 다른 어떤 것이든 유혹이라는 개념을 내포한다. 그 목적은 상쇄(相殺)와 그 다음은 파괴이다.

물론 죄(sin)라는 것도 또다른 핵심 단어인데, 대개 두 가지의 의미로 쓰인다. 우선 하나님이 지으신 기준과 화합할 수 없는 행동이나 태도를 가리킬 때 쓴다. 또는 가장 안쪽에 도사린 영적인 질병을 말할 때 쓰기도 한다. 살펴보지 않고 내버려두면 자라나서 선한 것을 눌러 죽이기 때문에 이 질병을 암에 비유하는 사람도 있다. 나는 이 두번째 정의에는 악(evil)이라는 단어를 쓰고 싶은데, 그동안 죄라는 단어를 과용함으로써 그 파괴적인 본질을 소홀히 하는 경향을 가져왔기 때문이다. 죄가 생활에 분명한 영향을 미치기 전까지는 대부분의 사람들이 별로 심각하게 여기지 않는다는 것을 조사해 봐야 할 것이다.

성경은 처음부터 끝까지, 인간을 창조주의 기쁨에서 멀어지게 하여 그분과 전혀 반대되는 이질적인 성질인 죄로 나아가게 만드는 유혹의 환경에 살고 있음을 분명히 가르치고 있다.

최초의 시험과 최초의 죄는 창세기에서 설명하고 있듯이 에덴 동산에서 일어났다. 뱀의 형상을 한 악한 영이 하와에게 접근하여, 어떤 나무의 실과를 절대 먹지 말라 하신 창조주의 명령을 다시 생각해 볼 것을 권유했다.

뱀이 첫째로 시험을 주었고, 둘째는 마음 속으로부터 왔다. 뱀은 죄지을 환경을 만들고 개시해 주었으며, 하와의 합리화는 거기서 시작되었다.

뱀은 속임수를 씀으로써 맡은 일을 달성했다. 그는 하와의 마음에 있었던 불순종에 대한 근심을 꺾을 수 있을 때까지 하나님의 말씀을 왜곡시켰다. 결과는 다음과 같이 나타났다 :

> 여자가 그 나무를 본즉 먹음직도 하고 보암직도 하고 지혜롭게 할 만큼 탐스럽기도 한 나무인지라 여자가 그 실과를 따먹고 자기와 함께 한 남편에게도 주매 그도 먹은지라 (창 3:6)

하와는 눈과, 먹고 싶은 마음과, 혼자 생각으로 그 유혹을 맞았기에 무너진 세계로의 선택을 하고 말았다. 어쨌든 그녀는 내면의, 하나님의 말씀을 범하게 되는 자신의 선택을 고려해 볼 수 있었을 영적인 부분을 무시해 버렸다. 그게 모든 것이 잘못 되어진 이유인 것이다. 성경 기자는 이 단순하고도 많은 통찰력을 주는 행위에서 악한 영의 출현을 분명히 찾아내고 있다.

악과 인간간의 이 흥미롭고도 비극적인 만남에 대한 연구에서, 우리는 유혹이 적어도 두 가지 원천에서 나올 수 있다는 것을 알 수 있다. 외면과 내면에서. 그리고 지금까지 계속되고 있다.

왜 사람들은 죄를 짓는가? 단독으로든 무리지어서든 개인 세계를 산산조각내어 부숴버리는 행동들을 왜 하는가? 아마도 삼손이 블레셋 여인들에게 가는 이유와 똑같은 것일런지도 모른다. 악한 영이 우리를 표적으로 삼아 만든 조직을 이길 수 없다는 것을 우리는 충분히 깨닫지 못하고 있다. 삼손처럼, 우리도 "스스로의 힘으로 죄와 악을 극복할 수 있는" 능력이 있다고 생각하고 있으나 그것이 불가능하다는 것은 역사가 증명하고 있다.

대부분의 그리스도인들은 시험이 다음의 네 가지 중 하나로부터 온다고 믿고 있다.

■ 사   탄

가장 첫번째로 악마(devil), 성경에서 말하는 사탄(Satan)이 주는 유혹이 있다. 이 괴상한 영을 구분하기 위해 성경에서 쓰는 명사들 가운데는 사기꾼이나 참소자가 있다. 이 단어들 자체가 악한 영의 제 1의 전략은 진실의 왜곡임을 잘 보여준다.

우리는 성경적인 수많은 참고문헌들에서 사탄의 뚜렷한 성격에 대해 알 수가 있다. 기독교 신학에는 사탄이 원래 이름은 루시퍼라는 천사장이었다가 하나님께 반역을 꾀하여 천국에서 추방된 자라고 되어 있다.

구약에는 욥의 견실함을 놓고 나누는 하나님과 사탄과의 기묘한 대화가 있다. 그 대화는 끝내 당혹스런 동의를 얻어내 욥의 신실함을 시험하게 되었다. 질병과 비운, 물질과 사랑하는 사람들을 모두 잃는 "억압의 시험"이었다. 얼마나 무서운 것들이었는가! 욥기에서 우리가 알 수 있는 것 하나는, 사탄은 가끔씩 이 세상에 일정한 양의 시험을 주도록 허락받는다는 것이다. 그러나 그것은 제한된 자유이며 하나님께서 정하신 도를 넘지 못한다. 이 진실들은 우리의 제한된 생각으로는 막연하게 느껴지지만, 이것 하나만은 분명하며 진실되다. 욥의 하나님은 당신의 능력을 제한하지 않으시고, 하기로 작정하실 때 행하신다는 것이다.

신약 성경을 보면 사탄이 예수님을 꾀어, 지킬 의도가 없는 약속을 하여 충동적인 결정을 내리도록 추궁하는 장면이 나온다. 그것은 마치 사탄이 예수께 이렇게 말하는 것 같지 않은가? "여긴 내 영토야. 내 땅에 왔으면 내 방식대로 해야지." 그러나 우리 주님께서는 그의 유혹에 강력히 맞서 싸우셨고 또 이기셨다.

"유다에게 사탄이 들어가니"(눅 22:3) 라는 말씀을 보면 곰곰 생각할 흥미거리가 생긴다. 예수님을 배반한 선택에 대한 유다의 책임과 사탄이 자신의 목적을 위해 유다를 조종한 것 사이에 무슨 관계가 있는 것일까? 이 문제에는 시원한 대답이 없다. 다만, 예수님에 대한 유다의 개인적인 반항심이 너무도 악화되어서, 무의식중에 그는 사탄의 목적 달성을 위한 요원으로 쓰이는 상태까지 가버린 것이라고 추측할 수 있을 뿐이다.

바울과 베드로 두 사도 역시 초기 교회 성도들에게 사탄의 궤에 대하여 경고하며 그의 교활함과 공격성을 지적하였다. 베드로는 쓰기를 너희 대적 마귀가 우는 사자같이 두루 다니며 삼킬 자를 찾는다고 하였으며, 바울은 사탄도 광명의 천사로 가장할 수가 있다고 하였다. 또 책략을 꾸미는 자라 하고 쓰기를 "우리가 그 궤계를 알지 못하는 바가 아니로라"(고후 2:11)고 단언하였다.

대부분의 사람들이 사탄의 직접적인 시험을 받는가 하는 문제에 대해서는 그렇지 않다고 말하고 싶다. 신학자들이 동시에 어디에나 있는 존재라는 의미로 사용하는 단어를 써서 말하자면, 사탄은 '편재(偏在)'하는 존재가 아니며, 오직 하나님만이 동시 어디에나 계시는 분인 것이다. 그러므로, 사탄이 동시에 한 곳밖에 있을 수 없다는 사실에서 그의 활동은 한계를 가진다.

성경에는 사탄이 가장 좋아하는 장소가 하나님의 보좌 가까운 어딘가이기 때문에, 그는 곧잘 하늘에 참소하는 자가 된다는 것을 말해주고 있다. 나는 그것을 하나님께서 그의 자녀들로 인해 얻는 기쁨을 사탄이 망치는 것을 즐긴다는 의미로 받아들인다.

아마도 사탄이 한 인간을 직접적으로 지배하는 순간도 종종 있을 수 있다. 히틀러같은, 징기스 칸같은 인물들이 아닐까? 하지만 항상 그런 학살자이어야 하는가? 인간을 시험들게 하기 위해 다른 변장을 하고 나타나진 않는가? 도를 지나친 물질주의라거나 관능주의, 염세주의 속에 들어가는 것은 아닌가?

몇 년 전에 한 코미디언이 "악마가 시킨 짓이니 난 잘못 없어요"하는 말을 유행시켰다. 그 말에 그렇게 웃는 이유는, 대부분의 사람들이 자신의 그릇된 행위를 누군가에게 전가하고 싶어하며 바로 사탄이 훌륭한 '누군가'가 된다는 사실 때문일 것이다. 그는 어쨌든 나쁘다. 좀더 비난받는다고 원래 이미지가 더 손상되는 것도 아니잖은가?

그러나 성경은 하나님의 보호하심 아래 있는 자녀에게는 사탄이 손을 쓰지 못한다는 진리를 보여주고 있다. 우리가 가고자 하는 방향에 가장 강력한 시험을 깔아두고, 가장 믿을 만한 거짓말을 속삭이고, 현재 우리의 흥미에 반대되는 사건들을 저지르도록 할 수가 있을 것이지만, 곧 우리에 대해 아무런 일도 허락받지 못하는 때가 올 것이다. "지옥은 성인들에게 온갖 핍박을 준다. 그 귀한 영혼들은 지독하고 극심히 시험을 받아 왔으나, 천국은 그들을 결코 버리지 않을 것이다."(Streams) 라는 W.L.왓킨슨(W.L.Watkinson)의 말처럼

■ 마귀의 무리들

성경에는 차기(次期)로 시험주는 근원이 되는 마귀의 무리가 나온다. 기독교 신학에서는 이들을 보이지 않고 파괴적이며 공격적인 특징을 가진 무리라고 규정한다. 그들도 타락한 천사이다. 우리는 그들의 존재를 예수님의 노방 전도 동안의 말씀을 읽음으로써 잘 알 수가 있다.

번연의 '천로역정'중의 극적인 부분을 보자. 여행하던 크리스챤은 그동안 지었던 죄를 생각하며 깊은 절망에 빠지게 된다. 그는 외부로부터 온, 이 장에서 말하고자 하는 바로 그 마귀들의 유혹에 사로잡혀 버린다.

이제 너무나 정신이 혼미해진 가엾은 크리스챤은 자기 자신의 목소리조

차도 구별하지 못하는 지경에 이르렀음을 나는 알 수 있었다. 그가 불타오르는 지옥문의 입구를 지나갈 때 사악한 마귀 하나가 그의 뒤를 따라오면서 속삭이듯이 온갖 하나님을 모독하는 말들을 그의 귀에 소근거렸는데 그는 자신의 마음 속에서 우러나오는 생각이라고 착각하는 것이었다. 그가 이전에는 그토록 사랑하고 존경하던 분을 이제 자기 스스로 비방하며 모독하고 있다고 생각하니 이제껏 겪었던 그 어떤 고통보다도 더 심하게 그를 괴롭혔다. 아무리 비방하지 않으려고 애를 써도 소용이 없었고, 귀를 막아본다거나 그런 비방이 어디서 들려오는가를 분별해낼 수 있는 힘마저 상실하고 있었다.

성경에 나온 마귀들이 사람들에게 육적으로, 정신적으로, 그리고 영적으로 영향을 미친다는 것을 알 수 있다. 또한 귀신들린 사람들에 대한 예도 많이 볼 수가 있다.

거라사인의 땅에 살던 남자가 대표적인 예이다. 그는 군대(legion : 고대 로마의 6천 군단. 그만큼 마귀의 수가 많음을 의미 : 역주)귀신들린 자라고 나와 있는데, 초인적으로 힘이 세서 그 지방에 큰 위협이 되었다. 매일 그는 벌거벗고 산 속을 뛰어다니며 소리를 지르고 자해하는 일을 서슴지 않았다. 그 사람에게, 그 타락의 과정을 지켜보며 예전에는 어떠했는가를 회상할 도리밖에 없는 부모와 아내와 자식이 있었을 것이라 상상해보자.

귀신들림이라고 불리는 이것이 이 남자의 삶에 갑자기 일어났는가? 아니면 항상 도덕적 위기의 벼랑끝에 서 있던 생활 방식으로 인한 산물인가? 의식적이든 무의식적이든 그는 스스로를 내면 깊은 곳의 어둠을 향해 열어두었을까? 그가 알지 못하는 더 큰 세력이 그의 심리적이고 생리적인 과정을 통제한다는 것을 깨닫는 순간이 있었을까? 그를 제어하고자 하는 그 지방 사람들의 태도는 어떠했는가? 그는 가장 처절하게 '세계가 무너져버린 사람'이었다. 그는 가장 지독해진 환경과 악한 영을 나타내고 있는 표본이었다.

봄 휴가를 맞아 플로리다로 가는 수천 명의 미국 학생들에 대한 신문 보고에서, 그 행사에 관련하여 왜 그렇게 음주 따위의 사고가 많은가에 대해 한 젊은이가 한 말이다. "진지해져야 할 때가 있고 마음놓고 놀아야 할 때도 있는 거잖아요, 내게 있어 봄 휴가는 마음놓고 놀 때예요." 그는 어쩌면 그 차츰 귀신에 사로잡히게 된 남자의 인생관을 묘사하고 있다고 할 수도 있다.

무슨 일이 일어났건간에, 예수를 만나게 된 그 영적인 포로를 잘 보자. 반은 미친 상태로 그는 하나님의 아들에게 다가갔고, 즉시 그 포로 상태에서 자유로와질 수 있었다. 예수님이 쫓아내신 마귀들은 2천마리의 돼지떼로 들어갔고, 그것들은 바다로 몰려가서 빠져죽고 말았다.

고침받은 후의 그 남자의 변화에 우리는 주목해 보아야 한다. "···군대 지폈던 자가 옷을 입고 정신이 온전(穩全)하여 앉은 것을 보고···"(막 5:15)란 말씀을 보자. "앉은 것"이란 고요함을 말하는 것이고, "옷을 입고"란 인간으로서의 존엄이며, "정신이 온전하여"는 이성적으로 생각하고 느끼는 능력이 있음을 말하는 것이다.

나는 이 마귀의 활동이라는 문제를 심각하게 고려해야만 한다. 성경 말씀을 심각하게 받아들이기 때문이다. 목사였을 때 도와주었던 사람들에게서 이런 활동의 증거들을 보아 왔다고 생각하는데, 사실 모든 무너진 세계라는 실패의 배후에 있는 마귀의 선동을 발견한 이 사람들과 있으면 편하지가 않다. 이것은 주의와 관심을 가지고 다루어야 할 문제다.

서구 기독교권에 들지 않는 나라에 살고 있는 그리스도인들은 정규적으로 마귀의 활동의 증인이 되며, 그것들은 문화에 따라서 정착된 것들이기에 나름대로 신용을 얻고 있다는 것에 주의하지 않으면 안 된다. 좀더 발전된 나라들은 마귀의 활동은 조금 다른, 다소 세련되게 보이는 형태로 나타날 수가 있다. 수많은 예들에서, 우리는 사람들의 폭력적이고 반사회적인 행동이 이런 초자연적인 귀신들림의 종류와 직접적으로 관련되어 있다는 것을 잘 인식하지 못한다.

거라사인의 비극적이었으나 곧 아름답게 끝난 이야기의 가치는 마귀의 활동이 과연 어떤 것인가에 대한 솔직한 묘사에 있는 것이다. 그러나 이 이야기의 핵심은 바로, 그리스도의 능력 앞에 마귀 무리는 항상 힘을 쓰지 못한다는 사실이다. 예수께서 악의 세상을 다스리시는 전능하심을 보여주셨을 때 제자들은 이렇게 말했다. "더러운 귀신들을 명한즉 순종하는도다"(막

1:27) 그 신뢰는 그 때만큼이나 지금도 유효하다.

이 이야기가 주는 메시지는 명백하다. 마귀의 활동 또는 귀신들림이라는 것이 진짜일 수도 있으나, 정작 그리스도의 전능하신 능력도 못지 않게 사실이라는 것이다. 그리스도께 위임받은 삶을 살기로 작정한 사람들은 악한 영에 의해 붕괴되지 않을까 하고 두려워할 필요가 없다. 마귀 무리의 공격으로 인한 압박을 느껴보았을 사람들도 있겠지만, 그리스도를 주(主)로 모시는 삶을 사는 한 결코 그들에 사로잡히지 않을 것이다.

■ 악한 조직들

악이란 것이 사탄에 의한 시험이나 마귀들의 귀신들림에 의해 생겨났던 것이라면, 한 성경 기자(記者)에 따르면 악한 힘의 좀더 일반적인 형태는 바로 우리 시대의 조직들 가운데 두루 퍼져 있음을 알 수 있다.

사도 바울은 에베소 사람들에게 경고하기를, 그리스도인의 투쟁은 "혈과 육에 대한 것이 아니요 정사와 권세와 이 어두움의 세상 주관자들과 하늘에 있는 악의 영들에게 대함이라"(엡 6:12)라고 하였다. 바울은 이 "적"에 대해 더 이상 특별한 언급을 하지 않으나, 그런 압박에 대해 조심하기를 바라고 있다는 것만은 명백하다. 그는 마치, 피조물들은 일시적으로 악한 영에 만족하고, 하나님의 제한하시는 손이 아니라면 완전히 황폐화될 것임을 말하고 있는 것 같다. "깨어 구하기를 항상 힘쓰라"고 그는 충고했다. 하나님의 전신갑주를 입고, 이 적들을 능히 대적하라고 그는 간청하는 것이다.

우리는 바울이 말한 바가 진실됨을 증명하기 위해 지금의 문명 세계를 오래 살펴볼 필요가 없다. 오늘날 국가와 민족들의 모의, 책동에 만연해 있는 악은 신용을 거부한다. "현대(Modern Times)"에서 폴 존슨(Paul Johnson)은 20세기의 역사와, 정치와 관련한 폭력으로 사망한 수억만명의 사람들에 대해 기록하고 분석하고 있다. 그는 마지막으로 이렇게 묻는다. "인간성이 도대체 어떻게 되어가는 것인가?"

영적인 전염병이 만연했기 때문이라고 바울은 대답할지 모른다. 그리고 하나님의 능력으로만 이 잠재한 무서운 영향을 잠잠케 할 수 있다고.

이런 형태의 악은 혹시 인종주의, 국가주의, 물질주의의 결과 안에서 역할을 맡고 있는 것일까? 정부나 다국적 회사같은 단체들은 사리사욕에 너무 눈이 멀어 점차 거라사의 귀신들린 남자같이 되어가고 있는 것은 아닌가? 이런 형태의 악이 조직들간의 의사소통을 깨뜨리고, 북아일랜드나 중동, 중앙아프리카 같은 복잡한 지역의 분쟁을 해결하는 데 실패하게 만드는 것은 아닌가? 이런 악이 테러분자들의 마음 속에 들어가서, 정치적 목표라는 미명 하에 사람들을 냉정히 없애는 일을 하고 있지는 않은지?

이 악이 여러분과 내가 거리를 걸어가고 있을 때 영향을 미치지는 않을런지? 이것이 뉴스와 오락 프로그램을 통해서, 사회적 경향이라는 압력을 통해서 우리에게 몰려오고 있지는 않은지? 이것이 혹시 교회까지 침투하여 비품 추가 문제라든가 조직화, 자금 인상 등을 놓고 방해를 한다거나 하지는 않을까? 혹시 모른다.

대답은? 바울이 에베소 사람들에게 한 경고이다. 깨어라. 갑주를 입으라. 기도하라. 이것은 가장 위험한 환경이다. 그리고 우리가 가능치 않다고 방심하고 있을 때 최악의 결과를 가져다줄 수가 있다.

■ 인간의 마음

시험들게 만드는 요소의 마지막은 바로 인간의 마음 속 깊은 곳에서 나온다. 그러나 참 생각하기도 망설여지는 일이다. 그럼에도 불구, 성경은 내면의 영적인 병이 우리를 전염시킬 수 있으며, 기회만 있으면 하나님과의 친밀감으로부터 우리를 멀어지게 한다는 것을 확실히 하고 있다.

우리 인간이란 참 모순덩어리이다. 우리는 언약과 사랑과 질서의 열매를 기뻐한다. 그러나 우리 맘속의 어두운 쪽은 또 한결같이 반(反)언약적이고, 미워하고 무질서하다. 우리는 이것들을 받기를 좋아하며, 잘 배워서 고의로 남에게 주어야 직성이 풀린다. 이것이 내면에 악이 있다는 근본적인 증거이다.

모든 사람들에게 야만인이 들어있다는 얘기도 한다. 그 야만인은 최상의 환경에서는 일시적으로 길들여지기도 한다. 서구 세계의 많은 부분에서 보여지는 타락하는 도덕을 보고 있으면 그 야만인이 팔팔히 살아있다는 것이 이해가 될 것이다. 그 사람은 빛보다 어둠을 좋아한다.

죄짓게 만드는 많은 유혹은 우선 이 내면의 원천으로부터 나온다. 바울이 나열해 놓은 것들을 보자. "곧 음행과 더러운 것과 호색과 우상 숭배와 술수와 원수를 맺는 것과 분쟁과 시기와 분냄과 당 짓는 것과 분리함과 이단과 투기와 술 취함과 방탕함과 · · ·"(갈 5:19-20) 물론 예수께서도 인간이 저지르는 가장 나쁜 행동의 동기와 목적은 마음에서 나오며 공적 세계가 그것에 동조한다고 하셨다.(마 15:16이하 참조)

이 말씀을 주의깊게 들을 때, 우리도 결국 개인의 세계를 산산조각내버릴 가장 지독한 행동을 할 수 있다는 것을 깨달을 때 우리는 안전한 기반위에 서 있게 된다. 인간 마음 속의 어두운 면과 악한 일을 촉진할 수 있는 그 능력보다 더 심술궂은 환경은 없으며, 그것보다 더 위험한 사람은 없다.

알렉산더 화이트가 번연을 인용한 것을 보자 :

> 물이 연못에서 부글거리며 솟아오르는 게 자연스럽듯 죄와 부패도 내 마음 속에서 그렇게 자연스레 끓어올랐다. 나는 나보다 더 못된 마음을 가진 사람은 없다고 생각했다. 나는 누구와도 마음을 맞출 수 있을 만큼 변덕스러웠다. 이 내면의 악함과 마음의 더러움은 마귀하고나 대 봐야 대등해질까. 나는 나 자신의 야비함을 보고 깊은 절망 속에 빠졌다. 이런 상태에 있다가는 은혜의 삶으로 들어갈 수 없다고 결론지었기 때문이었다. 하나님께 버림받고야 말았구나, 마귀에게, 타락한 마음에 지고 말았어 하고 니는 *생각했다.*

이 인용문을 쓸때 나는 심지어 컴퓨터 디스켓에 저장해 놓은 이 장을 당장 지워버리고 싶은 마음이 들기까지 했다. 이 주제는 정말 우울한 것이고, 다음 장의 방어와 재건에 대한 소망도 없이 남겨질 것이었다. 영혼을 주눅들게 만드는 내용인 것이었다. 그러나 나쁜 소식의 한가운데서도 가끔씩 좋은 소식이 있는 법이다. 우리를 둘러싸고, 또 안에 잠재한 악의 상태가 나쁜 소식이라면, 좋은 소식은 바로 우리가 그들에 대해 깨어 주의할 수 있고 하나님의 능력으로써 그들을 방어할 수가 있다는 것이다. 기독교는 결코 침울한 종교가 아니다. 다른 침울한 것들에 반(反)하는 밝고 능력있는 '전략'의 종교인 것이다.

영의 왕국 안에서의 이 전쟁은 진짜이다. 분명히 인식하고 대비해야 한다. 하지만 이 환경에서 눈을 돌리기 전에, 우리 자신에게 이런 질문을 해 보는 것이 현명한 처사일 것이다 : 우리는 이 영적 전쟁을 언제 가장 쉽게 느끼게 되는가?

다음은 영적 전쟁이 우리의 개인 세계에서 가장 심하게 일어나기 쉬운 경우들이다. 예를 들어 그중의 하나를 "울타리를 넘어서"라고 불러본다.

■ 울타리를 넘어서

1988년 초에 영국 찰스 황태자와 다이애너비는 친구들과 함께 스위스로 스키 여행을 떠났다. 어느날 오후 눈사태로 인해 끔찍한 사고가 났다는 충격적인 뉴스가 들어왔다. 그 사고로 황태자의 가장 친한 친구 중 한 사람이 사망했고, 다른 사람들은 심한 부상을 입었다. 황태자가 사망하거나 다치지 않았다는 것은 순전히 운 때문으로 보였다.

어떻게 그런 일이 일어났는가? 한 이틀 지난 후 신문은 황태자 일행이 대중의 눈을 피해 스키를 즐기려는 듯 했다는 내용을 실었다. 눈사태 경고가 있었지만 그들은 울타리를 넘어갔는데, 일행 중 한 사람이 말한 대로, 그 곳이 최고의 재미와 흥분을 맛볼 수가 있는 장소였기 때문이었다. 십중팔구 그들은 재미 이상의 재미를 맛보았을 것이나, 현명함이나 신중함이라는 단어에서는 참으로 멀어져 있었다. 그리고 눈사태는 울타리를 넘어온 사람들에게 그 값을 치르게 하고야 말았다. 결과는? 저마다의 무너진 세계들.

울타리 안에 머물러 있지 못한 황태자와 그 일행처럼, 우리도 가끔씩 호기심을 발동시켜 울타리 경계 가까이 가서 다른 쪽에는 무엇이 있는지 넘겨다본다. 어쩌면 우린 하나님으로부터 얼마나 멀리 도망칠 수 있고 그 처벌을 어떻게 하면 받지 않을까에 호기심을 낼지도 모른다.

울타리를 넘는다는 것은 그리스도의 뜻에 철저히 불순종하는 것, 우리들을 보호하시기 위해 주시는 영적인 규율들을 무시하는 것과 연관이 있다.

울타리에 가까이 갈 때 우리는 무너진 세계로 가는 선택을 할 가능성에 문을 활짝 열어놓는 것이나 마찬가지이다. 우리는 더욱 격렬한 영적 전쟁을 불러들이는 것이다. 또 그 압박을 처리할 "무기"도 부족하기 십상이다.

우리 주님께서는 자녀들의 불순종과 그 결과에 기뻐하지 않으시며, 역사가 주는 교훈을 잘 숙고해보지 않으려 하는 잘못된 자신감에 대해 슬퍼하신다. 울타리를 넘어가는 사람들은 시험들기 딱 좋은 이들이며, 내면 깊숙한 곳이나 외면의 영적인 적들의 힘에 의해 필연적으로 정복당할 것이라는 역사의 교훈을 말이다.

■ 의　심

나는 천성적으로 의심이 많은 사람이다. 그래서 개인적인 경험을 말하고자 한다. 나같은 사람이 한번 못 믿겠다고 결심하게 되면 영적 전쟁은 뜨겁게 달궈지는 것이다.

우리가 성장하려고 애쓸 경우에, 질문을 하고 혼란을 받아들이는 것은 그리스도인들에게 있어 반드시 나쁘다고 할 순 없다. 하나님께서도 우리가 그 모든 대답을 정돈하고 정의하기를 기대하진 않으신다.

인간의 관점으로 봐서, 어떤 사건이 이치에 맞지 않아 이게 무슨 뜻인가 의아해하는 그럴듯한 순간이 있다. 가끔 우리는 일이 우리 기대대로 되지 않아 무척 실망한다. 고통, 죽음, 상실 - 이런 것들은 일시적으로 우리의 결심과 확신을 깨뜨려버린다. 그런 가운데, 지금 나는 진리 위에 굳게 서 있는가 의심하는 사람들이 있는 것이다.

나는 하나님께서 의심을 책망하시는 것을 보지 못하겠다. 얼마나 은혜로우신 아버지 하나님인가. 우리가 순간적으로 분을 발해도, 솔직히 당신의 뜻에 동의하지 않아도, 항상 당신의 말씀을 놓치고는 그 자리에서 왜 아무런 말씀도 없으실까 의심해도 하나님께서는 거슬리지 않으시는 것 같다.

그러나 기억해야 할 것이, 의심이란 것에 아무런 나쁜 뜻도 없을 때가 바로 영적 전쟁이 증가할 수 있는 위험한 때라는 것이다. 이런 시기에 내면과 주위에 도사린 악에 깨어 경계하려는 결심이 사그라들기가 쉽다. 한 그리스도인이 무너진 세계로 가는 선택을 한다면, 그는 커다란 의심에 빠져 있으며 영적인 빈곤 상태에 잡혀 있다고 말해도 무방할 것이다.

■ 악인의 조언

시편 1편을 쓴 사람이 살았던 시대에 대해 생각해보자. "악인의 꾀를 좇는" 사람들. 이 세상에 사는 사람들에 대한 듣기 좋은 묘사는 아니지만, 그는 하나님께나 영적인 훈련에 아무 도움도 되지 못하는 사람들의 영향에 계속 노출된다면 "복있는 사람"이 아무도 없게 될 것임을 알아 그런 시편을 쓴 것이다.

앞에서 우리는 롯의 얘기를 했는데, 그의 불행은 또다시 우리에게 강한 교훈을 준다. 그는 언제나 자신을 둘러싼 사람들에 의해 영향을 받았다.

삼촌인 아브라함의 영향 아래 있을 때까지는 그의 생활과 하는 일들이 모두 본받을 만 했다. 그런데 어느날 그는 이제 삼촌이 없이도 잘 해 나갈 수 있으리라 생각하고 소돔으로 옮겨가기로 결정을 했다. 롯은 그 도시에서 비통한 교훈을 얻었다. 하나님께 대적하는 가치관과 입장을 가진 사람들과 계속 친하려거든 영적으로 강건하려는 생각은 하지도 말라는 교훈이었다.

그것을 몰랐기에 롯과 그 가족들의 세계는 재난 속에서 무너지고 말았다. 그는 아내와 친척과 재산과 인간으로서의 위엄마저도 잃었다. 설명을 하려면 간단하다. 자신과 하나님과의 관계에 하등의 도움이 안 되는 사람들에 둘러싸여 있을 때 롯은 영적 전쟁에서의 성공을 기대도 할 수 없었던 것이다.

이것은 그리스도인들이 잘 숙고해 보아야 할 선례(先例)이다. 만약 믿음과는 아무 상관이 없는 사람들이 우리 인생에 지배적인 영향을 미치고 있을 경우에도 우리는 원하는 만큼의 영적인 능력과 열의를 얻고 또 유지할 수 있을 것인가? 이것이 바로 성경이 그리스도인으로 하여금 같이 사역하는 사람들과의 친교와 책임감을 강조하는 이유인 것이다.

불순종, 의심, 만연되어 있는 비기독교인들의 영향에 스스로를 놓을 때, 우리는 내면과 외면의 적들에 의한 영의 공격에 굴복할 위험이 더 높아진다.

영적 전쟁이란 이 주제는 참으로 무서운 것이다. 이성적인 사람은 이것에 대해 불편해할 것이며, 감성적인 사람은 놀라고 두려워할 것이고, 활동가는 무언가 음모가 있다고 확신할 것이다.

그러나 거미는 정말로 거미줄을 열심히 치고 있다. 인간은 천성적으로 그 가장자리에 가서 살펴보고 싶어한다. 적어도 그 부분은 괜찮을 거라고 생각하면서. 그러나 가끔씩 거미줄 중심부까지 나가 방황하는 사람이 있다. 결과는? 부서져버리는 세계이다. 그리고 다시금, 우리는 왜 역사가 주는 교훈을 배우려 하지 않았던가 의아해하게 되는 것이다.

CHAPTER13

묶인 마음을 자유케 하라

> 세상에서 가장 자유로운 사람은, 열린
> 마음, 깨진 심령, 그리고 앞으로 여행해야
> 할 새로운 방향을 가진 사람이다.

과거 수백년간 중국 여러 지방에서는 소녀들의 발을 자라지 못하게 묶어두는 관습이 있었다. 중국 문화권에서 작은 발과 종종걸음이란 여성의 신체적인 매력을 나타내는 척도로 여겨져 왔다. 이 불편하고도 발을 기형으로 만들어버리는 관습은 극히 현대에 와서야 없어졌다.

무너진 세계를 재건하는 과정을 어떻게 계속해 나갈 것인가를 생각해보는 동안, 나는 마음 속에 '묶인 발 원칙'을 떠올리게 되었다. 어떻게 부서진 삶의 조각들을 모아 다시 붙여나가는 과정을 시작할 수 있을 것인가?

우리는 세계가 산산조각날 때의 그 원인과 결과를 밟아올라가는 시도 속에서 통념, 사례 연구, 그리고 선택의 환경을 조사해 왔다. 이것은 이 책의 가장 중요한 부분을 위해서 놓여진 중요한 기초이다. 무너진 세계는 어떻게 재건되는가? 어디서 시작해야 하는가?

무엇보다도, 무너진 세계로 인도하는 선택을 할 당시로 돌아가는 것이다. 내면의 자아, 내면 세계, 곧 예레미야가 말한 만물보다 거짓되고 이해하기 힘든 인간의 중심인 마음으로 돌아가야 한다. 하지만 왜 그곳인가?

성경 기자들 거의 모두가 그곳에서 시작하기 때문이다. 그들은 한 개인이나 국가의 그릇된 선택을 기록하고 분석할 때, 무엇보다도 먼저 그 마음의 상태를 살펴봄으로써 그 개인과 한 민족의 행위를 평가한다. 개인적 인 세계가 무너질 때 그 마음의 상태를 표현하는 데 있어 가장 잘 쓰이는 형용사는 목이 곧은, 거역하는, 어둠 속의, 눈이 먼, 고통당하는, 반항하는 등등 의 단어가 있다. 애굽의 바로의 강팍한 마음, 이스라엘 백성의 냉담한 마음, 약점이 많으며 배반하는 유다의 마음 등을 보라.

한편으로, 재건 과정으로 들어온 사람들을 말할 때는 깨진, 돌이킨, 정(淨) 하게 된, 하나로 통합된, 회개한, 새로운 등등의 형용사를 쓴다.

속임수와 개인적인 성실성과 끊임없이 싸우며 살아온 다윗은 아들 솔로 몬에게 앞날에 대해 이렇게 말한다.

> 내 아들 솔로몬아 너는 네 아비의 하나님을 알고 온전한 마음과 기쁜 뜻으로 섬
> 길지어다 여호와께서는 뭇 마음을 감찰하사 모든 사상을 아시나니
> (대상 28:9)

몇 마디의 말로써 다윗은 믿음의 문제를 잘 요약해 놓았다. 하나님께서 는 인간에 대한 계획을 마음에서 시작하시고, 우리로 하여 마음으로부터 그 분을 섬기도록 하신다. 그 마음(heart)은 생각(mind)보다 깊으며, '모든 생 각'을 양산해낸다. 그 모든 것들로부터 개인 세계를 부수느냐 재건하느냐 하는 행동의 여부가 나오는 것이다.

두 개의 극단석인 '마음의 상태'는 하나님 보시기에 분명 즐겁지 않으리 라. 둘 다 그분의 분노와 심판을 이끌어낸다. 그 극단에서 이 마음들은 19세 기 중국 소녀의 발처럼 악에 묶여 버리고, 불편함과 형태가 일그러짐으로 인해 고통받는다.

한 쪽은 성경에 나타난 초기 문명 국가 사람들의 개인적인 세계로 전형 화된다. "여호와께서 사람의 죄악이 세상에 관영(貫盈)함과 그 마음의 생각 의 모든 계획이 항상 악할 뿐임을 보시고"(창 6:5) 이것은 그 마음이 악을 양산하는 일에 너무도 쏠려 버렸기 때문에, 그 속에 다른 어떤 가치관도 볼 수 없어진 사람들에 대한 간략한 묘사이다. 이 사람들은 선을 가장하려는

노력조차 하지 않았다. 이 믿을 수 없을 정도로 지독한 상황은, 노아와 그 가족들만이 피할 수 있었던 그 홍수 심판의 서문이었다.

　나머지 한 쪽은, 하나님의 노를 가라앉히고 사람들을 겁주려는 의도로 이간의 선함에 대한 인상깊은 행위를 하기 소망하는 조직화된 종교를 흡수하는 마음이다. 이 상태에 대해 사도 바울보다 더 잘 알고 있었던 사람은 없는 듯 하다. 바리새인이었을 때, 그는 외관상으로는 거의 완벽한 인물의 열 손가락에 드는 사람이었다. 옷, 몸가짐, 일과, 용장(冗長), 지적인 생활 등등. 가장 조그만 것에서부터 가장 화려한 의식까지, 바리새인들의 생활은 하나님께, 서로간에, 외부 세계에 감명을 주기 위한 커다란 안달이었다. 하지만 그게 다 누구를 위한 것이었는가?

　그리스도를 믿는 믿음에 대한 바울의 크나큰 기쁨의 원천을 생각해 볼 때, 그중 하나가 예전의 묶인 마음에서 자유케 되었다는 사실이었을 것이다. 바리새인이었을 때, 감명을 준다는 것은 적어도 다음의 세 가지를 의미하는 것이었다. 첫째, 자신이 외면적 기준으로 삼고 있는 것에 맞추어 살지 못한다는 내면의 자각에 항상 시달리며 살았을 것이다. 둘째, 타인들과 함께 있을 때는 표준 이하의 느낌이나 생각이나 욕구를 은폐함으로써 자신이 불완전한 인간이라는 것을 들키지 않으려고 했을 것이다. 마지막으로, 다른 사람들의 잘못을 꼬집어내어 의심하고 정죄하는 마음으로 보는 것이 그들의 방식이었다. 그렇게 함으로써 일종의 우월감과 잘못된 안전의식이 유지될 수 있었기 때문이다.

　그리고 그가 그리스도를 따르기로 작정했을 때, 묶여 있었던 마음의 불편함과 기형은 별안간 사라지고 말았다. 그러므로 갈라디아 사람들이 다시금 묶인 생활로 돌아가고 싶어하는 경향을 내보였을 때 바울이 격노한 것은 당연한 일이다. "그리스도께서 우리로 자유케 하려고 자유를 주셨으니 그러므로 굳세게 서서 다시는 종의 멍에를 메지 말라" (갈 5:1)

　조지 리거스(George Regas)는 회개한 사람에 대하여 놀라운 장면을 그려주고 있다.

　레너드 번스타인의 현대 오페라 미사(Mass) 중에는 내가 정말로 감동받은 순간이 하나 있다. 미사를 주재하는 사제는 제의(祭衣)를 잔뜩 껴입고, 가장 겉에 우아한 예복을 걸치고 나온다. 그 전통의 무게를 못 견뎌 그는 휘청거린다. 그 독실한 신앙심의 뭉치들이 그를 붕괴시키려는 듯한 난폭함이 잠시 장면 가득 넘친다. 마침내 그는 모든 의상들을 찢어 벗어버리고, 청바지와 티셔츠 차림으로 제단 앞에 서서 노래한다. "날 보시오 이 옷들 속엔 나 외엔 아무것도 없습니다." (Kiss Yourself and Hug the World)

그것이 바로 다메섹 도상에서 묶인 마음으로부터 자유하는 열쇠를 찾았을 때 바울에게 일어난 일이었다. 마치 현대 중국 여성 한 명이 묶인 발과 그 불편함과 기형의 전통으로 복귀하고 싶어하는 경우처럼 정신이 바른 사람들이 왜 옛날 식으로 돌아가려고 하는지 바울은 이해하지 못했다.

'묶인 마음의 원칙'을 배우기 전까지는 무너진 세계는 절대로 재건되지 않을 것이다. 반드시 묶인 것을 풀어서 빛 가운데로 끌고 나와야 하는 것이다. 그 빛은 전혀 매력없는 악의 실체를 보여줄 것이지만, 그 때 멋진 일이 일어나리라. 하나님의 사랑이 어두운 오지(奧地)로 마음껏 흘러들어가 재건이 시작될 것이다.

성경은 이 푸는 과정을 회개라고 부른다. 참으로 오래된, 대개 신앙부흥 운동자의 믿음과 관련있는 단어이다. 솔직히 말해, 그래서 많은 사람들이 불쾌하게 여기기도 한다. 그러나 그것은 중요한 것을 필요없는 것과 함께 버리는 꼴이 된다. 그 오해되곤 하는 말이 정작 모든 재건 활동에 선행되어야 하는 행동임을 이해하지 못하는 것이다.

회개(또는 돌이킴 : repentance)는 중동 지방에서 온 말이다. 지금까지 잘못된 방향으로 갔다는 것을 깨달았을 때 옳은 쪽으로 방향을 트는 행위라는 의미를 담고 있다. 전혀 종교적이지 않은 뜻으로도 쓰이는데, 예를 들면 어떤 여행자가 그 지방을 잘 아는 사람을 만나 방향을 물을 때, 길을 잘못 들어서 목적지와 아주 멀어졌다는 것을 알게 되는 상황을 보자. 둘의 대화에서 이런 말이 나오게 된다. "돌이켜서 저쪽 길로 가십시오"

그리하여 repent라는 실용적인 단어가 도덕적, 영적인 행위를 묘사하는 데에도 유용하게 쓰이게 되었다. 구약의 선지자들, 세례 요한, 예수님, 마지막으로 사도들까지 이 말을 쓰게 되면서, 이것은 비뚤어진 마음의 방향을 바꾸라는 의미가 되었다.

세례 요한은 청중들에게 설교할 때 언제나 회개를 주제로 삼았다. 요한은 회개가 우선 마음에서, 그 다음에 개인의 도덕적 행위 안에서 일어나야 한다고 했다. 나중 것을 그는 "회개에 합당한 열매"라고 불렀다.

회개한 사람들이 앞으로 나와서 "당신이 말하는 열매란 무엇입니까?" 라고 물었을 때, 요한은 가난한 자를 돌보고, 강포하게 굴지 말며, 세금 문제에서 정의를 지키라고 하였다. 이것들로 그는 자유케 된 마음은 어딘가 다르다는 것을 명확히 지적하고 있는 것이다.

사람들이 예루살렘 거리에서 사도 베드로의 유명한 오순절 설교를 들었을 때, "저희가 이 말을 듣고 마음에 찔려" 라고 기록되었다. 묶여 있던 내면 세계에 대한 통찰력을 가지게 되는 사람들을 생생히 묘사한 장면이다. "우리가 어찌할꼬" 그들은 사도들에게 물었고, 베드로는 회개하라고 가르쳤다. 그들은 방향 전환이 필요했던 것이다.(행 2:14-40 참조)

회개의 행위는 사실 하나님께서 주신, 적어도 두 가지 방법으로 주신 선물이다. 첫째, 우리의 무너진 세계를 위해 필요한 통찰력과 뭔가가 변화되어야 한다는 인식이 확실히 하나님의 성령에 의해 일어난다는 점에서 회개는 그분의 선물이다. 필요와 변화는 우리 힘으로 알아내거나 이해할 수 없는 문제이다. 예수님께서는 이것을, 죄에 대하여 깨우쳐 주고, 통찰력과 변화에의 소망을 격앙시켜 주는 성령이 하시는 일이라고 말씀하셨다.(요 16:8 참조)

하나님께서 하시는 이 일이 분명 기분좋은 것은 아니나 우리에게 필요한 것임에는 틀림없다. 우리 몸에 이상이 생겼다는 신호인 육체적인 고통도 마찬가지다. 그러나 고통이 알려주는 위험 신호나 내면의 악이 느슨해졌다는 성령의 깨우치심이 없이는, 우리는 육적으로나 영적으로나 모든 적대적인 요소에 쉽게 굴해버릴 위험이 많은 것이다. 고통이 오거든 하던 일을 멈춰라. 혹은 즉시 그 불편함을 가져오는 원인을 찾아보도록 해야 한다. 성령이 말씀하시거든 회개하라. 하던 것이나 생각을 포기하고, 악한 행위를 하나님이 원하시는 행동으로 대치하도록 하자.

둘째로, 하나님께서 무너진 세계로의 방향에서 우리로 돌이키는 것이 가능하도록 하셨다는 점에서 또한 회개는 그분의 선물이다. 하지 않아도 되셨을 것을 우리를 위해 하신 것이다.

하버드 대학 채플에서 한 설교 중에서, 데이빗 H.C. 리드(David H.C. Read)는 제 2차 세계대전 때 전쟁 포로로서 겪었던 체험을 말했다. 포로들이 한 독일군 병사 옆에 서서, 가까운 곳에서 일어난 연합군의 무시무시한 공습을 보면서 전쟁의 공포에 떨고 있는데, 병사가 말했다. "Die menscheit ist verrueckt!" - "인류는 미쳐버렸어." 그리고는 말하기를 "하나님은 모두 파멸시키고 다시 시작하셔야 해."

그러나 하나님께서는 모두 파멸시키지 않으셨다. 그분은 회개라는 행위를 하도록 정하신 것이다. 돌아오라고, 무너진 세계를 재건하는 길을 주신 것이다. 브라질 정글 안의 조그만 부락의 추장이 언젠가 내게 했던 말을 나는 잊은 적이 없다. 그는 예수 그리스도를 알기 전에 갖고 있던 신관(神觀)에 대해 말해 주었다. "예전엔 창조자가 피조물에 대해 너무 실망한 나머지 우릴 남겨두고 떠나셨다고 생각했지요. 이제는 그분이 다시 오셔서, 우리에게 다시 돌아오는 길을 마련해 주셨다는 것을 알고 있습니다."

세계를 부숴뜨리는 선택을 하고 난 후 고백과 책임감을 느끼는 사람을 볼 때 우리는 이 회개의 원칙을 알기가 비교적 더 쉽다. 많은 이들이 말하곤 했다. "닉슨이 미안하다고 한 마디만 했어도, 국민들 대부분이 용서해 주고 그렇게 쫓아내진 않았을 텐데 말야." 우리는 큰 잘못을 저질렀을 때 회개하고, 방향 전환이 필요하다는 것을 인식하는 사람들을 찾고 있다. 그들이 그렇지 못할 때는 슬프고, 때로 화도 나는 것이다.

회개가 그저 1회에 지나지 않는 행위가 아니라 영적인 생활 방식이라는 사실을 이해하기란 조금 어려울지도 모른다. 회개 안에서 산다는 것은, 인간이 마음이 늘 잘못된 방향으로 갈 준비가 되어 있다는 것, 계속 제 자리를 찾아 움직여야 한다는 것을 인식하는 삶인 것이다. 이것은 항상 죄지은 일만 찾아 헤메어 우리를 좌절시키는 병적 근성같은 것이 아니라, 우리 내면은 언제나 창조주에 대한 반역과 불순종으로 흐르기 쉽다는 것을 솔직히 인정하는 삶을 말한다. 이것은 세상 끝날 때가지 변함없을 것이다. 그렇기 때문에 찬송가 작시자 로버트 로빈슨(Robert Robinson)의 이런 구가 나온 것이리라.

> 우리 맘은 연약하여 범죄하기 쉬우니
> 하나님이 받으시고 천국인을 치소서

그리고 이것이 신비주의자인 니느웨의 이삭(Issac of Nineveh)이 다음과 같이 말한 이유인 것이다.

> 자기 죄를 아는 사람은 죽은 자를 일으키는 사람보다 더 위대하다. 자기 죄를 위해 한 시간을 진실로 울부짖는 사람은 온 세상을 가르치는 자보다 더 위대하다. 자기 약함을 아는 사람은 천사를 볼 수 있는 자보다 더 위대 하다.

회개의 행위는 몇 단계로 나누어진다. 첫째는 앞장에서 언급했던 통찰력(insight)으로, 탕자의 경험에서 보았듯이 이것은 보통 결과(consequence)나 대면(confrontation)에 의해 악한 행위가 밝혀질 때 온다. 탕자는 행위의 결과에 의해 스스로 돌이켰으며, 다윗은 자기 죄를 대면함으로써 통찰력을 얻었다.

통찰의 순간을 시작하는 데 있어 세 번째 단계를 선지자 이사야의 경험에서 찾아보도록 하자. 그는 천국 영광의 환상을 보며 하나님 앞에 자신을 드러냄(exposure)으로써 통찰의 순간을 가졌다. 그가 보고 기록하려 한 것은 그가 완전히 이해하기엔 벅찬 것이었다. 우리는 그가 일어난 일에 대해 완전히 압도당했다는 것만을 알 수 있을 뿐이다. 그는 그 환상을 종교상의 권력을 잡는 핑계로 삼거나 자신의 악명을 끌어올릴 것으로 이용하기보다는, 그는 솔직하게 그 모든 것이 자신을 깨뜨렸음을 고백한다. 하나님의 영광과는 대조적으로, 그는 자신에 대한 통찰력을 가지게 되었던 것이다 : 자신이 재건을 필요로 하는 무너진 자였으며, 그와 비슷한 필요를 느끼는 많은 사람들 사이에서 살고 있었다는 사실을 말이다.

만약 통찰력이 제 기능을 발휘한다면, 그 결과는 깨어짐(brokenness)이라는 말로밖에 표현할 수가 없을 것이다. 앞에서 지적했듯이 이런 경험에 대한 이야기를 성경의 도처에서 발견할 수가 있다. 구약 시대의 사람들은 매우 극적으로 자신들의 슬픔을 표현했다. 옷을 갈가리 찢기도 하고, 재를 온통 몸에 바르고 크게 통곡하며 슬퍼했다. 이 모든 행동이 스스로의 죄나 가족, 민족의 죄악을 놓고 깊이 회개하는 외면적인 표현이었다. 지금 생각하면 다소 우스운 면도 없지 않으나 그 당시는 중대한 문제였다.

한 이스라엘 왕은 도시를 지나면서 백성들이 너무 굶주려 죽거나, 너무 자포자기한 나머지 자기 아이들까지 잡아먹는 것을 보고 온 세상이 무너지는 느낌을 받았을 것이다. 자기 아들을 삶아먹은 한 여인을 만났을 때, "왕이 그 여인의 말을 듣고 자기 옷을 찢으니라 저가 성 위로 지나갈 때에 백성이 본즉 그 속살에 굵은베를 입었더라"(왕하 6:30)

느헤미야는 자신의 죄 뿐만 아니라 조상들의 죄까지 고백하며 이른바 '대규모의 깨어짐'을 주님 앞에 표현하였다. 그는 서구 문화권의 사람들은 잘 모르는 생각을 표현한 셈인데, 그것은 사람들이 그 세대와 그 조상들의 악까지도 포괄하여 공동의 책임을 졌다는 것이다.

욥 또한 다른 세대를 포괄하는 회개의 상호간 책임을 이해하고 있었던 듯 보인다. 성경에 보면 욥은 자식들을 대신하여 번제를 드렸다고 되어 있다. "혹시 내 아들들이 죄를 범하여 마음으로 하나님을 배반하였을까 함이라 욥의 행사가 항상 이러하였더라"(욥 1:5)

깨어짐이라는 것은 일어난 일에 대하여 완전한 책임을 지겠다는 뜻도 함축되어 있다. 하나님과, 그 선택으로 인하여 상처입은 사람들을 슬프게 했다는 것을 알고 진정으로 비통해하는 마음이 함축되어 있는 것이다. 우리는 이 감정과 슬픔을 예수님 앞에 무릎을 꿇고 눈물로 그 발을 씻은 그 창녀에게서 발견할 수 있다. 그날 예수님을 대접한 시몬은 그 우는 여인을 보고 이렇게 생각했다. "이 사람이 만일 선지자더면 자기를 만지는 이 여자가 누구며 어떠한 자 곧 죄인인 줄을 알았으리라 하거늘"(눅 7:39)

아이러니컬한 것은 예수께서 그 여인이 누구이며 어떤 부류의 사람이라는 것을 정확히 알고 계셨다는 것이다. 시몬은 예수께서 그 무너진 세계로 괴로와하며 당신께 나온 사람을 맞으셨다는 것을 깨닫지 못했던 것이다. 예수께서 함께 보내시고 동정하셨던 사람들을 잘 연구해 보면, 그분은 과거의 일은 관심을 갖지 않으셨으며, 현재의 괴로움과 회개의 유무를 보셨음을 알수가 있다.

그 여인은 온갖 종류의 부도덕한 행위를 저지른 것은 분명하나, 마침내 깨어진 자신을 추스려 주님께 나왔다. 시몬은 사람들에게 비난받을 만한 행동을 저지르지는 않았으나 거만하고 마음이 완고했던 것이다. 그는 놀랄 만한, 조금은 당황스러운 질책을 받았으며 여인은 죄에 대하여 용서를 받았다.

복음서에 보면 그 당시에 가장 지독한 죄 짓는 대표적인 사람들로 두 부류가 나온다 : 부도덕한 여인과 세리이다. 전자는 개인 생활의 타락상을 대표하며 후자는 강탈과 착취를 일삼던 이들의 부패를 대표한다. 그런 여인들이 세 번 나오며, 세리들도 세 명이 등장한다.(한 명은 바리새인과 세리의 비유에 나오는 가공 인물이다.) 이 경우들에 있어 모두 저자들은 상급 사회의 경멸과 판단하는 마음, 우월감을 지적하며 꼬집고 있다. 그리고 그 때마다 그리스도의 은혜와 인자하심이 나타났다. 무너진 세계를 재건하라는 소망을 주신 것이다.

중요한 것은, 성경의 이 내용이 부도덕과 탐욕이라는 죄의 심각성을 감소시키는 것이라기보다는, 그리스도께서 과거의 죄가 결국 깨어졌는가의 여부를 보셨다는 것을 지적하고 있다는 점이다. 그런 경우를 보셨을 때, 즉각적인 재건 과정이 시작되었다. 온전히 부서짐을 보지 못하신 경우에는 결과로 질책과 분과 대질(對質)을 하셨다.

바울은 깨지기를 거부한 고린도 교회에 모진 비평을 하게 되었다. 바울의 '깨어짐'의 외침, "오호라 나는 곤고(困苦)한 사람이로다 이 사망의 몸에서 누가 나를 건져 내랴"(롬 7:24) 는, 통찰의 순간을 겪고 자신의 행동이 하나님의 법 아래 놓여 있다는 것을 깨달은 사람만이 할 수 있는 말일 것이다.

성경에 나오는 가장 뛰어난 사람들도 부서진다는 경험을 한 듯 하다. 사실, 하나님께서 그들을 쓰시기 전에 절대 필수적으로 겪어야 할 일같이 보이기도 한다. 그 사람들에 대해 읽고 또 읽어 보며, 나는 우리라면 그들 대다수의 부름받은 지도자 자리가 부적격하다고 생각하지 않았을까 하고 결론짓게 되었다.

요셉이 살던 시대에 살았다면 우리는 그를 유부녀 강간범으로 보지 않았을까. 야곱도 정직함에서 낙제라고 하여 제쳐두었을 것이다. 다윗은 가정을 잘 다스리지 못한 무능력에다가, 간통자이며 살인자로 취급했을 것이며, 모세는 살인자, 시몬 베드로는 겁장이, 바울의 말을 들어보기는 고사하고 신뢰할 건덕지도 없는 변덕스런 사람이라 하여 교회의 적으로 보았을 것이다.

성 어거스틴은 과거의 무너진 세계의 행위와, 그것이 어떻게 자신을 그리스도께 신앙고백하도록 이끌었는가를 결코 잊지 않고 있다. "참회록(Confessions)"에서 그는 끝없는 부서짐의 삶에 대해 이렇게 적었다.

주 없이 내가 무엇이겠습니까? 스스로를 타락으로 이끄는 안내자 외엔 아무것도 아닙니다. 내가 가장 좋은 상황에 있다 해도, 젖을 찾고 썩지 않는 양식을 주님으로부터 얻는 아이가 아닙니까? 인간이란 그저 인간일 수 밖에 없습니다. 힘세고 권세있는 자들은 날 향해 비웃을지라도, 우리를 주님께 엎드려지는 약하고 가난한 영혼이 되게 하소서.

어거스틴처럼, 우리도 끊임없이 깨어진 심령들로 살아야 한다. 위기가 닥칠 때만 엎드려지는 사람들은 금방 식어져서, 곧 다른 종류의 문젯거리가 따라오게 마련이다. 깨어짐이란 삶의 방식이며, 알콜 중독에서 회복된 사람이 항상 안고 다니는 깨달음인 것이다 : 이 술이라는 적을 혼자서 이길 수 있다고 생각한다면 난 지고 만다. 하나님 전에서 깨어진 사람들의 삶도 그런 것이다.

얼마 전, 세계에서 가장 위대한 바이올린 주자의 한 사람인 아이작 스턴(Issac Stern)이 주빈 메타 지휘, 뉴욕 필하모닉 오케스트라의 연주로 모짜르트의 바이올린 콘체르토 3번 G장조를 연주하고 있었다. 1악장의 중간을 연주하는 도중 스턴은 잠시 헛갈려서 음악을 잊어버리고 말았다. 그 즉시 연주를 멈춘 그는 지휘자인 메타에게 가서 이 곡을 다시 연주할 테니 준비해 달라고 그와 단원들에게 부탁했고, 그리고는 청중에게로 몸을 돌렸다. 이 뛰어난 연주가는 자신의 실수를 사과하고 처음부터 다시 시작했던 것이다.

이 얘기를 기사로 쓴 뉴욕 타임즈의 도널 헤나한 기자는 쓰기를, "이 거장은 처음부터 '다시' 연주를 시작했다. 청중들이 완벽한 모짜르트를 감상할 수 있도록 배려한 것이다. 그는 연주하는 부분이 기억날 때까지 즉석 연주를 할 수도 있었지만 거부하고, 그로써 더욱 솔직하고 음악적으로도 만족스러운 연주를 이끌어낼 수 있었다."

정말로, 아이작 스턴같은 전문가는 청중을 속이고 실수를 덮어버릴 수도 있지 않았는가. 하지만 모짜르트와 그의 음악에 대한 존경심 때문에 그는 분명히 실수를 인정하고 다시 시작할 것을 요구한 것이다. 단순하고도 솔직한 방법, 우리 모두가 기억해야 할 필요가 있다고 본다. 영적인 관점에서 본다면 스턴이 한 일을 깨어짐과 회개 – 실수의 인정, 다시 시작하려는 욕구라고 부를 수 있겠다.

회개의 마지막 단계인 마음의 자유함(unbinding of the heart)은 특별한 방향 전환이다. 행동을 바꾸어야 할 뿐만 아니라, 포기하고, 버려야 한다.

R.T. 켄달(R.T.Kendall)은 요셉의 생애를 쓴 감동적인 책에서 애굽의 총리와 그 형제들 사이의 관계에 있어 흥미진진한 통찰력을 보여준다. 형제들은 요셉과의 대면을 통해 이미 무너진 사람들이 되어 있었고, 분명 회개하기 시작했다.

요셉은 부하에게 일러서 자신의 은잔을 막내이며 형제들간에 가장 사랑받는 베냐민의 자루 안에 숨기라고 일렀다. 형제들이 집을 향해 떠나간 지 얼마 안 되어 요셉의 부하들이 그들을 따라잡고 형제들 중 하나가 주인의 은잔을 훔쳤다고 우겼다.

형제들은 공포에 질려 재빨리 자루를 풀어 찾도록 했고, 잔은 베냐민의 짐에서 발견되었다. 켄달은 이 장면에 주시하고 있는데, 이 사건은 형제들에게 있어 회개하기 전의 마음으로 돌아갈 수도 있는 기회였다. 한때 요셉을 버렸던 것처럼, 총리의 부하들에게 이렇게 말할 수도 있었던 것이다. "데리고 가서 벌을 주시오 우리는 죄 없어요."

그들은 그렇게 하지 않았다. 형들은 상황을 책임지기 위해 베냐민과 같이 돌아갈 것을 고집했던 것이다. 켄달은 쓰고 있다.

그들 모두 짐을 나귀에 싣고 성으로 돌아갔다. 모두가 말이다. "잘가라, 동생아. 운도 지지리도 없지 ··· 우린 그만 갈게." 이렇게 말하지 않았다. 모두 같이 돌아간 것이다. 진정한 회개가 일어난 것이다. (God Meant It for Good)

그렇게 함으로써 그들은 아무런 의심 없이 옛날의 마음가짐으로부터 회개하여 다른 사람이 되었음을 증명했다.

내 책장에는 무디(D.L.Moody)가 말하기 좋아했던 이야기들을 담은 낡은 책이 있다. 그들 대부분은 시대에 뒤떨어져 버렸지만, 하나만은 내가 참으로 관심을 갖고 좋아하는 얘기이다.

앤드류 보너 박사가 스코틀랜드 북부 산악지방의 양떼에 대해 말해 주었다. 어떻게 양들이 종종 길을 잃고 바위틈 같은, 들어가 나오지 못하는 곳에 있게 되는가에 대해서였다. 그 산지의 풀이 아주 맛있기 때문에 양들이 좋아해서 풀을 뜯으려고 10내지 12피트를 뛰어내리고는, 다시 올라오지 못해서 매애 하고 구조요청을 한다. 밑의 풀을 다 먹을 때까지 며칠을 있을 수도 있는데, 양치기는 그것들이 힘이 빠져서 설 수도 없을 때까지 기다린 후에 몸에 밧줄을 감고 건너가서 죽음의 목전에서 끌어올리는 것이다. "왜 양들이 처음 거기 갔을 때 구하지 않는 겁니까?" 내가 물었다. "오! 너무 어리석어서, 구하러 갔다가는 절벽으로 곧장 돌진해가서 부딪혀 죽고 맙니다."

무디는 다음으로 이야기를 끝맺는다.

사람들도 이런 식이다. 그들은 친구도 사라지고 모든 것을 잃게 될 때까지 하나님께로 돌아가지 않는다. 당신이 방황하는 자라면, 단언하건대 좋으신 목자께서, 당신이 혼자 힘으로 자신을 구하려 하는 것을 그만 두고 그분 뜻에 당신을 맡김으로써 순종하도록 만드실 것이다.

묶인 발은 불편함과 기형을 가져올 뿐이다. 그것은 회개로 인해 풀려보지 않은 자유하지 못한 마음과 하등 다를 것이 없는 것이다.

CHAPTER 14

피스 리지에서 얻게 된 원칙들 1

> 재건의 과정에는 어두운 시기
> 가운데서도 바로 설 수 있는 일시적인
> 일종의 운용(運用) 원칙이 요구된다.

내 세계가 무너져버렸을 때, 그것은 고통스런 세 가지 단계로 일어났다. 첫번째 단계는 내가 했던 일에 대한 통찰력을 갖게 됨에 따라 내면 깊은 곳에 담겨져 있었다. 내가 하나님을 실망시키고 대적했다는 것, 나의 성실성을 무시해 버렸다는 것, 내가 정말로 사랑하고 걱정하는 사람들을 배신했다는 것에 대한 내면의 고통은 말로 형용할 수 없을 정도였다. 인생을 살면서, 세상이 너무나 비참해 정말 죽는 게 낫다 싶은 때도 있다. 그렇게 느끼는 다른 사람과 똑같이, 나도 그 단계를 오래 거쳤고, 속으로만 결과를 담고 살았으면 좋겠다 하는 마음으로 비밀을 지어 났다.

정말 이상하게도, 내면에서 고통으로 괴로와하는 동안 나는 또한 다른 이들의 고통에도 점점 민감해졌다. 자신이 경험하고 있는 것을 의논하기 위해 날 방문하는 사람들에게서 많은 말을 듣지 않아도 되었다. 바로 내가 겪고 있는 일이었기 때문이다. 그 기간 동안에 공공 연설을 하게 되면, 사람들은 나를 사적으로 만나서 개인적 약점에 대한 나의 민감함에 소견을 말했다. 물론 내가 "우리 모두는 죄인이니까 약점을 가지고 있는 거지요."라고 대답하면 그들은 미소짓곤 했다. (그들의 생각으로) 나 자신이 "통합되고 잘 정돈된 행동"을 하고 있으니 그렇게 은혜롭고 관대할 수가 있다고 생각하는 것이 분명했다.

두번째 단계는 내가 아내와 몇몇 신뢰할 만한 영적인 조언자들에게 이 괴로운 내면을 열어보여야겠다는 결정을 하게 되었을 때 시작되었다. 내가 저지른 일에 같이 슬퍼해주는 사람들이 있었다는 것이 좋았지만, 날 그렇게 믿어 주었던 사람들에게 상처를 주었다는 괴로운 면도 있었다.

다른 사람들은 그 무거운 죄의 짐을 알고 같이 나누었다. 숨을 죽이고 내 말에 어떻게 반응해야 할지 모르는 순간도 있었지만, 그럴 때마다 결국은 너무나 감사한 은혜를 베풀어 주었고 용서를 해 주었다.

게일은 그동안 은혜와 용서에 대한 부분과 관련한 성경과 기독교 문학서적들을 탐독하면서 보냈는데, 내가 마음 속 어두운 부분을 드러내놓고 비밀을 나누기 시작했을 때, 그녀는 그 공부한 것들이 학문적이나 신학적인 면보다 더욱 귀하게 쓰일 경우에 직면한 것이었다. 한 해동안 그녀가 종이와 그 마음에 쌓아올린 내용들은 놀라운 방법으로 재빨리 작업에 착수했다. 물론 행복하거나 자동적으로 실행된 것은 아니었다. 우리 부부의 삶이 공공의 이목을 받는 삶이었기 때문에 가끔은 어려웠으나, 언제나 진전이 있었다. 둘 다 은혜를 베풀고 받는 동료관계에 서서, 우리의 부부관계가 중대한 상처의 충격에 굳건히 버틸 수 있을 만큼 충분히 질기다는 사실을 발견했다.

우리가 '에인젤스'라고 부르게 된 핵심적인 친구들도 아내 못지 않게 은혜로왔지만, 그들은 단호했다. 그들의 이야기는 나중에 하게 될 것이나, 그들이 게일과 내게 쏟아부어준 활력과 애정만은 여기서 꼭 말해야만 한다. 내가 자초한 상처로 인해 우리 둘 다 지쳐빠져 있었는데, 그들은 그 재건의 과정을 돕고자 곁에 있어 주었다. 아들 마크와 크리스티, 그리고 사위도 우리 상황을 알게 되었고 지지와 격려를 해줌으로써, 우리가 생각도 못했던 큰 힘을 내도록 해 주었다.

몇 달이 지나자 무너진 세계에의 경험의 세 번째 단계가 다가왔다. 우리가 다 끝난 과거가 되기를 소망했던 비밀이 교회들 부분 부분에 공적인 정보가 되어버렸을 때 그 단계가 일어난 것이다. 게일과 나, 그리고 우리 '천사들'은 그런 순간이 오지 않기를 바라긴 했지만 가능성은 충분히 생각하고 있었다. 그 순간이 왔을 때 우리는 그것을 하나님의 손이 직접 명하신 순간으로 알고 받아들일 준비를 했다. 무엇을 해야 할지 알고 있었던 것이다.

우리의 세상은 무너졌다. 가지고 있던 꿈이 상실과 수치, 분노, 그리고 깜깜해져버린 미래의 악몽으로 바뀌어 버렸다. 그동안 나를 신뢰해 왔던 많은 사람들이 이제 환멸을 느끼게 되었구나 하고 나는 무섭게 깨달았다. 사실이건 말건 사람들은 이러저러 말들을 많이 했다.

각 단계마다 나는 결정을 놓고 씨름해야 했다. 방어하고, 완고해지고, 반항해야 하는가? 혹은 도망가거나 그만 두거나 합리화만 하고 있어야 하는가? 이 모두가 그럴 듯하게 들렸고, 내 속에서(절대 하나님이 아니다) 그 모두를 시험해보고 싶어했다. 그걸 막아준 역할을 한 것이 여러 개 있었다. 바로 아내와의 동료의식, 아이들의 격려, '천사들'의 영적인 감시(監視), 성경을 읽음으로써 얻는 끊임없는 격려와 자극이었다. 하나님께서는 이 모든 것들을 날 질책하고 자제케 하는 데 하나하나 쓰셨다.

그 때가 바로 우리가 몇 년 전에 뉴 햄프셔에 지은 작은 집인 피스 리지로 칩거하게 된 때이다. 처음 그곳에 갔을 때의 기분은 도저히 잊혀지지 않는다. 인생이 끝났구나, 45년이 넘게 누려 왔던 쾌활함과 기쁨은 이제 끼익 소리와 함께 곤두박질 친 것이라는 느낌이 떨쳐지지가 않았다. 그런 느낌은 재빨리 가장 위험한 종류인 자기연민의 기분으로 옮겨가기가 쉬운데, 우리는 무슨 수를 쓰든간에 절대 자기연민에 져서는 안된다고 이미 결단을 한 상태였다.

하루 하루 지나가면서 재건의 과정은 속도를 더해 갔고, 나는 곧 실천이 가능한 일련의 원칙들을 발견할 수가 있었다. 우리가 고안해낸 것이 아니었다 : 하나님이 주신 선물이었던 것이다. 그것들은 책과 친구들을 통해, 우리 둘이 발견하는 크고 작은 것들을 통해 나타나곤 했다. 나는 그것들을 '피스 리지 원칙들'이라고 부르게 되었는데, 그 이유는 지금 내가 글을 쓰고 있는 이 언덕에서 떠오른 것들이기 때문이다.

일기장을 보면 그 원칙들이 몇 번이고 반복하여 나타나는 것을 볼 수 있다. 아침마다 우리는 일찍 일어나서 오늘은 주님께서 무슨 말씀을 해 주실 것인가 묵상의 시간을 가졌다. 누가 전화를 할까? 어떤 내용의 편지가 올까? 방문객이 있을까? 읽고 있는 영적인 고전들이나 성경 안에서 도움이 될 만한 양식을 얻을 수 있을까?

여러 가지 면에서 나는 알콜 중독자 갱생회 사람들의 인생관을 충분히 이해하기 시작했다. 단 하루를 위해 살아라. 내달이나 몇 년 후를 생각하지 마라. 오늘을, 하나님께서 재건 과정을 지휘하시며 보여주시는 아주 작은 것이라도 곰곰 생각하라.

다음은 그곳에 있던 기간동안 기록했던 일기 중에서 뽑은 것들인데 우리 부부가 지켜나갔던, 단순하고도 매우 효과적인 원칙들이다.

■ 고요하라, 물러나라

스스로 초래한 손실에 의해 무너진 세상을 안고 살아가는 사람은 자신과 자신의 '영역'을 방어하고자 하는 강력한 유혹에 직면한다. 자신의 나쁜 행실에 대한 책임을 모면하지 못한다면, 그는 그 당혹감을 가볍게 하려고 적어도 세 가지 일을 시도하고픈 생각을 갖게 된다.

첫째, 그는 자신의 행동에 대한 비난을 퍼뜨리고 싶어한다. 수치로 인한 고통으로 날카로와진 마음은 그 비극적인 사건에 관련된 사람들을 살피는 것과, 그들이 한 일과 하지 않은 일을 알아내려 애쓰는 데 숙달되어 있다. 둘째, 무너진 세계 사람은 자신을 책망하고 비판하는 이들에 의해 자신이 얼마나 초라하게 취급받는가에 대해 불평하려고 할 수도 있다. 셋째, 그는 다른 이들의 죄에 주목함으로써 자신의 잘못된 선택의 심각함을 감소시키기 쉽다. 이런 식이다. 나에 대해서 그렇게 처량해할 필요 없어. 그들도 나만큼 이나 나쁘잖아.

그런 사고방식 가지고는 재건이란 있을 수가 없다. 재건을 더디게 하거나 아주 망쳐버리기도 한다.

바리새인과 세리의 비유를 가지고 한 설교에서 헬무트 틸리크(Helmut Thielicke)는 말하기를,

인간이 진정으로 양심의 가책을 지고 하나님께 의지할 때는 다른 사람은 안중에도 없게 됩니다. 그는 하나님과 완전히 단 둘만 있는 것이죠. 그 세

리가 과연 이렇게 말할 수가 있었을까요? "물론 저 바리새인은 나보다 계급도 높아. 하지만 역시 수많은 오명을 지고 있지 않은가. 저 사람도 죄인이긴 마찬가지야." 물론 그랬을 수도 있습니다. 그러나 사람이 완전히 하나님과만 있으면서 오직 그분만 바라볼 때, 많은 중요한 것들이 그에게 있어 전혀 하찮은 것이 되어 버리는 것입니다. 그는 그것들 말고 더 중요한 생각거리가 있는 겁니다. 세리의 태도가 왜 그리 거짓없고 철저히 솔직한가의 이유가 거기 있는 것입니다. 그런 사람은 "위를 보고" 자신을 판단합니다. 하나님 한 분만이 그의 지주가 되십니다.

그리고 독일 국민들이 "2차 대전에 지고 난 후 죄의식을 느껴, 많은 사람들이 세리의 기도를 되뇌었음을" 틸리크는 설교를 듣는 성도들에게 환기시켜 준다. "하나님이여 불쌍히 여기옵소서 나는 죄인이로소이다! 이 영락(零落)한 민족에게 은혜를 베푸소서."라는 기도를 말이다.

> 하지만 곧 우리 독일 민족의 영적인 역사에서 가장 무서운 순간 중 하나가 닥쳐왔습니다. 우린 갑자기 이렇게 말하기 시작했습니다. "다른 사람들도 우리만큼 나쁘다." 별안간 하나님과의 교제의 시간은 사라졌고, 회개와 영적인 회복도 없어지고, 아래를 보며 우리 자신을 판단하고, 전승국가들 사이에 있는 위선적인 민주 바리새인들과 우리를 비교하는 일을 시작한 것입니다. (The Waiting Father)

바울은 괘씸한 죄를 지은 후 통찰의 순간을 맞았을 때 요구되는 태도에 대해 분명한 소견을 가지고 있었다 : 하나님과 세상 앞에서 고요하라는 것이었다. 만약 그 책임의 완전한 영향을 피하려고 애쓴다면 잠깐 동안은 슬픔의 충격을 줄일 수 있을 것이다. 그러나 들을 수 있도록 고요하지 않는다면 우리는 하나님께서 이루기 원하시는 재건을 위해 아무 도움도 안 되는 것이다.

아내와 나는 고요하라는 원칙이 방어하지 말라는 뜻 뿐만 아니라, 조용한 곳으로 물러나라는 의미가 있음을 배웠다. 우리에게 있어 그 장소는 피스 리지였다. 그러나 활동적인 나로서는 그런 장소에 대해 많이 생각하지는 않는다. 자신에게, 그리고 다른 이들에게 끼친 커다란 상처와 함께 고통스레 살고 있는 세계가 무너진 사람이라면, 고요한 장소로 살짝 들어가는 시기가 필요하다. 이 시기는 소위 정치가가 말하는 '만회'를 구상하는 기간이 아니다.

상처가 깊고 넓어질수록 이 칩거의 기간은 더욱 중요해진다. 그것은 저질러진 일의 목록을 들고 자문해보는 시간이며, 영적인 에너지를 재정비하고 재충전하는 시간이며, 맹점이 무엇인가를 이해하기 위해 내면 세계로 들어가서 정밀 조사하는 시간인 것이다. 몇 주 걸려서 간단히 끝날 문제는 아니다. 어리석게 서두른다면 나중에 나쁜 행실의 반복을 불러올 수가 있다.

여기 오스왈드 챔버스의 말을 진지하게 숙고해 보자.

> 때때로 하나님은 우리로 당신의 말씀에 주의하게 하시려고 어둠의 규율을 가르치신다. 노래하는 새들은 어둠 속에서 노래하는 법을 배우고, 우리는 말씀을 듣는 훈련이 될 때까지 주님이 만드신 어둠 가운데 놓여진다. "내가 어둠 속에서 말하노니" 하나님께서 당신을 어느 어둠 가운데 놓으시는가, 입을 다물어야 할 때가 언제인가를 잘 보라. 당신은 그저 삶을 살면서 어둠 속에 놓여 있는가? 아니면 하나님과 함께 하는 삶 안에서 어둠에 있는가? 그러면 고요하라. 어둠 속에서 입을 열면 당신은 엉뚱한 말을 하게 된다. 어둠이란 듣는 시간이다. 이것에 대해 사람들과 말하지 말라. 책을 읽어가며 어둠에 대한 이유를 알려고도 하지 말라. 그냥 듣고 주의를 기울여라. 사람들과 말하고 있다간 주님의 음성을 놓친다. 어둠 속에 있을 때는 들어라. 그러면 하나님께서는 당신이 빛으로 나왔을 때 다른 이들에게 전할 너무도 귀중한 메시지를 주실 것이다. (My Utmost for His Highest)

■ 자신을 방어하지 말라

두번째 원칙은 참 다루기 어려운 것이다. 나는 날마다 이 원칙에 나를 맡기고 순종하는 법을 배워야 했다.

세계가 무너진 사람이 자신에 대한 아무 근거도 없는 루머가 퍼지고 있는 것을 들을 때, 그는 모든 수단과 방법을 다 써서 그 소문을 입다물게 만들고픈 생각이 들 것이다. 어떤 사람들이 자신들에게 편리한 일반적인 생각에 근거하여 세계가 무너진 사람의 행동을 설명할 수 있다고 생각할 때, 그 생각들을 잠잠케 만들고 예외가 있다는 것을 알리고 싶은 유혹이 있는 것이다.

나는 예수님의 방어 전략을 연구해 보았다. 그것들은 오직 진리나 다른 사람들의 권리와 요구에 관한 문제가 제기될 때만 사용되었다. 예수님께서는 결코 자신을 방어하지 않으셨다. 이 원칙에서 나오는 결과는 물론 서로를 방어해 주라는 명령이다. 이것은 내가 방향을 찾고 있을 때의 성령의 가르침이었던 것 같다. 남들이, 친구나 동료들이 해 주는 방어나 변호 외에는 아무것도 없는 게 좋다. 스스로나 그 가족들이 방어하려고 해서는 안 된다. 그런 친구들이 있었고, 이 원칙은 그 정당함이 입증되었다.

■ 하나님의 전령(傳令)들이 주는 기쁨을 즐겨라

피스 리지는 아내와 내게 있어 참으로 아름다운 곳이다. 우리의 집이기도 하니까. 그러나 내 세계가 무너졌을 때는 광야가 되기도 했다. 아름답고 고요한 광야였다. 옛날에 모세나 엘리야, 세례 요한, 예수님, 바울같은 사람들도 모두, 쫓기고 있거나 뭔가 배울 것이 있거나 혹은 시험을 받는 시기에 광야로 갔다. 바쁘던 생활이 급정거하게 되면 무너진 사람은 별안간 자신이 "광야"에 들어와 있음을 알게 된다. 그게 바로 우리 부부가 있던 곳이었다.

그런 곳에서는 조그만 것들이 곧잘 눈에 띄는데, 생활이 복잡하고 북적댈 때는 금방 눈에 띄지 않는 그런 것들이다. 우리에게 있어 그 작은 것들은 새, 줄무늬다람쥐, 다람쥐, 사슴, 미국너구리 등이었고, 심지어 스컹크도 있었다. 꽃들과 나무, 숲속 길 모두가 그녀석들이 꾸미는 익살극의 극장과 배경 구실을 톡톡히 해 주었다.

피스 리지에 사는 것들은, 조금 이상한 친구관계이긴 했지만 어쨌든 우리 친구가 되었다. 우리는 줄무늬다람쥐 두 마리가 피스 리지를 둘러싸고 있는 돌담을 왔다갔다 하면서 한 놈이 다른 놈을 잔인하리만치 쫓아가는 것을 보며 웃었다. 황홀한 색깔과 나름대로의 개성을 가진 새들이 우리가 주는 모이를 먹으러 날아올 때도 우리는 그 모양들에 너무나 즐거워했다. 엄숙해 보이는 구슬픈 비둘기는 언제나 짝을 지어 오곤 했다. 과민 증상이 있는 듯한 박새들은 동시에 씨 하나를 움켜잡기 위해 조직된 공수부대처럼 함께 날아다녔다. 그리고 거만한 딱다구리와 은밀한 벌새들은 피스 리지에 오면 인사 겸 멋진 쇼를 보여주곤 했다.

다람쥐들은 새먹이통에 침입하려고 하는 데 정말 몇 시간을 보냈고, 우리가 막대기에 바셀린을 바르기 전까지는 대개 성공했다. 너구리들도 규칙적으로 찾아왔지만 둔하게도 새벽 세 시 삼십 분에 찾아오는 게 문제였다. 우리 친구들인 그 모두가 하나님의 전령(傳令)들이었다.

그들을 하나님의 전령들이라 부르는 까닭은, 어느날 그것들의 재롱이 최고조에 이르렀을 때 게일이 예수님께서 광야에서 시험받으실 때의 장면을 떠올렸기 때문이다. "들짐승과 함께 계시니 천사들이 수종(隨從)들더라"(막 1:13)라고 마가는 썼다. 이 동물들은 예수님도 이렇게 즐겁게 해 드렸을까?

우리는 TV, 뉴스, 프로 스포츠 경기, 스캔들같은 것들에 다 흥미를 잃었다. 우리를 둘러싼 이 모든 것으로부터 힘이 솟아났다. 마치 하나님께서 창조물 중에 사람이 아닌 것들을 특별히 고르셔서 우리를 위해 성을 지어주신 것 같았다. 그 성 안에서 우리는 생각하고 기도하고, 대화하고 서로 나누었다.

나무와 꽃, 하늘 그 모든 살아있는 것들이 인내와 힘주심의 전령들이었다. 그들은 우리의 즐거움이자 영감(靈感)이었고, 주님이 함께하심을 깨우쳐주는 이들이었다. 날이 갈수록 우리는 피스 리지라는 특별한 선물과 우리에게 보내신 "전령들"에 대해 그분께 감사를 올렸다.

■ 내면의 목회를 맡으라

가끔 무너진 세계 사람들에게 심한 타격을 주는 허탈한 사실은 제 기능 상실의 문제이다. *더이상 내가 무슨 가치가 있을까? 앞으로 어떻게 해야 하지?* 이것들은 내 안에서 활활 타고 있던 문제들이자 날마다 하나님께 몇 번이고 질문드렸던 것들이었다. 그분은 곧 예비해 두셨던 너무나 뜻깊은 대답을 해 주셨다.

그 해답은 어느날 아침 아내와 내가 읽고 있던 챔버스의 "지극히 높으신 분을 위해(My Utmost for His Highest)"에 담겨 있었다.

> 내면의 목회할 곳으로 들어가라. 주님께서는 욥이 친구들을 위하여 기도했을 때 그의 재난을 바꾸어 놓으셨다. 영혼을 구하는 자로서 당신이 일생에 해야 할 일은 바로 중보기도이다. 그분께서 당신을 어떤 환경에 갖다 놓으시든간에 즉시 기도하라. 그분의 용서가 당신 것이었듯이 다른 영혼의 삶에도 나타나도록 기도하라. 지금 친구들을 위해, 지금 당신이 접촉하고 있는 사람들을 위해 간구하라.

이 도전의 문구에 우리가 대경실색했다고 말한다면 여러분은 놀랄 것인가? 마치 주님께서 특별히 우리를 위해 이 글을 75년 전부터 준비해 놓으신 듯한 감격에 너무나 감사했고, 또한 힘차게 그 말씀을 들을 준비가 되어 있었던 것이다. 바깥 세상에서 성도들을 섬길 기회를 모조리 잃었다고 생각하던 차에, 챔버스가 부른 이 "내면의 목회"는 결코 잃을 염려가 없는 것이었다. 그것은 버려진 섬이나 감옥으로 배척당한 사람의 경우에 적절히 활용될 수가 있는, 결코 빼앗을 수 없는 목회였던 것이다.

그날 아침에 나는 일기장에 썼다.

> 챔버스는 우리에게 "내면의 목회"로 들어가라는 도전을 주었다. 중보(intercession)라는 것이 가장 고귀한 역할임을 그는 깨우쳐 주었다. 욥은 친구를 위해 간구한 후에야 회복될 수 있었다. 주님께서는 이 아침에 "내면의 목회"로, 내 친구들을 위한 중보의 시간으로 들어가야만 함을 말씀하고 계신 것 같다. 다시 외면의 목회를 할 기회가 있게 된다면 그건 나중에 그분께서 원하는 시간에 오게 될 것이다.

나는 계속 써 내려갔다.

내게 있어 내면의 목회란 이런 것이었다.

    a. 그분의 존전에서 경배하라

    b. 개인적인 불순함을 뿌리뽑으라

    c. 영원한 진리를 숙고하라

    d. 감사드리라

    e. 전 세계를 위해 기도하라

    f. 친구들을 위한 중보기도를 하라

아내와 나는 그날, 내면의 목회를 명하신 하나님의 부르심에 순종하기로 서로 맹세했다. 그때까지 우리가 장난삼아 손대볼 뿐이었던 목회였다. 내년까지 우리가 주님을 섬길 다른 방법을 찾지 못한다면, 아무도 우리에게서 빼앗아갈 수 없는 단 한 가지 방법을 따르기로 결정한 것이다. 우리는 중보의 원칙을 배우게 될 참이었다.

드디어 시작했다. 중보기도할 목록이 얼마나 빨리 커지는지 우리는 놀라고 감사했다. 매일 아침 우리는 피스 리지의 거실에 무릎을 꿇고 친구들을 하나님의 보좌 앞으로 올려드리는 것이 습관이 되었다. 사람들이 개인적인 걱정거리나 도전을 우리와 나눌 때면 우리는 즉시 기억했다가 매일의 기도 제목으로 삼았다.

중보는 목회의 놀라운 도구가 되었다. 지금까지 해 왔을 모든 설교나 글들보다, 사람들을 위해 무릎을 꿇음으로써 달성하는 것이 더 많음을 우리는 확신하게 되었다.

중보기도란 대부분의 사람들에게 쉽게 다가오지는 않는다. 많은 부부들이 서로를 위해 기도하는 것을 부담스럽게 여긴다. 이 일을 하게 된 지 오랜 시간이 지났지만, 더 늘어난 중보 원칙은 우리의 의지력을 필요로 했다. 그러나 하나님께서는 욥에게 주셨던 방법으로 우리의 세계를 재건시키시는 법을 찾게 하셨다. 우리 자신을 생각하는 것에서 나와 친구들을 위해 기도하게 하신 것이다.

요즘은 친구들을 위해 기도하는 장소에 무릎꿇지 않으면 완전한 하루가 된 것 같지 않다. 우리 기도 목록에는 많은 목회자들이 있는데, 특히 큰 교구를 이끌면서 지혜와 후원을 필요로 하는 젊은 목회자들이 많다. 우리 아이들, 부모님, 형제들과 그 가족들도 포함되어 있다. 또한 전 세계에 걸친 많은 친구들도 있다. 개인적으로 알지 못하는 사람들도 몇몇 있었지만 하나님께서 우리 마음에 그들을 넣어 기도하게 하셨다.

자정 이후에 잠이 오지 않을 때도 이 목회를 하게 되었다. 눈을 말똥말똥 뜨고 과거 일과 앞날에 대해 근심하게 될 때마다, 나는 전 세계적인 비젼을 가지고 중보기도함으로써 그 근심을 물리치는 법을 배웠다. 중학교때 지리 수업시간에 배운 것들을 잘 활용하면서, 아르헨티나 남부 깊은 곳으로부터 시작해 세계를 돌았다. 남아메리카 국가들에 대해, 그 나라들 안에 있는 수많은 도시들 중에 기억나는 것들이 얼마나 있나 보면서 기도했다. 그리고 내가 만나거나 이름을 들어본 국제적인 교회 지도자들을 위해 기도했다. 남아메리카 다음에는 카리브해 섬나라들과 중앙아메리카의 파나마 운하 부근의 국가들이었다. 멕시코, 미국, 캐나다의 주와 지방도 돌았다. 위로 유럽, 아래로 아프리카, 인도 부근, 아시아, 그리고 태평양에 있는 나라들 순으로 기도했다. 그러나 대개는 이집트를 넘기기 전에 잠이 쏟아지곤 했다.

이 중보라는 피스 리지 원칙이 우리 생활의 재건 과정에서 핵심적인 역할을 했다는 것에 대해 나는 한 치의 의심도 없다. 이제 우리는 기도의 대상이 된다는 것, 다른 이들을 위해 기도한다는 것, 그들이 필요로 하는 것을 알게 된다는 게 어떤 기분인지를 잘 안다.

CHAPTER 15

피스 리지에서 얻게 된 원칙들 2

> 듣고, 받고, 주고, 그런 후에 기대하라.
> 은혜가 주어지는 곳으로 돌아갈 마음이
> 있는 사람은 광야에서의 시간을 한
> 순간도 낭비하지 말라.

피스 리지에서 우리는 천국에서 오는 전령들과 함께, 그리고 다음과 같은 질문을 생각하며 지냈다. "2주일 안에 교수형당하게 되어 있는 사람은, 그 사실로 인해 마음이 놀랍게 집중됨을 알게 될 것이다." 새뮤얼 존슨(Samuel Johnson)이 200년도 더 전에 한 말이다. 물론 내가 그런 상황에 놓인 것은 아니었으나, 가끔씩 그게 바로 내가 받아들여야 할 마음가짐이 아닐까 생각되었다. 그런 분위기 속에서 내 마음은 잘 집중되었다. 과거 어느 때보다 더, 하나님과 나 자신에 대해 중대한 진리를 찾아야 할 시기였다. 우리 부부는 그 일을 하기로 작정했다.

거기서 다섯번째 규율이 나왔다. 이런 것이다.

■ 내면 깊은 곳에 귀기울이라

최근에 와서 우리는 고요하라는 원칙을 들어보라는 원칙과 동일시하게 되었다. 우리는 주의집중하는 마음을 가진 자들에게만 찾아오는 천국의 진리가 있는 깊은 곳에 귀기울이는 자가 되기를 원했다. 대개 그런 마음은 고통하고 있는 마음이나, 재건의 기회를 찾고 있는 무너진 세계 사람의 마음이었다.

요셉이 자신의 수년간의 노예생활, 감옥에 갇힌 일, 학대를 생각하면서 "당신들은 나를 해하려 하였으나 하나님은 그것을 선으로 바꾸사"(창 50:20)라고 말할 수 있었던 것처럼, 우리도 고통을 그렇게 바라보길 원했다. 우리 질문을 그것과는 조금 달랐다. 이 기분나쁜 사건과 결과를 어떻게 받아들여 그것에서 선한 것을 끌어내겠는가? 그게 정말 가능할까? 인간이 저지르는 가장 나쁜 짓이 선한 것으로 바뀔 수 있는가? 하나님께서 악을 다스려 주실까?

이 문제에 대답하기 위해서 우리는 성경을 펴고 신구약 모두를 훑어보았다. 여러가지 이유로 인해 세계가 무너지는 경험을 한 사람들의 이야기들을 샅샅이 훑었다. 앞에서도 말했듯이 거의 모두가 그런 경험들과 관련이 있었다. 그리고 그 순간들이 위대한 영적 통찰력, 발전, 신실한 행위로의 전환점이 되었음을 이해하게 되었다. 참으로 위로가 되는 놀라운 약속이었다.

영적인 고전들 또한 많이 들여다보았다. 아래에 기술한 그 모든 남녀들이 모두 우리 친구가 되었다. 에이미 카마이클, 그녀는 특별히 잘못한 일이 없음에도 일련의 사고를 당해 고통당하고 인생의 마지막 20년간을 병상에서 보내야 했다. 오스왈드 챔버스는 제 1차 세계 대전 동안 주님 사역에 너무나 열심하고 육적으로 혹심하게 일한 탓에 생명을 잘 돌보지 못했다. 윌리엄과 캐서린 부스는 구세군을 창설하는 과정에서 오는 온갖 조롱과 낙담시키는 것들을 모두 견뎌야 했다.

나는 성 어거스틴의 참회록을 두 번 읽었는데, 하나님께 자신의 삶을 드린다는 것의 의미를 배우는 와중에 겪은 이 초기 신부의 깊은 고뇌에서 통찰력을 얻었다. 초기 청교도 목사였던 존 번연은 영적 자서전 '넘치는 은혜'에서 자신의 삶을 우리에게 열어보였다. 악과의 전쟁에 대한 그의 이야기를 다 읽은 후에야 나는 '천로역정'과 알렉산더 화이트의 두 권짜리 저작인 '번연의 인물들'에서 읽은 것들을 이해할 수 있게 되었다.

찰스 카우만 여사의 '광야의 샘(Streams in the Desert)', 그리고 챔버스의 "지극히 높으신 분을 위해(My Utmost for His Highest)"는 매일의 영의 양식이 되어 주었으며, 우리의 마음을 살찌우기 위해 주님께서 주시는 말씀을 놓치지 않고 공급해 주었다. 퀴스트와 베일리, 프랑소아 페넬롱, 토저의 기도, 기도서 표준판에 있는 경배의 언어 등등은 내면 깊은 곳으로 가는 우리의 영적인 인도물이 되었다. 그 모두로부터 재건 과정을 돕기 위하여 매일 하늘에서 직접 말씀들을 받을 수 있었다.

피스 리지에서는 참으로 여가가 많았기 때문에 우리는 책을 더 많이 읽었다. 아내와 나는 함께 읽고 있던 책을 토론하는 과정에서 서로 비슷한 결론에 도달했다. 무너진 세계를 - 치명적인 질병, 수치스런 실패, 심한 학대, 악과의 싸움, 말로 할 수가 없는 실망 등을 경험하고 견디어 온 이들이 쓴 책들은 우리 내면의 영에까지 강한 감동을 주는 능력있는 것들이었다. 그러나 충고와 명쾌한 이야기 외에는 별 줄 것이 없는 사람들이 쓴 책들은 솜사탕같이 그럴듯하기만 하고 영양가는 없었다. 진정한 기독교는 고난의 종교임을 우리는 배웠다. 무너진 세계의 순간에는 심연은 심연을 부르고, 고통은 고통을 가져오며, 실패는 실패를 찾는다. 기독교는 그 밤이 끝나면 더 나은 소망의 낮이 오리라 말하고 있다.

마음 깊은 것들에 귀기울인다는 것은 고요하게 묵상과 사색에 시간을 들이라는 의미이기도 하다. 성경과 고전들, 마음으로 들어오는 자극들을 통해 하나님께서 우리 영에 속삭이시는 것들을 모두 기록하려고 애쓰게 됨에 따라 우리 일기장은 한층 빨리 채워져나갔다. 초저녁이면 우리는 사색의 순간들에서 얻은 것들을 비교하고 서로 들은 것들을 가르쳐주는 대화의 시간을 가졌다.

주제는? 죄. 그로 인한 비통한 결과 뿐만 아니라 하나님과 교회에 대적하는 점과도 관련한 죄의 추함, 그리스도의 은혜와 하늘 아버지의 인자하심, 무너진 세계의 조각들을 들고 다시 붙여주실 것을 원하는 이들에게 내어 주시는 소망 등등이었다. 특히 수많은 사람들이 늘 소망과 재건을 찾고 있으나 그 필요로 하는 은혜와 동정을 발견하지 못하고 있다는 사실에 대해 곰곰 생각하게 되었다.

그러면 우리가 개인적으로 배운 것은? 조직의 지도자나 대중의 인지를 얻음으로써 오는 갈채가 하나님 보시기에는 얼마나 하찮은 것인가 하는 것이었다. 목표와 방침이 아무리 좋다 해도 상대적으로 공허하고 바쁜 생활은 어떻게 하는가. 대중 연설에서 쌓고 또 쌓아대는 말의 산들은 얼마나 값싼 것인가. 이것들이 나쁘다거나 사소하다는 의미가 아니다. 다만, 하나님께서 말씀하시는 마음 속 깊은 곳으로부터 양식과 영양을 공급받지 못한 영적인 기초 위에 서서 그런 일들을 한다면 열매맺지 못할 것은 뻔하다는 뜻이다.

게일은 우리가 처음부터 하나님이 주시는 힘 외에는 아무것도 없는 상태에서 쫓겨다녔다면 어땠을까 하고 궁금해하곤 했다. 재정적인 것과 살 곳은 그 어둠속의 나날의 진짜 문제가 아니었다. 격려, 의미, 안전이 문제였다. 마음속 깊은 곳에 귀기울임에 따라 우리는, 낙망했을 때 하나님께서는 다른 상황이었다면 전혀 이해하지 못했을 방법으로 속삭이고 계신다는 것을 배우기 시작했다.

피스 리지는 주의하여 귀기울일 장소로는 꼭 알맞은 곳이었다. 곧 우리는, 그동안 주님께서 하실 말씀이 너무나 많으시다는 것을 알게 되었다. 우리가 들으려고 하지 않았던 것들이었다. 보통 너무나 바빴고 소음이 굉장한 곳에 파묻혀 살았기 때문이다. 주님은 소리치지 않으신다. 내면 깊은 곳에서 속삭이신다. 멈추어 기다리는 사람, 멈추었던 사람들만이 깊은 곳에서 나오는 메시지를 들을 수 있다.

■ 자비를 받아들이라 ; 용서받은 자의 삶을 살라

이것은 피스 리지 규율들 중에서도 가장 지키기 어려운 것이었던 것 같다. 왜냐하면 나는 세계가 무너져버린 사람을 가장 지독하게 비난하는 사람은 바로 그 자신임을 알게 되었기 때문이다.

그 비난의 말들은 깜짝 놀랄 정도로 자주 내면 깊은 곳에서 튀어나왔다. 그것은 과거 일을 떠오르게 만들고, 초라함과 실패, 낭패감 등을 고스란히 다시 겪게 만드는 것이었다. 이젠 어쩔 수가 없어 하고 그 내면의 비난자는 속삭였다.

가끔 그것은 할 수 있는 한 은혜와 인정을 베풀어주려고 애쓰고 있는 친구들과 사랑하는 이들에게도 어려운 도전이 되는 말이었다. 그 꾀는 자는 내게 이렇게 속삭이는 듯 했다. "그 사람들의 애정은 진실하지가 못해. 괜히 네게 생색내는 거지. 조만간 너와 관계를 끊고 말 거야." 그들의 성공은 나의 실패를 더욱 눈에 띄게 해 주는 듯 보였다.

그런데 더욱 강한 음성이 깊은 곳으로부터 나와 속삭이곤 했다. "이 기간

동안 어쨌든 너는 가치있게 살지 못했다. 전부터 넌 스스로를 죄인이라 말했고, 지금 모두에게 증명한 것 뿐이다. 진실은 숨겨져 있었지만, 이제는 너 자신으로 돌아왔고 증거도 확실하다. 너는 십자가로 다가왔고, 너의 행동을 입에 둘 때이다. 너를 새롭게 하시는 그리스도의 속죄의 능력을 믿는가, 믿지 않는가. 믿는다면 용서받은 자의 삶을 살아야 하지 않겠는가."

그 삶이란 어떤 것인가? 고요하고 겸손하며 감사하며 민감하고, 예전보다 훨씬 간절하게 섬기고자 하는 열정으로 가득한 삶이다. 용서받은 자는 기본적으로 그렇게 산다.

나는 용서받은 사람은 어떠해야 하는가를 보여준다고 생각하는 일련의 차분한 지침들을 적어 보았고, 하루하루 기회가 날 때마다 주님의 도우심으로 지켜나갔다.

고요하라, 자신을 재촉하지 말라.
방어하지 말라 ; 주먹을 풀어라.
기회가 있을 때마다 섬기는 자세로 임하라.
할 수 있는 한 감사하라.
모든 이들에게 확언을 해 주어라 ; 그들의 삶을 일으켜 주라.
되도록이면 새로운 것을 알려고 하지 말라.
먼저 뉘우치는 자가 되라.
다른 이들과 함께 기도함에 있어 망설이지 말라.
삶을 질서있고 믿음직스럽게 가꾸라.
패배를 수용하고 거기서 배우는 자가 되라.
처음 도착했을 때보다 조금은 더 좋은 인상을 남기고 떠나라.
분주함과 흥분거리에 중독될까 주의하라
사람들 생각에 따라 끌려다니지 말라 ; '안 됩니다'를 적절하게 사용하라

■ 고통을 피해 다니지 말라 ; 당당히 뚫고 걸어라

이게 바로 피스 리지에서 배운 일곱번째 규율이다.

육상과 크로스 컨트리 선수였을 때, 나는 챔피언들은 고통의 문제를 가지고 많은 시간을 투자해 연구한다는 것을 배웠다. 나같은 평범한 선수들은 고통을 달리기가 끝나는 지점으로 만들어버리는 반면, 챔피언들은 도약의 발판으로 만든다. 그들은 우리가 항복하고 마는 것을 알고 있었다. 고통의 순간을 끝낼 때라고 생각하지 말라. 이제 가장 잘할 수 있는 순간으로 들어가는 시작일 뿐이다.

선수였을 때 나는 고통에 항복해 버린 적이 많았다. 내게 있어 고통은 멈추거나 늦추라는 신호였다. 피스 리지에서, 우리는 평범함의 규율을 되풀이하지 말자고 결정했다. 우리는 고통스럽고 힘든 일들을 모조리 마주할 참이었다. 질책, 소문, 모진 비판에서 오는 것이든 침묵함으로 오는 것이든, 함께 마주해야 했던 그 상처, 무능력함에서 오는 고통 등.

무너진 세계의 고통을 처리하는 데 있어서의 선택 사항은 무엇인가? 감정적, 영적인 신경을 꺼버리는 사람이 있다. 화를 내거나 자기방어로 고통을 피하는 이도 있다. 우리는 고통을 받아들이고 그 아픈 결과의 영향이 그대로 임하도록 놔 두는 게 가장 좋은 방법임을 믿게 되었다. 이것은 매저키즘(masochism : 자기학대에 기쁨을 느끼는 정신 경향 : 역주)이 아니다. 정화시키고 더욱 주의하게 만드는 한 과정이다. 또한 악의 무서움에 다시금 민감하게 만들고 죄에 대응하는 능력을 길러준다. 마치 알콜 중독자가 술을 마시고 싶은 유혹이 올 때 몸을 대응하게 만드는 앤터뷰스(알콜 중독 치료제)처럼.

재건 과정에는 고통을 받아들이는 자세가 필요하다. 무너진 세계 사람은 평생을 안고 살아야 할 쓰라림이 있을 수도 있다는 것을 확신하고 있긴 하지만, 어쨌든 아무리 엄청난 고통이라도 끝이 있다. 그것은 죄지은 결과의 한 부분이므로.

■ 은혜를 원하고 있지만 얻지 못하고 있는 이들을 찾아보라

피스 리지에서의 짧은 시간 동안, 게일과 나는 우리가 친구들과 그동안 알고 지내지도 못했던 수많은 사람들로부터 엄청난 양의 이해와 애정을 받고 있다는 것을 깨달았다. 그들은 편지를 보내거나 다른 형태의 통신 수단으로 자신들의 존재를 알려 왔다. 우리는 교회가 커다란 양의 은혜를 베풀어줄 능력이 있음을 알게 되었다. 종종 알려지지 않는 게 탈이지만. 용서하지 않거나 동정하지 않는 그리스도인들에 대해 말하는 것이 훨씬 손쉬울 것이다. 그러나 우리들의 경험은 그게 아니었다. 그보다, 주를 따르는 사람들로부터 오는 격려의 바람이 얼마나 능력이 있는가에 대해 우리 부부는 정말로 놀랐다.

그러나 우리는 우리에게 보여진 그런 애정과 친절을 경험해보지 못한 사람들이 너무도 많다는 것을 알게 되었다. 그래서, 비록 이렇게 고요한 가운데 있긴 하지만, 우리 영혼이 무너진 세계로 고통받고 있는 사람을 보게 될 때마다 은혜를 베풀 수 있는 방법을 찾을 수 있을 것이라고 결정하게 되었다.

누가 될까? 신문 파는 소년인가? 차 정비소의 서비스 관리인인가? 논쟁 심한 태도로 인해 교회에서 물러난 목회자인가? 동성연애로 괴로와하는 사람? 사업에 실패한 사람? 좀처럼 견디기 힘든 수많은 유혹들로 괴로와하고 있는 중년 남녀? 혹은 재난의 직전에 몰려 결혼생활이 갈가리 찢긴 부부?

우리가 격려의 편지를 보낼 수 있는 곳이 어디일까? 좌절한 영혼을 보듬어줄 전화 한 통화를 언제 해줄 수 있을까? 누군가 피스 리지로 초대해서 밤새도록 있게 하면서, 그곳을 우리가 원하는 곳, '은혜의 가정'으로 만들 기회가 있을까?

모든 규율들 중에 이것이 가장 창조적인 것이 되었다. 우리는 기독교 공동체 안의 지도자의 자리는 옆으로 밀어놓을 수 있다. 조직의 한 직무일 뿐이기 때문이다. 그러나 은혜를 베푸는 행위는 결코 밀어놓을 수 없다. 섬기기 위해서, 그것은 어쨌든 진정한, 성경에서 말하는 지도자의 의미이다. 언제나 나보다 더욱 곤란한 사람이 있기 마련이다. 나중에는 불만과 실패감을 가져올 면밀한 질문으로부터 이득을 얻는 사람도 있다. 자신을 가치없다고 생각하는 사람의 삶에 가치를 심어줄 기회도 항상 있다. 조금만 이기주의를 버린다면 줄 방법은 언제나 있는 법이다.

은혜 베풂과 중보 기도는 같이 시작된다. 우리가 위해서 기도하던 이들이 바로 도움주는 이들이 되었으니 말이다.

■ 하나님을 찬양하는 방법을 알고 있는 이들과 함께 있으라

말하기를, 하늘의 별이 그 빛으로 창조주께 영광돌리게 되어 있듯이 우리도 주를 찬양하게 되어 있다고 한다. 인간이 천국을 우러르며 감사와 찬양을 예수 그리스도의 하나님께 드릴 때 고귀함의 순간에 닿을 수 있다는 것은 가능하다. 그러나 그리스도인들이 찬양할 때 무너진 세계 사람들의 치유의 과정을 시작하게 된다는 것도 가능하다.

내가 무너진 세계에서 가장 지독하게 헤메고 있을 때 나는 어느날 댈러스 교회 집회에 참석하여 맨 앞줄에 앉게 되었다. 거기서 얼마 전 집회 참가 권유를 받았던 것이다. 그 교회에 오래 있으리라 결정했지만, 주최하시는 분들이 그렇게 열심히 준비만 하지 않으셨더라도 난 어떻게든 빠지려고 시도했을 것이다. 솔직히 난 누구와도 말할 기분이 아니었다. 그러나 억지로라도 참가하자고 느껴서 그곳에 있게 된 것이다.

집회가 시작되었을 때, 젊은 형제 자매들이 앞으로 나와서 연주도 하면서 찬양을 하기 시작했다. 계속 이어지는 그 찬양은 복음성가와 찬송가가 섞여 있었다. 그 선율에 감동받게 되면서, 나는 내면 세계에서 변화가 일어나는 것을 느끼게 되었다. 그 음악과 거기에 담긴 감사와 찬양으로 인해 나는 이상하게 들려올라감을 느꼈다. 내 마음이 그동안 무거웠다면, 나를 걱정하는 이들의 마음은 분명 가벼웠다. 함께 우리는 영혼이 올라가는 것 같았기 때문이다. 마치 독수리나 매를 땅에서 밀어올리는 상승 기류처럼 음악은 그런 역할을 해 주었다.

나는 영혼의 어둠 가운데서 올라왔다는 느낌 뿐 아니라, 목욕을 하고 온몸이 깨끗해진 기분이었다. 침울함이 사라짐에 따라, 조용한 기쁨과 정화된 느낌이 몰려들어와 자리를 잡았다. 나는 눈물을 흘리며 나의 격한 감정을 표현할 수 있을 정도로 자유함을 느꼈다. 그 모임의 찬양은 영혼의 치료제가 되었다. 그 능력은 묘사할 수가 없다. 결코 잊지 못할 날이었다. 그 성소에 있던 어느 누구도, 자기들이 무너진 세계로 괴로워하던 한 지친 인간을 얼마나 자유롭게 해 주었는지 모를 것이다. 그날 참석했던 다른 이들도 나같은 경험을 했을까? 분명 그랬을 것이다. 하나님께서 거기 계셨으니까.

　그 기간동안, 나는 조그만 감독교회(Episcopal chapel)의 아침 기도에 참석했던 적이 있는데, 그곳에서도 비슷한 경험을 했다. 댈러스에서와는 달리, 찬양은 잘 체계가 잡힌 의식에 따라 불려졌고, 기도를 하고, 강령을 읽고, 성경도 많이 읽고, 제단에서는 성찬식을 했다. 그러나 그것 외에, 갈 때마다 내가 기대했던 것이 하나 있었다. 제단 높은 곳에는 고통당하시는 그리스도의 모습이 있는 십자가가 있었다. 무너진 세계라는 괴로운 시기에 나는 그 십자가 아래에 앉아 죽어가는 구세주의 얼굴을 올려다보며 위안을 얻게 되었다. 그 얼굴은 괴로와 보였지만 한편 마음에 그려보고 이해할 수는 있으나 결코 형언할 수는 없는 사랑과 인자하심도 볼 수가 있었다. 어쨌든 나는 예수님 전에서 귀한 통찰력을 얻게 되었다. 댈러스의 자유로운 분위기의 집회에서 영적으로 목욕을 해서 정하게 되었다면, 이 정식의 예배에서 나는 평화와 질서, 치유를 받게 되었다. 간단히 말해 : 예수께서 거기 계셨다.

　흑인 친구들이 있었는데 그들은 손과, 놀라운 가스펠 리듬, 말할 수 없는 기쁨을 마음껏 표현하며 찬양드리는 법을 알고 있었다. 이 흑인 형제 자매들만큼 고통과 굴레, 그리고 해방이라는 치유의 메시지가 담긴 역사를 잘 알고 있는 이들도 없으리라. 그들은 공적 세계의 상황이 자유롭지 않으면 내면 세계에서 자유를 갈망하게 된다는 어려운 것을 배워 왔다. 소울의 전통에서 음악과 언약이 나올 때 슬픔은 오래 견디지 못한다. 그 친구들이 나를 나를 끼워줄 때 나는 사랑하고 사랑받는 데 자유로움을 느꼈다. 나 자신에 대한 확신이 없고서는 그 친구들과의 찬양 시간을 떠나지 못했다. 성령이 거기 계셨다.

　자유로운 분위기, 경건한 예배, 소울의 세 가지 찬양 전통 모두가 내게, 하나님을 찬양하는 휴식과 온전케 됨의 장소가 있음을 가르쳐 주었다. 세계가 무너져버린 사람들이 있어야 할 곳이다. 정말 그런 곳은 세상에 없다.

　주일 아침에 성소로 들어가는 무너진 세계 사람들이 얼마나 많을지 누가 알겠는가? 상상도 못할 숫자일 것이다. 그들은 무엇을 발견할까? 공허한 기도 속의 생기없는 경배, 지쳐서 힘없이 부르는 찬송, 끊임없는 발표일까? 아니면 성령을 맞는 열린 가슴, 주님의 축복을 감사하는 마음을 갖고 형제들의 고통에 같이 아파하는 그런 성도들일까? 두번째를 찾게 된다면 그들은 재건에 필요한 중요한 요소를 발견한 셈이 될 것이다.

여기 피스 리지에서, 게일도 나 못지 않게 카세트 테입에 담긴 이 찬양들에 사로잡혀 버렸다. 주일 아침 예배드리러 가기 전에 우리는 종종 두 시간 정도 앉아서 그 찬양들을 들었다. 그 시간이 지나고 나면 우리는 그 찬양들이 다시금 제 할 일을 훌륭히 마쳤음을 알 수 있었다. 하나님이 영광받으시는 곳에서는 깨지고 지친 영혼들이 회복되는 것이다.

■ 새로운 주제를 찾아 나서라

이것이 열번째이자 마지막 규율이다.

무너진 세계를 재건하게 되면 곧장 앞날에 대한 계획을 하고 싶기 마련이다.

"앞으로 어떻게 할 건가?" 친구들은 종종 물었다. 그 질문이 우리 마음 속에서 아우성을 치게 되었다. 난 몹시 대답을 해 주고 싶었다. 그들의 호기심을 만족시켜주고 싶었기 때문이 아니라, 나 자신을 다시 중요하게 쓰고 싶기 때문이었다. 그런 유혹 속에서 나는, 인간이란 어떤 정의된 기능에만 기반을 두고 자신의 주체성과 가치를 세우고 싶어한다는 것을 깨닫게 되었다.

나는 세례 요한이 무엇을 해서 먹고 살았을까 궁금하다. 그의 업무용 명함에는 혹 이렇게 써야하지 않을까? "광야에 외치는 자의 소리"라고.

나는 차츰 앞으로 해야 할 일을 걱정하는 것이 잘못된 일임을 이해하게 되었다. 더 중요한 문제는, 그동안 몰랐던 무엇을 알게 되었는가, 이 경험과 정보를 하나님께 영광돌리고 성도들을 섬기는 데 어떻게 이용할 것인가 하는 것이었다.

무너진 세계에의 경험을 하고 재건이 이루어지고 있는 중이라면, 그는 그동안 하나님께서 주신 말씀을 잘 살펴보아야 한다. 바울은 고린도 사람들에게, 하나님께서 위로하실 때 그 위로를 받아 잘 살피라고 했다. 그 위로가 다른 자들에게도 똑같이 주어질 수 있는 성질의 것이었기 때문이다.(고후 1:3-4 참조)

우리 부부에게 있어, 소망과 재건에 대한 말씀보다 더 중요한 말씀은 없었다. 날이 갈수록 나는 내 마음이 하는 말을 들었다. "소망을 생각하라, 소망에 대해 말하라, 할 수 있는 한 소망을 주어라." 우리는 그것을 피스 리지에서 가지고 나와 우리가 가는 곳 어디든지 알려주기로 했다. 소망없는 자들을 찾아 재건이 가능함을 말해주기로.

최근에, 한 텍사스 사람이 굉장히 높은 급수탑의 볼록한 쪽에 페인트칠을 하고 있었다. 서 있던 발판이 무너지면서 그는 안전 밧줄이 당겨질 때까지 50피트 가량 그대로 떨어지다가 곧 150피트 상공에 매달리게 되었다.

텔레비전에서 보니 구조대원들이 급수탑 꼭대기로 올라갔고, 곧 한 대원이 그 매달린 페인트공에게로 내려갔다. 마침내 둘 다 무사히 땅에 내려올 수 있었다. 그 구조작업을 보면서 나는 우리가 소망을 주고, 자기가치를 잃어버린 이, 허공에 매달려 흔들거리는 이에게 가치를 부여해주는 방법을 나타낸 그림을 떠올렸다. 그리고 그 일이 바로 내가 앞날에 해야 할 중요한 일이라는 것을 알았다. 그동안 소망을 받았으니, 이젠 내가 베풀 차례였다.

피스 리지는 하나님의 음성을 들을 수 있는 광야가 되었다. 세계가 무너져버린 다른 이들에게는 이 광야가 도시 한복판이나 정글 속 마을이 될 수도 있다. 하나님께서는 재건 과정동안 우리가 어디 있어야 하는지 아신다. 또한, 결코 실수가 없으시다.

광야에 있을 때, 우리는 어떻게 행동해야 하는지 알고 있다고 확신해도 된다. 그 때문에 이런 규율들이 우리에게 참으로 중요한 것이다.

알렉산더 화이트가 있던 에딘버러 교회에서, 어느 주일 아침 한 집사가 목사 사무실로 들어왔다. 그는 전날 그 교회에서 설교한 선교사에 대해 말하려고 온 것이었다.

"화이트 선생님, 그 사람은 로버트 후드 윌슨이 신실한 신자가 아니라고 하던데요."

로버트 후드 윌슨은 그 당시 바클리 교회의 목사이자 화이트의 친구였다. 화이트는 그런 그릇된 비난에 마구 화를 냈다. 몇 분동안 그는 목회자로서 윌슨이 영적인 생활을 얼마나 잘 영위하고 있는가를 말하며 변호해 주었다.

그가 말을 끝냈을 때, 집사가 말했다. "선생님, 그 선교사는 선생님도 신실한 신자가 아니라고 했는데요."

갑자기 그 들끓던 분노는 사그라들고 말았다. 그는 입을 다물고 생각에 잠겼다. 마침내 그는 대답을 기다리고 있던 집사에게 말했다. "형제여. 나를 혼자 있게 해 주게나. 내 영혼을 검사해 봐야겠네."

이것이 각각 다른 순간을 위해 영혼에 세워진 행동의 규율을 가진 사람의 반응이다. 한 형제가 정당치 못하게 비난당할 때는 금세 변호에 나섰으나, 그 자신이 비난당할 때는 입을 다물고 그런 부당하고 몰인정한 발언에 숨겨져 있을지 모를 진리의 핵심을 찾았다.

우리 잘못으로든 다른 사람 잘못으로든, 어쨌든 무너진 세계의 경험을 하게 되면 광야로 들어갈 시간임을 기억하자. 그러나 두려워하지는 말라. 고통이 심하다 해도, 인생의 다른 한 쪽 끝은 소망으로 가득할 것이다.

CHAPTER 16

여름용 지갑을 건네며

> 회복의 은혜를 베푼다는 것은 그리스도인들이 서로 나눌 수 있는 가장 위대하고 가장 특별한 선물이라 할 수 있다.

내 스스로 줄 수 없는 그런 귀한 선물을 다른 이들에게서 받지 않았더라면 나는 이 책에서 두 장, 바로 이 장과 마무리하는 장을 쓸 수가 없었을 것이다. 나는 이 두 장이 가장 중요하다고 생각한다. 내가 받은 선물은 회복의 은혜(restorative grace)라는 것이었고, 그것의 목적은 한때 무너졌던 개인 세계를 재건시키는 일이었다.

나는 매사추세츠의 렉싱턴에 있는 그레이스 채플(Grace Chapel)에서 목회자로 사역한 적이 있다. 그 교회는 주마다 성경 공부를 하던 소그룹에서 시작되었는데, 후에 그들은 정규적인 예배 모임을 만들고 목사를 초빙하게 되었다. 몇 년 뒤에 게일과 내가 그 훌륭한 성도들과 함께 12년이란 기간을 은혜 가운데 보낼 수 있었던 것이다.

그레이스 채플의 설립자들은 교회의 이름을 짓는 데 있어 그리스도인들간의 이해와 은혜의 체험을 기념하자고 결정했다. 이름, 특히 '그레이스(은혜)'같은 이름이 의미하는 것은? 가끔 교구에 어려운 일이 닥치거나 하면, 나는 우리 성도들이 그 이름에 어울리는 생활을 하는 방법을 알고 있었더라면 하고 생각하고 있는 날 발견케 되었다. 혹은 주님의 축복이 겹겹이 쌓일 때면 난 우리가 그렇게 살고 있구나 하고 확

222

신했다. 그러나 우리의 모든 것을 나타내는 이름으로 감히 붙여놓은 이 성스러운 단어에 담긴 뜻을 우리가 정말 모두 이해하고 있었는가? 참으로 중요한 문제였다.

채플에서 나오기로 사임서를 발표하고 난 뒤 얼마 지나지 않은 어느 날, 재능있는 시인이자 음악가인 우리 친구 켄 미드머(Ken Medema)가 피아노 앞에 앉아 이 교회의 이름을 놓고 노래를 불렀다. 그 멋진 이름과, 그것에 걸맞는 생활을 한다는 것이 무엇인가를 말하는 노래였다.

은혜
바로 이런 곳을 가리키는 말임을 알았습니다.
내가 만나는 사람들이
사랑스럽고 은혜로 충만함을 알았습니다

시간
여기 그렇게 많은 시간을 있어보진 못했고,
이 곳을 그리워해 왔습니다.
내가 예전에 있을 때와는
많이 달라졌지요.
앞으로 더욱 달라지겠지요.

변경
이제 새로이 개척할 곳이 생겼군요.
앞에 놓인 일들이 매우 궁금합니다.
이제 여기서 되어질 일들이

새로움
인생에도 새로운 것이 올 테고
도대체 여러분은 무얼 하실 작정이십니까?
어떻게 해 내시겠습니까?

불어오는 성령의 바람을 맞으시길 바랍니다.
그것이 나의 기도입니다.
흐르는 은혜의 강에 모두 담그시기 바랍니다.
그것이 나의 기도입니다.

이름
은혜(Grace)가 바로 여러분의 이름입니다.
선포하십시오
마귀는 묶이었고
날마다 은혜로 새로와짐을

자, 이 곳에서 무슨 일이 일어나든간에 나는
그것이 주님 주시는 기적같은 은혜가 될 것을 기도합니다.

나는 주위 사람들이 우리 교회 이름의 뜻을 완전히 이해했다고 생각하지 않는다. 그 사실을 확실히 안 것은 다음과 같은 사건 때문이었다. 주유소 직원에게 그레이스 채플 신용카드를 내 주었더니 그 직원이 미소지으며 하는 말이, "고맙습니다, 채플 씨. 또 찾아 주십시오." 했다. 나는 그가 '그레이스'란 이름을 가진 내 아내는 어떤 사람인가 궁금해했으리라 확신한다.

성인들의 이름을 따서 지은 교회 이름에 익숙해져 있는 가톨릭교 친구들은 가끔 이렇게 묻는다. "요즘 성 그레이스 님은 어떻게 지내시지?" 유대교 친구들은 이렇게 말하기도 한다. "좋은 이름이야. 그런데 왜 식사기도를 교회 이름으로 썼나?(Grace에 '식사기도'의 뜻이 있음 : 역주)"

여러분도 알 수 있듯, 이것은 우리의 특별한 이름을 단지 교회 간판이나 사인할 때, 성도 카드에 쓰이는 상징 외에는 아무것도 아닌 것으로 만들어 버리기 쉬운 것이다. 심지어는 그 중요한 이름을, 바쁠 때는 그저 'G.C.'라고만 말할 때도 있다.

대부분이 은혜란 것을, 우리가 정녕 필요로 할 때만 깊이 생각하는 경향이 다분하다. 예를 들어 어느 오후, 자동차 속도 측정장치를 가진 경찰이 나에게 길가로 차를 대라고 할 때 나는 은혜가 있기를 절실히 기대한다. 운전면허증을 본 후 경찰은 그 번호를 본부에 무선으로 조회해 보고 나서 돌려주며 말한다. "됐습니다, 맥도날드 씨, 아무 전과(前過)도 없군요, 계속 그렇게 운전하시기 바랍니다. 좋은 하루 되십시오." 나는 그게 은혜의 한 형태라고 생각한다.

보험료 납기 기한이 경과했을 때도 나는 은혜를 생각한다. 아들녀석 소득세 종이를 납기 기한을 하루 넘긴 뒤 우송할 때도 생각한다. 그녀석 뿐만 아니라 국세청의 은총도 빌어준다. 분명, 이렇게 자질구레한 것을 잘 감당치 못하는 사람들은 은혜에 대해 생각할 게 많을 것 같다.

그러나 여러분은 '내일'이란 말을 보장해줄 수 있는 수단이 단 하나 남은 것같이 보일 때 은혜에 대해 가장 많이 생각해볼 것이다. 그 외엔 아무것도 없을 때 말이다. 맞든 틀리든간에, 많은 사람들이 조금이라도 가치가 있는 내일이 있을까 걱정하던 때를 한두 번쯤은 가져 왔다.

내가 그 생각을 한 것은 어느날 뉴 잉글랜드 해변을 따라 걷고 있을 때였다. 예전에 거기서 막대기에 구명 튜브가 매달려 있던 것을 보았지만, 난 익사 직전까지 가본 적이 없어서 그것에 지대한 관심을 갖지는 않았었다. 어느날 내가 거기서 끔찍한 경험을 했다고 가정해 보면서, 그런 경우였다면 나는 그 튜브가 금방 사용될 수 있는가, 구명대로서의 기준치에 맞는 것인가 등등 날카로운 관심을 보였으리라고 확신한다.

진실로 말하지만, 내게 있어 은총이란 구명 튜브와 같은 것이다. 내 인생의 가장 어두운 시기에, 개인 세계가 조각조각 부서지고, 결코 다시 짓지 못하리라 확신하고 있던 때에 그 튜브는 던져졌던 것이다.

재건을 가능케 한 은혜는 무엇보다도 먼저, 하나님으로부터 왔다. 그것은 언제나 요청할 수 있었다. 은혜를 간절히 요구하는 누구에게든지, 주님 달리신 십자가가 유용함을 보증해 왔던 것이다.

은총은 또한 가까운 주위 사람들로부터도 받을 수 있었다. 가족, 친구들, 그리고 만난 적도 없는데 도움을 주고 싶다며 연락을 준 수많은 남녀들로부터 받았다.

그리고 교회로부터도 왔다. 영적 지도자의 자리에 있는 분들은 은혜를 회복을 목표로 확대하기로 결정했다. 정녕 '은혜'라는 이름에 합당한 사람들이었다.

은총을 확대시키기 원하지 않았던 사람들도 있었던 같다. 은혜를 경멸했기 때문이 아니라, 그저 줄 기분이 아니었던 모양이다. 우리 세계가 무너지고, 다른 사람들의 세계에도 손상과 상처를 가한 우리들은 우리로 인해 환멸을 느끼고 화가 난 사람들도 있다는 사실을 무시해서는 안 된다. 피해에서 쉽게 회복될 수 없는 사람도 있다는 것을 기억해야 한다.

은혜를 베풀어줄 마음이 없는 사람들에 대해 듣고 또 그들을 떠올려볼 때, 나는 방어하는 마음을 품고 싶은 유혹이 있었음을 고백한다. 그때 마음속 무언가가, 세계가 무너져버린 사람은 은혜를 요구할 처지가 못 되며, 또 받을 가치도 없는 사람임을 신랄하게 짚어 주었다. 그들은 단지 감사하게 받는 사람들이 되어야 한다. 그리고 은혜를 베풀 마음이 없는 사람이 있다면 그것을 그저 결과의 한 부분으로 받아들여야 한다. 그들이 은혜를 베풀고 안 베풀고는 그들과 하나님 사이에서 결정될 일이다.

역사에 보면 인간이 다른 인간을 잔혹한 행위, 착취, 복수 등으로 지배하는 많은 추한 순간들을 볼 수 있다. 그러나 다른 인간에게 은혜를 베푸는 매우 아름다운 순간 또한 볼 수 있다. 이 얼마나 다른가!

은총이 주어지는 아름다운 몇몇 순간들이 성경에 기록되어 있다. 예를 들자면 다윗이 사울에게 베푼 은혜를 들 수 있을 것이다. 다윗의 죄(간음)가 너무도 많이 지적받곤 하기 때문에 우리는 그가 또한 은총을 베풀 줄 아는 사람이었음을 잊고 있다. 나에 앞선 다른 연구가들도 오랫동안 연구해 왔듯이, 다윗은 사울에 대하여 복수할 모든 이유를 갖추고 있었다. 이스라엘이라는 한 나라의 왕이 조그만 양치기 소년에게 그렇게 애증의 태도를 지녀 왔던 것이다. 사울은 침체되어 우울했을 때 다윗에게 창을 던졌으나 그는 결코 되던지지 않았다. 사울은 다윗을 찾아 온 광야를 뒤지고 다니며, 자신보다 더 총명했던 그의 목숨을 기꺼이 없애려고 하였다. 무슨 이유에서든지 다윗을 찬양하는 소리를 듣기만 하면 질투심으로 불타올랐다. 게다가 친자식이 아버지보다 다윗을 더 아끼니 기분이 좋을 리가 있었겠는가!

그러나 다윗은 결코 반격하지 않았다. 결코 창을 되던지지 않았다. 광야에서 왕을 죽일 수 있었음에도 불구, 결코 사울의 허술함을 이용하지 않았다. 왕을 바보로 만들 수 있었음에도 결코 조롱하지 않았다. 은혜로서 응답했던 것이다.

은혜를 베푸는 다윗의 행위는 전장에서 사울이 전사했을 때 절정을 이루었다. 사울을 위한 다윗의 애통함은 정말 놀라울 정도다. 나는 그가 군대앞에서 울며 한 추도 연설을 인용하여 조금 더 쉽게 써 보았다.

> 사울의 죽음에 대하여 말하지 말아라. 무슨 일이 있었던가 떠들지도 말아라. 적들이 이것을 듣고 하나님을 조롱하는 구실로 삼을까 두렵구나. 사울과 요나단이 얼마나 사랑스러웠던고! 그들은 날렵하고도 강인했는데 ··· 그만 전쟁 중에 쓰러지고 말았구나. (삼하 1장 참조)

다윗으로서는 다음과 같이 말했을 성 싶기도 하다.

> 이 사람(사울)이 어떻게 죽었는가를 잘 보아라. 그는 위대하게 시작했으나 비참하게 끝나고 말았다. 이것은 중대한 실수를 저질렀을 때 일어나는 일을 말해 주는 좋은 실례가 된다. 결국 이렇게 끝나는 것이다. 자녀들에게도 이것에 대해 주저치 말고 말해 주어라. 여기서 교훈을 얻을 수 있을 것이다.

은혜를 베푸는 일에 대한 위대한 예로써, 사도 바울이 개종할 때와 3년 뒤 예루살렘 교회에 소개될 때의 상황을 들 수가 있다. 은혜는 두 사람으로부터 - 첫번째는 아나니아, 두번째는 바나바로부터 왔다.

다메섹에 사는 아나니아는 하나님으로부터 부르심을 받았다. 어떤 집에 가서 근래 도착한 다소 사람 사울이라 하는 자를 찾으라는 분부이셨다. 눈이 먼 채로 기도하고 있다고 하셨다. 아나니아의 반응은 항의였다. 사울은 그리스도인들을 죽이고 감금하는 일로 이름이 나 있는 자입니다 라고. 그러나 하나님은 이미 사울에 대해 큰 계획을 세우시고 아나니아로 하여금 사역을 수행할 것을 종용하셨다.

아나니아는 받은 명령대로 행했다. 성경에는 그가 집에 들어가서 사울에게 안수하며 다음과 같이 말했다고 기록되어 있다.

형제 사울아 주 곧 네가 오는 길에서 나타나시던 예수께서 나를 보내어 너로 다
시 보게 하시고 성령으로 충만하게 하신다 하니 즉시 사울의 눈에서 비늘 같은
것이 벗어져 다시 보게 된지라 일어나 세례를 받고 (행 9:17-18)

나는 어떻게 아나니아가 손을 뻗어 그 두려움에 잠긴 사람을 만지고 "형
제 사울"이라 부를 수 있었는가 종종 감탄하곤 한다. 손을 얹고, 친숙하게
인삿말을 하고, 세례를 주고 - 이것이 바로 그리스도인이 상대방에게 주는
은혜의 선물이다. 큰 위험 가운데 큰 값을 주고 베푸는 은혜인 것이다.

은혜의 반대 개념은 벌을 준다거나 보상을 요구하는 것 등, 보복
(retribution)이 될 것이다. 아나니아가 사울에게 가기를 거절하고 대신에
다음과 같은 쪽지를 보냈다고 해도 그리 놀라운 일은 아니다.

당신이 우리 그리스도인에 대한 생각을 바꾸실지도 모른다는 소식을 들
었습니다. 그게 사실이라면 1,2년 안에 여기로 돌아오십시오. 지금이나
그 때나 더 이상 적대적인 행위가 없다고 확신이 설 때 어디 중간 지점에
서 만납시다. 그 동안 당신은 예전에 우리에게 끼친 손실의 보상을 생각
하셨으면 합니다. 아무 보상도 없다면 우리는 소송을 제기할 것입니다.
우리 교회 대리인 이름은 · · ·

교회사는 물론 다르게 기록하고 있다. 아나니아가 은혜를 생각하고 보복
을 피했기 때문이다.

바나바는 그로부터 3년 뒤에 은혜베푸는 과정으로 들어갔다. 예루살렘
교회 안의 누구도 바울을 받아들이려고 하지 않자 그는 바울을 보증해주고
교회 지도자들과의 친교를 주선해 줌으로써 은혜를 베풀었던 것이다.

아이러니컬 하게도, 몇 년 후에 바울이 첫번째 전도여행에서 실패한 경
험을 갖고 있는 마가에게 두번째 기회를 주기를 거절할 때에 그 같은 바나
바는 그 상황을 관대하게 숙고해 보려고 애썼다.(행 15:36 이하 참조) 바울
로서는 마가에게 은혜를 베풀 방도가 없었다. 또한 바나바도 그 젊은이를
그렇게 퇴짜맞은 기분으로 놔둘 수가 없었던 것이다. 그래서 바나바는 마음
을 굳게 먹고, 바울과 갈라서서 마가를 데리고 전도여행에 올랐다. 마가를

옹호해주는 바나바의 마음은, 두번째 기회를 잃고 좌절하고 있는 사람들에게 소망을 주는 강력한 선례이다. 몇 년 후에 바울은 바나바가 옳았다는 것을 알게 된 것 같다. 장기적인 전망을 가지고 그는 마가에 대해 이렇게 썼다. "저가 나의 일에 유익하니라"(딤후 4:11)

다윗과 아나니아, 바나바처럼, 예수님의 비유에 등장하는 선한 사마리아인 역시 은혜를 베푸는 사람이었다. 강도질의 희생자가 된 한 이름없는 사람이 여리고로 가는 길목에 쓰러져 있었다고 예수께서는 청중에게 말씀하셨다. 성직에 있는 제사장이나 신학적으로 능통한 레위인은 그 사람을 피해 지나가 버렸으며, 그는 곧 죽게 되었다. 그 때 한 사마리아 사람 – 적어도 유대인이 볼 때는 아무 쓸모도 없는 이방인에 불과한 사람이 지나가게 되었다. 그는 상황을 짐작하고 강도만난 자가 회복되는 데 필요한 모든 것, 음식, 붕대, 옷, 따뜻한 보살핌까지 모든 것을 제공해 주었다. 모든 것이 은혜라는 친절한 손길로부터 주어졌다. 이것은 유대인들을 기분좋게 만드는 이야기가 아니었다. 그보다는, 진정한 이웃은 올바른 교리와 나무랄 데 없는 신학에만 열중하는 사람들이 아니라 은혜를 베푸는 사람임을 알도록 추궁하는 이야기였다.

회복의 은혜 없이는 무너진 세계가 하나님의 기준에 맞추어 재건될 수 없다. 불행하게도, 버림받고 배척당했다는 생각에 괴로운 나머지, 가능한 수단을 다 동원하여 어떻게든 그 산산이 부서진 세계의 조각들을 갖다 붙이는 사람들의 이야기가 많다. 그러나 이런 류의 재건 과정은 분노나 살고 보자는 욕망, 혹은 완고하게 자신을 증명하고 싶어하는 생각으로 가득 채워진다. 그 결과는 마치 내가 어떤 가전제품을 고치려고 할 때와 비슷한 상황이 되어 버린다. 부품이 몇 개 남게 되면 잘 작동될 리가 없잖은가.

또 그런 사람들은 이어서, 지금까지 있던 공동체 사람들이 자기를 더이상 환대하지 않는다고 여기고 다른 곳으로 가려고 마음먹게 된다. 그건 낭비라고 생각한다. 또한 그것은 우리가 그리스도인들이 가진 중심 목표의 하나를 잘못 이해하고 있다는 표시도 되는 것이다. 고통받는 자들을 구하고 실패한 자들에게 은혜를 베푸는 목표 말이다.

예전에 그리스도인으로서의 삶이 악몽같았다고 생각하며 사는 사람들이 이 세상에, 공동체 밖에 얼마나 많은지 알게 되면 놀랄지도 모른다. 이것이 너무 단순하다는 것은 알고 있다. 왜냐하면 무너진 세계를 갖고 사는 동안 고의로 회개하지 않고 있는 듯 보이는 사람들을 언제나 고려하고 있지는 않기 때문이다. 그러나 우리는 현대 교회의 중요한 활동으로서 회개와 은혜가 이루어질 수 있다면 무엇이 가능해지겠는가를 숙고해 보아야 한다. 우리가 의도적으로, 사람들을 포로로 잡고 있으며 세계가 무너지는 과정에 있는 이들을 낚아채 가고 있는 죄악에 도전하기를 시작한다면 무엇이 가능해지겠는가?

왜 우리는 영적 전쟁에 대해서는 실컷 얘기하면서, 막상 사상자가 있을 때는 놀라와하는 것인가? 그리고 사상자가 있을 경우에, 치료와 회복의 은혜라는 약을 공급해주는 "위생병"을 보내는 일에 왜 그렇게 지지부진한 것인가? 이 치유와 온전케 됨을 다시금 교회 안에서 찾을 수 있게 된다면, 이것은 은혜가 하나님으로부터 오는 선물임을 성도들이 믿기 때문에 그렇게 되는 것이다.

무엇보다도, 은혜(말 그대로 '선물'의 의미)는 용서와 치유의 사랑의 형태인 하나님의 능력이다. 그 선물은 받을 자격이 없다는 사실에도 불구하고 사람들에게 베풀어진다. 아름다운 보석의 단면처럼 은혜도 많은 형태를 갖고 있는 듯 하다. 예를 들어, 나는 하나님과 사람간에 평화의 상태를 가져다 주는 에너지로서 '개심(改心)의 은혜(reclaiming grace)'에 대해 말하려고 한다. 전통적으로 이것을 다시 태어남, 예수 그리스도를 구세주로 영접하는 것, 혹은 하나님께 믿음을 고백하는 순간이라고 본다.

나는 '재형성의 은혜(reforming grace)'라는 용어를, 한 인생이 성경이 말하는 '그리스도를 닮아감(Christlikeness)'으로 가는 느리지만 확실한 변화를 묘사하는 데 사용했었다. 이 과정 또한 하나님께로부터 온 것이다. 주님께서 성령을 당신을 따르는 자의 인생에 보내셔서 이것을 가능케 하신다는 것을 우리는 알고 있다. 성령의 선물은 그 은혜의 한 부분이다.

그 다음이 '회복의 은혜(restorative grace)'이며, 바로 이 장에서 다루고 있는 주제인 것이다. 이런 은혜는 통찰력을 갖게 되고 태도나 행위의 나쁜 행실을 인정하는 사람에게 내려진다. 회복의 은혜는 그 행실을 용서하시고 온전함과 쓸모있음으로 다시 이끄시는 하나님의 활동하심이다. 회개와 깨어짐에 대한 그분의 응답이다. 또한 나쁜 행실의 모든 결과가 사라진다는 것을 의미하는 것이 아니라, 하나님과 회개하고 돌아온 인간 사이가 온전하게 됨을 의미하는 것이다.

독자적인 아름다운 언어를 쓰곤 하는 캐런 메인즈(Karen Mains)는 회복의 은혜가 주는 영향에 대해 다음과 같이 말한다.

> 만물이 이 '다시 시작케 하시는 하나님'을 외친다. 우리의 모든 실패를 회복시키시는 하나님, 부활의 주님, 인간이든 문화든간에 상쾌한 출발과 탄생, 부흥케 하심에 쉼이 없으신 분이다. 그분은 시작의 하나님, 창시와 재생의 하나님이시다. 그분은 인생의 쓰디쓴 열매에 비료를 주어 썩게 하시고, 우리의 새날의 기회에 유기적인 문제를 이용하신다. 이 세상을 이슬로 상쾌하게 하시고, 인간의 시들어버린 마음에 성령의 소나기를 내려 주신다. (With My Whole Heart)

죄악이 얼마나 크든 회복의 은혜 앞에서 무슨 중요한 문제가 되겠는가? 원칙적으로, 회복의 은혜는 나쁜 태도나 행위가 저질러질 때는 언제나 필요하다. 대부분의 경우에 하나님과 그분의 법에 대적하고 있음을 깨닫게 된 사람은 이 은혜를 구하게 되는 듯 하다. 그것이 바로 다윗이 찾고 있던 것이다. "하나님이여 나를 살피사 내 마음을 아시며 ⋯ 내게 무슨 악한 행위가 있나 보시고 ⋯"(시 139:23-24)

그러나 나쁜 행실이 너무 지독하여 그 결과가 다른 많은 이들에게 영향을 주고 상처를 주었다면, 회복의 은총은 그 관련된 사람들로부터도 받는 것이 필요하다.

탕자의 아버지는 아들이 집으로 돌아왔을 때 회복의 은혜를 베풀어 주었다. 품꾼의 자격을 바라고 돌아왔는데 그 대신에 아들은 다시금 아들로 영접되어 옷과 가락지, 그리고 잔치를 즐기게 된 것이었다. 그게 바로 회복의 은혜이다.

어느날 지방 신문에 다음과 같은 조그만 광고가 났다. "[이름] : 네가 이 마을에 있는 거 알고 있다. 제발 아빠한테 전화해 다오. 사랑하는 아빠가." 그리고 집과 직장 전화번호가 적혀 있었다. 적어도 내 생각에는 그게 회복의 은혜를 베푸는 광고로 보였다.

어떤 형태의 은혜이든 사고 팔 수는 없는 것이다. 오직 주고받을 수만 있다. 은혜는 조각들을 모아 붙여 새것으로 만드는 '접착제'이며, 회개하고 깨어짐의 열매를 보임으로써 아버지가 탕자를 맞아들인 것처럼 다시금 가족 내에서 권리를 행사할 수 있음을 알게 해 주는 '환영 깔개'이고, 얼룩을 지워 깨끗케 하고 이제는 더 이상 아무것도 없음을 보여주는 '청소기'이며, 광도장을 찍어 이제 금액이 치러졌음을 인정하는 '고무 도장'이기도 하다. 그리고 하나만 더 말하자면, 은혜는 주님을 따르는 사람들의 생활에 기운을 북돋아 주는 '전류'와도 같은 것이다.

오래된 복음 성가의 가사에 이런 것이 있다. "인자하심이 크고, 은혜가 넘치네." 은혜의 문제를 놓고 볼 때, 네 가지 성경적인 말이 떠오르게 된다. 바로 은혜, 자비로움, 평화, 관대함이다. 우리는 은혜 안에서 행동하며, 자비를 베풀고, 평화를 전하고, 서로를 친절하게 대해야 한다.

은혜를 베푸는 사람은 생색내어서는 안 된다. 은혜를 베푼다는 것은 다른 이에게 '큰소리칠' 기회를 갖는 것과는 거리가 멀다. 베푸는 사람은 1등급 시민이고 받는 사람은 2등급이라는 의미가 아닌 것이다. 그런데 우리 인간들은 그런 분위기를 내는 때가 너무나 많다.

사실 말해서, 나는 죄를 지은 후에 못잖게 죄짓기 전에도 은혜가 절실히 필요한 죄인이었다. 그러나 많은 그리스도인들이 그것을 믿으려고 하지 않으며, 불행하게도 남을 대하는 태도에서 그것은 금방 드러난다. 은혜 베풂은 한 죄인이 다른 죄인에게 전해주는 일일 뿐이다.

자비롭게 행동할 때 우리는 은혜의 감정을 옮기고 있는 셈이다. 우리는 곤란에 처해 있는 사람을 경시하거나 품위를 손상시키지 말자고 결심했다. 예수님께서는 유대 지도자들이 데리고 온 간음한 여인을 결코 경멸하지 않으셨다. 인간으로서의 존엄을 가지고 대해 주셨고 여인의 앞날에 깊은 관심을 보여주셨다.

평화롭게 행동할 때, 그동안 실수한 사람이 저지른 잘못에 의해 성내고 상처를 받아 왔다 해도 우리 사이에 평화의 상태가 존재함을 보여주게 된다.

관대함을 가지고 행동할 때 우리는 한 단계를 더 나아가는 것이다. 우리는 격려와 소망, 필요로 하는 것들을 세계가 무너져버린 사람에게 마음껏 베풀어주게 된다.

우리의 세계가 산산조각났다는 사실이 공식적으로 알려지게 된 그 날 있었던 두 번의 방문을 아내와 나는 결코 잊지 못할 것이다. 각각 두 명씩 찾아왔는데, 첫번째는 지난 2년간 나의 비서로 일했던 두 젊은 남녀였다.

그들은 앉아서 내 얘기를 들으며 눈물을 흘렸다. 우리 인생이 얼마나 갑작스레 바뀌어 버린 것인가, 그 결과로써 그들의 인생도 얼마나 바뀌었을까. 내가 얘기를 마쳤을 때 그들은 어느새 방을 갈로질러 오더니 게일과 내게 손을 얹고, 우리를 위해 간절히 기도를 해 주었다. 그 이십 대 초반의 두 남녀는 우리가 상상도 못했던 은혜와 인정을 베풀어 준 것이다.

두번째 방문의 주인공들은 훨씬 나이가 든, 역시 남녀였다. 우리가 그 두 분과 동료들에게 해 주었다고 느낀 많은 특별한 일들을 조목조목 말해주며 우리를 위로해 주었던 것이다. 그분들은 더 자잘한 일들까지 말해 주면서, 역사는 그렇게 비참한 일만 있는 게 아니라는 사실을 잊지 말라고 했다. 은혜, 자비, 평화, 관대함이 그날 그 방을 가득 채웠다. 우리는 그 날로부터 며칠을 그 말에 의지해서 살았다.

회복의 은총은 수십통의 편지로도 전달되었다. 그 편지에는 애통함의 표현이 있었으나 또한 기도해 주겠다는 약속이 함께 있었다. 개인적으로 알고 지냈던 사람들은 대개 아내나 내가 그들의 삶에 조그맣게라도 변화를 준 긍정적인 일들을 생각해 내려고 애썼다. 현재 이렇게 슬퍼하는 것이 그리 소용이 없다면, 추억의 은행을 뒤지고 들어가서 긍정적인 변화를 가져왔던 일들을 기억해보라고 말하는 듯 했다.

우리 전화번호를 알아서는 전화해서 기도해 주거나 성경을 읽어주는 사람들도 있었고, 하나님께서 이 고통과 수치의 순간을 뭔가 유용한 것으로 바꾸실 것임을 확신한다면서 그들의 사랑도 변함없음을 말해주는 전화도 있었다.

몇몇은 집으로 찾아왔다. 게일과 나는 한 유명한 목사님의 방문을 정말 오래 기억할 것이다. 그분은 우리가 잘 지내고 있는가에 대해 걱정하고 있는 한 선교단체의 임원회로부터 온 분이었다. 그분은 우리와 같이 울고 기도해 주었으며 저녁도 함께 했다. 오랫동안 우리와 가깝게 지냈던 한 부부는 하룻동안 피스 리지에서 머물며, 물건을 사고, 차에 기름을 넣고, 전화를 받는 등의 하루 일과를 같이 하며 보낼 것을 청했다.

아버지는 우리를 만나러 비행기를 타고 오셨고, 차를 타고 피스 리지로 가는 동안 그분에게서 특별한 은혜를 얻었다. 그동안 우리 얘기를 들으시고 같이 울기도 하고 우리를 웃게도 만드셨다. 몇 년 동안을 떨어져 살았는데도, 은혜는 아버지와 아들을 예전에 전혀 몰랐던 친밀함으로 이끌어 주었다.

그 다음에, 내가 나중에 쓰게 될 특별한 그룹으로부터 은혜를 받았다. 그들은 우리 부부를, 마치 우송 도중에 깨지기 쉬운 물건을 스티로폼으로 싸듯 우리를 감싸 주었다.

이 모두가 은혜였다. 회복의 은혜였다. 궁극적인 소망은 회복이었다. 무너진 세계가 재건된 것이다.

100년도 훨씬 전에 D.L.무디는 그때 교회의 어느 부분이 능력을 오용하고 있다고 애정어린 비난을 했다. 그의 말에 의하면, 그 교회는 무디를, 불타고 있는 집 벽에 걸린 그림들을 정돈하려고 드는 소방관으로 기억했다 한다. 그 한 줄 안에서 그는, 주님의 교회가 우리에게 준 가장 근본적인 활동을 잊을 때 일어나게 될 상황을 똑똑히 보여준 것이었다.

은혜 베푸는 일보다 더 중요한 기능을 나는 더 생각해 낼 수가 없다. 그리스도의 사랑과 그분의 '개심(改心)의 은혜'를 한 번도 들어본 적이 없는 사람들에게, 그리스도를 닮는 믿음과 '재형성의 은혜'를 경험하기 원하는 젊은 성도, 혹은 갈등하고 있는 성도에게, 믿음의 형제 자매들을 심히 실망시키고 '회복의 은혜'를 갈망하고 있는 무너진 세계 사람들에게 은혜란 정말 중요한 것이 아니겠는가. 은혜가 있는 곳에는 소망이, 무너진 세계가 곧 재건되리라는 소망이 있다.

몇 년 전 '미국 의학협회 저널(Journal of the American Medical Association)'에서 제인 맥아담즈(Jane McAdams)는 30년대 경제공황 시기를 겪으며 살아온 69세의 모친에 대한 이야기를 쓰고 있다. 그 시기를 살아온 증거는 그녀의 검소함과 물건에 대해 철저하게 실용성을 따지는 태도에 잘 나타나 있었다. 단 하나 사치품이라고 할 것이 있다면, 그것은 서랍 깊은 곳에 넣어둔 프릴이 달린 화려한 잠옷이었다. "병원에 가야 할 때에 대비해서 말이다."

그 날이 왔다. 증상이 심해 병원에서 알아본 결과 심각한 암이었다. 맥아담즈는 어머니께 병의 경과가 아주 좋지 않음을 털어놓아야 하니 괴로왔다.

딸은 고민했다. "어머니께 말씀드려야 하나? 혹시 알고 계실까? 그렇지 않다면 혹시 의심하실지도 ⋯ 희망을 갖도록 해 드려야 하나? 사실 희망이 있는 걸까 ⋯ "

이런 질문들을 놓고 고민할 때, 그녀는 어머니의 생신이 얼마 남지 않았다는 것을 알게 되었다. 새 잠옷을 사서 선물을 하면 조금이라도 기쁘게 해 드릴 수 있을 것 같았다. 서랍 안에 간직하고 있던 잠옷은 누래지고 축 처졌으며, 유행도 지나 예쁘지 않았다. 그래서 그녀는 새 잠옷과 덧입는 가운을 사서 선물했다. "병을 고칠 희망이 없다면, 적어도 병원에서 가장 예쁘게 보이도록 해 드려야지."라고 생각한 것이다.

맥아담즈는 꾸러미를 푼 후에 어머니가 한 행동을 쓰고 있다. 그녀는 옷을 꼼꼼히 살펴 보았다. 잠시 후에 그녀는 포장과 잠옷을 가리키며 딸에게 말했다. "이거 가게에 돌려주면 안 되겠니? 사실 마음에 들질 않는구나." 그리고는 신문을 한 장 집어들며 상품 광고면을 짚으며 말했다. "네가 살 수 있다면 난 이걸 정말 갖고 싶단다." 어머니가 가리킨 것은 여름용 지갑 광고였다.

나는 믿을 수가 없었다. 우리 어머니께서, 사치에 관한 한 그렇게 엄격하신 분이 1월달에 그렇게 비싼 여름용 지갑을 갖고 싶어 하시다니, 사실 6월까지 쓰시지도 못할 물건을. 여름은 고사하고 봄까지도 살지 못하실 분이었다. 그와 동시에 나는 너무도 부끄러웠다. 나의 어리석음과 무지와 둔감함에 - 뭐라 불려도 할 말이 없다 - 오싹할 정도였다. 충격 속에서, 어머니는 마침내 당신의 병이 어떤 상태인가를 내게 묻고 계심을 나는 알았다. 어머니는 얼마나 살 수 있느냐고, 적어도 6개월은 살 수 있느냐고 묻고 계셨다. 내가 그 때까지 살 수 있다는 것을 믿고 있음을 보여준다면 어머니는 그렇게 하시리라고 말씀하고 계셨다. 그 비싼 지갑을 그냥 썩히실 분이 아니었다. 그날 나는 잠옷과 가운을 환불하고 여름용 지갑을 사 드렸다.

벌써 몇 년 전 얘기다. 그 지갑은 다 낡고 해어졌다. 모든 게 다 낡아지듯이. 그리고 다음주에 어머니는 당신의 83세 생일을 축하받으시기 위해 캘리포니아로 가실 예정이다. 선물은 뭘로 하느냐고? 세상에서 가장 비싼 지갑을 사 드려야지. 어머니는 더없이 유용하게 쓰실 것이다.

무너진 세계로 인해 고통받는 사람에게 주는 회복의 은혜라는 선물은 죽음을 알리는 잠옷이어서는 안 된다. 실패 후에도 살 인생이 남아있다는 것을 말해주는 여름용 지갑이어야 하는 것이다. 그것이 바로 주님 달리신 십자가와 빈 무덤이 주는 메시지이다. 그리고 또한 세계가 무너져버린 사람에게 교회가 주어야 할 메시지인 것이다.

CHAPTER 17

브래들리 장군의 방어 지침

> *우리는 영적으로 성장하려는 마음에 적대적인 악한 영의 공격이 반드시 온다는 것을 인식하고, 그가 가장 공격하기 쉬운 곳에 방어막을 튼튼히 쌓아야 한다.*

'장군의 생애 (A General's Life)'라는 자서전에서 오마 브래들리(Omar Bradley) 장군은, 수년 후에 베트남 전쟁의 미군 지휘관으로 활약한 윌리엄 웨스트모어랜드(William Westmoreland)와의 만남에 대해 회고하고 있다. 브래들리가 회고하고 있는 이야기 속의 웨스트모어랜드는 1936년 웨스트 포인트 사관학교 생도 중 대위였다.

그 두 사람의 만남은 여름 기동 연습 동안에 이루어졌다. 그 연습에서 웨스트모어랜드는 어떤 언덕을 사수하는 대대의 대장이었다. 젊은 대위와 그 부하들이 그 모의(模擬) 전쟁을 하도 형편없이 치르는 바람에 공격자들은 그 대대를 격파하는 데 쉽게 성공했다.

그 당시 소령이었던 브래들리 장군은 그 날 관찰 기록자였다. 언덕에서의 연습이 끝났을 때, 그는 젊은 대위를 불러놓고 말했다. "웨스트모어랜드 군, 저 언덕을 돌아보게. 적군의 견지에서 저기를 다시 보란 말이야."

웨스트모어랜드는 후에 이렇게 썼다. "돌아보고 나서야 나는 공격자용으로 쓰이는 숨겨진 길이 있다는 것을 알게 되었다. 그곳을 방어하는 걸 실패했기 때문에 심판이었던 그[브래들리]는 공격자들에게 승리를 돌린 것이었다."

브래들리 소령은 단호히 말했다. "자신을 항상 적군의 위치에 놓고 보는 것은 기본적인 일이다." 그는 군인이 전투를 계획하고, 어떻게 하면 방어해야 할 위치를 적군의 공격으로부터 잘 막을 것인가를 결정하는 순간에 대해 말하고 있는 것이었다.

나는 장군이 말하고 있는 중점이 무너진 세계를 어떻게 막을 것인가 하는 문제에도 쓸모가 있다고 생각한다. 나는 이것을 '브래들리 장군의 방어 지침'이라고 부르고 싶다 : 자신을 적군의 위치에 놓고 보라. "무너진 세계로 이끄는 그릇된 행실을 어떻게 피할 수 있을까요?"라는 질문이 있다면 바로 여기서 시작하라. 지난해동안 나는 젊은이들로부터 위의 질문을 비롯, 다른 것을 묻는 많은 편지를 받았다. 그들은 대개 공손하고 정중하게 이렇게 물었다. "큰 실수를 피할 수 있도록 제게 도움을 줄 만한 것들을 목사님 경험에서 조금 얻을 수 있을까요?"

참 가치있는 질문이긴 하지만, 사람들이 날 이 방면에 전문가라도 되는 듯 생각하는 것이 언제나 마음 편한 것은 아니다. 그러나 우선 대답을 하자면, 나는 보통 브래들리 방어 지침과 함께 시작한다. 자신을 먼저 살피고, 그 후에 자신을 적군의 위치에 놓고 보아라. 악의 근원은 안팎에서 사정없이 몰려오고 있다. 악이 개인 세계의 방어막 중에서 쳐들어올 수 있는 '갈라진 틈'을 발견하기 쉬운 곳은 어디인가? 대답은 각각 다 다를 것이다.

악을 마주할 때 우리는 영리한 적군을 상대하고 있는 듯 느낄 것이다. 우리가 그릇된 선택을 하기 쉬운 곳이 어디인가를 알아내려는 날카로운 적군에게 우리는 조심스레 관찰당하는 느낌이다. 우리 안에 하나님의 영광이 나타남으로 인한 주님의 기쁨, 그리고 주께서 본래 우리를 창조하신 뜻대로 사는 삶으로 인한 우리의 기쁨을 없애는 것이 그 적군의 목표이다.

죄를 지을 가능성에 대해 너무 시달리게 되면 과민하게 내성적이고 방어적인 사람이 되어 '요새에서 보는 관점(fortress mentality)'이라 불러온 것을 받아들이게 될 위험이 다분하다. 이것은 우리가 실패하지만 않는다면 깊이 관심을 가질 만한 썩 좋은 것이나, 그리스도인들은 세상에 나왔지만 그리스도의 왕국으로 나아가야 한다는 사실을 잊어버릴 위험도 있다. 그것은 피할 수 없는 상처와 재난의 위험을 의미하는 것이다. 자초한 상처가 많이 생기지 않기를 모두가 바랄 것이다.

2차 세계대전을 시작하게 만든 프랑스의 '요새에서 보는 관점'을 누구나 알고 있다. 마지노 선(Maginot Line - 제2차 세계대전 전에 프랑스, 독일 국경에 구축된 프랑스의 요새선 : 역주)뒤에 서서, 프랑스인들은 그것이 난 공불락의 요새라고 확신했다. 그러나 그들은 잘못 생각했던 것이고, 곧 상황이 그들이 짠 계획과는 다르게 돌아가기 시작했다. 짧게 말해서, 그들은 자신들을 적군의 위치에 놓고 보지 않아서 그 전례없는 기동성을 잘 살피지 못했던 것이다. 대단히 기동력이 좋은 군대의 침입을 방어하기 위해 필요한 것은 기동적인 방어 시스템이었다. 이 사실을 인식하지 못한 프랑스인들이 대경실색한 부분은, 적인 독일군은 자신들의 전략과, 빠르게 옮겨다니는 기술과 집중 공중폭격하는 능력을 적나라하게 보여주었다는 것이었다.

무너진 세계의 가능성을 막는 방법을 알려달라고 할 때 마음 속에 떠오른 것이 바로 이것이었다. 나는 적군의 움직임을 살피고 체크하는 수비, 하나님의 능력으로 인해 융통성있고 상상력이 풍부해지는 수비 방법에 대해 말하고 싶다.

개인 세계를 빠르고 융통성있게 방어하는 방법을 나는 일곱 가지로 나누어 보았다. 이것들 중 새로운 것은 하나도 없지만 큰 실패가 도사리고 있는 영역을 지적하는 데 도움을 준다. 각 방법을 나는 '개인방어구상(Personal Defense Initiative, PDI)'라고 부르려고 한다. 한 현대 군대 방어 전략[1]에 따른 이 시작은, 효과적인 방어를 하려면 우리 생활에서 나쁜 일이 일어나기를 기다리며 머뭇거리지 않는 공격적, 긍정적인 요소가 있는 개시도 필요함을 말해 준다.

■ 회개하는 생활방식을 택하라

우리 아들 마크가 일여덟살 때, 아내와 나는 그애가 실수를 했거나 잘못

---

1) 저자는 '전략방어구상(Strategic Defense Initiative, SDI : 비행중인 적의 탄도 미사일을 지상기지 또는 우주기지에서 강력한 레이저 광선 또는 입자 빔을 발사하여 격파하려는 구상. 1983년 레이건 대통령의 연설에 의해 시작됨)'을 인용하여 PDI라는 용어를 만들어냈다 : 역주

된 결론이나 의견을 냈다는 것을 인정하는 데 힘들어하고 있다는 것을 알아챘다. 우리가 아무리 그 사실을 일깨워 주려고 애써도, 그는 속에서 무시무시한 갈등의 전쟁을 치르고 나서 끝내는 변명이나 합리화를 하며 슬쩍 넘어가 버린다는 것을 알 수 있었다.

그애 엄마와 나는 이 성격이 무척 걱정되었다. 그걸 성인 될 때까지 그대로 가져간다면 사람들과의 관계에서나 동료들과 같이 일할 때 걸림돌이 될 것이 분명했기 때문이다. 고쳐 보려고 별 방법을 다 썼으나 별로 효과가 없었다.

어느날 게일과 나는 이 문제에 조금 새로운 접근을 시도해 보았다. 우리가 실수할 때마다 말과 감정을 있는 대로 과장해서 뉘우치고 있음을 보여 주기로 한 것이다. 예를 들어, 내가 한 말이나 행동이 잘못되었다고 아내가 지적할 때면, 나는 일부러 경악한 듯이 이렇게 소리쳤다. "뭐라구? 그게 정말이야? 그래. 맙소사, 당신이 옳아. 내가 잘못했어. 이렇게 무섭고, 끔찍한 실수를 하다니!" 그리고는 마크를 보면서 말했다. "애야, 무슨 일인지 알겠니? 아빠가 말이다, 실수를 했단다. 내가 잘못했어, 틀렸단 말이야!"

이런 반응은 대개 와락 터지는 웃음으로 끝을 맺곤 했지만, 이 행동이 되풀이됨에 따라 긍정적인 효과가 나타나게 되자 우리 부부는 정말 기뻤다. 마크는 자기 부모가 실수를 인정하는 데 아무런 거리낌도 없으며, 완벽한 사람이 못 되어도 괜찮다는 것을 이해하기 시작했다. 그애가 머뭇거리며 실수를 인정할 때도 우리는 그것을 똑같은 명랑한 방법으로 대하려고 애를 썼다. 춤이라든가 노래, 혹은 크게 박수를 치는 등의 방법을 썼지만, 곧 그런 야단법석을 떨 필요는 없게 되었다. 그는 이제 사랑이 있는 가족들 사이에서는 실수 한 번 했다고 세상이 무너진 듯 고민할 필요가 없음을 알게 된 것이다. 많은 세월이 흘렀고, 이제 마크는 사람들을 성장시키는 데 있어 내가 감탄할 정도로 훌륭하게 임하는 성인이 되었다. 이제 그는 남들이 매사에 솔직해지는 데 많은 도움을 주고 있다.

이것이 바로 회개하는 생활방식의 한 형태이다. 작든 크든 나쁜 행위가 우리 삶의 어쩔 수 없는 현실임을 인식하고 또 인정하며 사는 것이다. 많은 사람들이 그리스도인의 생활에서 성장한다는 표시는 더 나은 행동이라고 생각하는데, 그건 별로 도움이 되지 않는다. 나는 우선 성숙의 표시는 나쁜 행위를 식별하고 인정하는 능력에 있다고 말하고 싶다. 하나님의 거하심에 대한 의식은 우리를 무엇보다도 자제의 필요성을 인식하게 만들어 주게 된다.

삶에서 거룩함에 대한 건강한 관심을 보여주는 몇몇 현명한 그리스도인들은 다음과 같이 말한다. 빛으로 가까이 갈수록 그림자가 더욱 짙어지듯이, 그리스도께로 가까이 갈수록 우리 안에 살고 있는 악한 영은 더욱 많이 드러난다는 것이다.

따라서 회개하는 생활방식이 필요한 것이다. 이 PDI에 따라서, 성숙이란 것은 완벽해진다는 의미보다는, 우리의 안팎에 있는 하나님과 다른 영혼들을 대적하는 악을 기꺼이 마주하려는 의지를 의미하는 것이다. 나쁜 행실에 이름을 붙임으로써 우리는 그것들을 통제할 수 있게 된다. 그것을 포기하거나 던져버릴 수 있는 주도권을 쥐게 된다는 뜻이다. 우리가 죄를 고백하고 용서를 구할 때 십자가로 가져갈 수 있는 확실한 상징을 가지게 되는 것이다.

요한은 비교적 초신자들에게 애정어린 편지를 썼다. "나의 자녀들아 내가 이것을 너희에게 씀은 너희로 죄를 범치 않게 하려 함이라 만일 누가 죄를 범하면 아버지 앞에서 우리에게 대언자가 있으니"(요일 2:1) 요한은 죄를 짓지 않는 것이 바람직하다고 분명 쓰고 있다. 그러나 죄를 짓게 될 때는 - 요한은 또한 그렇게 될 것이라고 한다 - 하나님 앞에 그리스도께서 우리를 대언해 주실 것이라고 쓰고 있는 것이다. 그러나 우리가 회개하지 아니하면 아무 소용이 없다. "만일 우리가 우리 죄를 자백하면 저는 미쁘시고 의로우사 우리 죄를 사하시며"(요일 1:9)

코리 텐 붐(Corrie Ten Boom)은, 회개하는 생활방식을 가진 사람은 자기를 비난하는 자가 입을 열기 5분 전에 주님께 죄를 고백하는 습관을 들이게 된다고 했다. 맞는 말이다. 그녀는 청중들에게 "하나님과 계속 담화를 가지라"고도 말했다.

회개하는 생활방식이란 나의 잘못을 그리스도께, 그리고 내가 스스로 단언해온 나 자신의 이미지나 인격이 아니었음을 알 필요가 있는 사람들에게 시인함을 의미하는 것이다. "어린 여자아이에게도 맥베스 부인같은 심성이 들어있는 법"이라고 제임스 서버(James Thurber)는 썼다. 우리는 그 사실을 필요하고 또 가능할 때마다 하나님과 다른 이들에게 시인하는 일을 하곤 한다.

회개하는 생활방식이라는 것은 내가 앞에서부터 언급해 온 깨어짐이나 겸손함으로 바꾸어 쓸 수도 있다. 깨어짐은 통찰력을 얻게 될 때 잠깐 찾아오는 경험이 아니다. 바로 삶의 방식인 것이다. 정신이 갖추어야 할 태도이다. 혼자 내버려두면 우리의 사색의 생활, 언어, 행동 등 어느 것을 통해서든 악이 깨치고 나올 수 있다는 확신을 전제로 한다. 그러므로 우리는 반드시 명명하고 인식하며 또한 물리칠 준비가 되어 있어야 한다. 변명도, 합리화도, 부인도 하지 말라.

와치맨 니(Watchman Nee)는 쓰기를,

> 우리의 영혼은 깨어짐의 정도에 따라 해방된다. 규율을 잘 받아들이는 사람이 가장 잘 섬기는 사람이다. 많이 깨어질수록 그는 더욱 민감해진다. 스스로를 변호하려는 욕망이 클수록 그것 때문에 우리는 영적으로 못쓰게 되는 것이다. 스스로를 보호하고 변명할 때마다 우리는 영적인 민감함과 성령의 공급을 빼앗기게 된다. 자신이 쓸모있는 사람이라는 상상을 버려라. 이 기본적인 규율을 무시하지 말라.

몇 줄 내려가면 니는 이렇게 쓰고 있다. "섬김의 길은 깨어짐과 성령의 규율을 받아들이는 것에 있다. 섬김의 척도는 규율과 깨어짐의 정도에 의해 결정된다."

영적 규율중에 가장 명백한 것은 가장 열렬한 그리스도인들에 의해 좀처럼 논의되지 않는다. 그러나 이 규율을 개인적으로 공동으로든 지키는 것에 실패하는 것은 아마 무너진 세계로 인도하는 크고 작은 선택에 뿌리를 두고 있다고 할 수 있을 것이다.

내가 PDI라고 부르는 것을 존 번연은 다음과 같이 이해하여 우리가 아는 그런 훌륭한 하나님의 사람이 된 것이다. '넘치는 은혜'에서 그는 회개하는 생활방식을 다음과 같이 소개하고 있다.

나는 내 마음 속의 일곱 가지 혐오스런 것을 발견한다 : 1) 불신앙에 동조함. 2) 그리스도께서 나타내신 사랑과 자비를 갑자기 잊음. 3) 법의 효력에만 의존함. 4) 기도를 집중 못하고 냉담하게 함. 5) 내가 기도하는 대상을 돌보기를 잊음. 6) 더이상 기도할 것이 없어 웅얼거리기 십상이고, 벌써 가진 것을 악용할 준비를 함. 7) 하나님께서 내게 명하신 것들을 하나도 할 수 없는데, 내 부패한 것들이 참견하려고 함. 내가 선한 일을 한다해도 악이 보통 함께 있음.(Grace Abounding)

이런 병적인 내성에 불편함을 표시할 사람도 있을지 모르지만, 번연은 내면의 불순함이 작고 다루기 쉬울 때 찾아 밝히지 않으면 곧 거대해져서, 약해진 순간에 무너진 세계로 인도하는 선택을 하게 만드는 원동력이 된다는 것을 잘 이해하고 있었던 것이다.

■ 정기적으로 영적 훈련에 시간을 투자하라

어떤 사람들은 이것을 경건의 시간이라 하고, 혹은 헌신, 개인적인 경배라고도 하는데, 나는 영적 훈련이라는 용어를 가장 좋아한다. 말 그대로의 뜻이기 때문이다. 영적 훈련은 몸이 신체적 훈련을 받는 것과 똑같은 이치로 내면의 영에 적용된다. 아무리 천성적으로 재능을 타고난 선수라 해도, 훈련받지 않으면 전세계적인 경기에서 승리할 수 없듯이 말이다.

애플 컴퓨터사의 경영 최고 책임자인 존 스컬리(John Sculley)는 예전에 일했던 펩시콜라 회사의 공동 훈련에 대해 쓰고 있다. 그 회사의 신체적 훈련은 바로 몸을 중히 여기는 것이었다. 그 훈련에 대한 열정적인 변론을 보자.

그 훈련은 우리 모두가 최상의 컨디션, 정신적으로 민첩할 뿐 아니라 신체적으로도 건강한 상태를 유지하라고 요구했다. 점심 시간이면, 유리벽으로 된 회사 건강 센터는 그 회사의 떠오르는 별들로 만원이 되었다. 나처럼, 그들은 모두가 평범한 육군보다는 도전적인 해군에 있을법한 사람들이었다. 심지어는 운동하는 것까지도 경쟁의 한 부분이 되어 버렸다. 게시판에 붙은 벽보에는 간부들의 진전 상황이 도표로 그려져 나왔

다.(Odyssey)

쫓겨다니는 생활방식을 묘사하고 있는 것 같기도 한 이 이야기를 미화할 의도는 없다. 다만, 제값을 하기 위해 자신들이 하고 있는 일을 충분히 믿고 있는 이들이 있다는 것을 지적하고 싶었다. 이 사람들은 자기 몸이 직업적인 성공과 회사의 성공으로 이끄는 집단적 노력의 한 부분임을 이해하고 있는 사람들이다. 그러므로 몸을 훈련받고 조절하는 데 시간을 들이는 것에 대한 중요성을 아는 것이다. 다른 일을 더 하고싶을 수도 있지만 만약 몸을 단련하는 데 시간이 걸린다면, 그들은 아마 운동하기를 택할 것이다.

내가 관찰한 바로는, 많은 그리스도인들이 스컬리의 동료들이 직장에서 성공하고자 하는 욕망처럼 생활에서 축복과 성숙을 갈망하고 있는 것 같다. 그리고 자신들은 큰 잘못으로 이끄는 유혹이나 동기의 대상이 되지 않으리라 열렬히 소망하고 있다.

그들과 말해 보고 나서, 나는 다른 어떤 것보다 그들이 주님의 "잘했다"라는 칭찬을 소망하고 있다는 것을 확신하게 되었다. 이것을 '천국이 보증하는 성공'이라고 부르자. 하지만 우리는 스스로에게 가끔씩 물어볼 필요가 있다. 그 '성공'을 얼마나 절실히 바라고 있는가? 우리가 추구하는 것을 고백하는 것과 기꺼이 이루고자 하는 것을 실천하는 것 사이에는 종종 거리가 있지 않은가? 우리는 그 '성공'을 스컬리와 그 동료들이 원하는 것만큼 절실히 원하고 있는가? 우리 내면 세계의 핵심인 영을 훈련시키는 데는, 적군의 공격이 시작될 때 방어하는 훈련에는 상당한 시간이 걸린다.

방어를 위해서 시간을 들인다는 것은 영을 정비하기 위하여 매일 상당한 양의 시간을 떼어놓아야 한다는 것을 의미한다고 나는 확신한다. 그것이 바로 '내면세계의 질서와 영적성장'의 요지였고, 그 책에서 설명한 규율을 조금도 바꾼 적이 없다.

영적 훈련에는 성경 공부, 중보 기도, 묵상, 영적인 주제를 가진 책들을 읽어나가는 것 등이 포함된다. 쉽게 되는 사람도 있고 힘들어하는 사람도 있다.

이것을 할 때가 되면, 우리의 영혼을 할퀴려 드는 공적 세계의 온갖 소음들로부터 한 발짝 비켜서야 한다. 우리는 '하나님으로부터' 오는 소리, 위로를 주시는 속삭임을 청하여 균형감각과 안내를 회복하고, 천국의 관점에서 우리의 개인적 가치를 재확신함으로써 어떤 다른 원천으로부터 가치를 찾아 헤매지 않도록 해야 한다. 또한 주님의 능력을 의지하여 악을 잘 살피고 우리가 가진 가장 좋은 것을 영적 훈련의 결과로써 우리는 예수님과 만나야 한다.

다시 존 번연으로 가 보자. 가장 유명한 작품 '천로역정'에는 크리스챤이 사자 아볼루온에 맞서 맹렬한 싸움을 벌이는 장면이 나온다. 끈질긴 싸움의 전후에, 크리스챤은 자신의 힘이 하나님으로부터 직접 온다는 것을 깨달았다.

> 싸움이 끝나자 크리스챤은 말했다. "사자의 입으로부터 나를 구해주시고 마귀 아볼루온과의 싸움에서 나를 도와주신 주님께 감사를 드립니다‥‥" 그때 어떤 사람이 생명나무 잎을 가져다 크리스챤에게 주었고 그것을 받아서 싸움 도중에 얻은 상처 위에 붙였더니 순식간에 씻은 듯이 아물어 버렸다. 그는 또한 그 자리에 앉아서 얼마 전에 얻은 빵을 먹고 포도주를 마셨다. 이렇게 해서 다시 원기를 회복한 크리스챤은 빼어든 검을 그대로 손에 쥐고 말했다 ; "잘은 모르지만 또다른 적이 앞에 기다리고 있을지 모른다." (Pilgrim's Progress)

번연은 크리스챤의 여행 대부분을 자서전적인 관점에서 썼고, 이 점에서 그의 PDI 프로그램에 대해 명확히 말하고 있다. 영적 훈련은 무너진 세계를 방어하려는 그의 단 하나의 소망이었다.

날마다 내면을 들여다보고, 성경과 중보를 통해서 천국의 인도를 받는 데 특별한 시간을 들이지 않는 사람들은 크나큰 위험을 마주하게 된다.

■ 인간관계를 두텁게 하라

무너진 세계에의 경험을 가져오는 나쁜 선택을 성공적으로 방어하려고 한다면 상호간의 의무를 제공해 주는 중요한 개인적 관계를 발전시키기 시작해야 한다.

나는 어느날 TV의 대규모 자동차 경주를 흘끗 보고 나서 이 중요한 친교의 문제를 새로운 방향으로 생각하게 되었다. 경기 중간에 차와 운전자는 트랙을 빠져나와 '핏(pit - 급유나 정비를 하는 곳 : 역주)' 이라고 부르는 장소로 들어갔다. 즉시 다섯 명으로 된 한 팀이 그 차로 떼지어 몰려들었는데, 한 사람은 탱크에 기름을 채우고, 다른 둘은 타이어를 조사하여 교체할 건 하고, 한 명은 엔진의 유동성을 체크하고, 나머지 한 명은 운전자에게 마실 것을 주며 경기 전략에 대해 얘기를 나누었다.

TV아나운서가 말했듯 '핏 대원'이라 불리는 팀이 종종 운전자의 승리에 결정적인 역할을 한다. 그들의 맡은 일이 빠르면서 완벽하다면 경쟁에 놓인 운전자에게 몇 초라도 더 벌어줄 수가 있다. 그들은 차와 운전자에게 에너지와 전략, 승리의 자신감을 주어 트랙으로 돌려보내는 것이다.

그들이 일하는 것을 지켜보면서, 나는 우리 모두가 서로의 '핏 대원'의 일원이 될 필요가 있음을 깨닫게 되었다. 나는 내 생활에서 타이어를 점검해 주고 연료를 넣어줄 사람들이 필요하다. '경주'의 전략을 논할 사람들이 필요하다. 그것과 마찬가지로 다른 사람의 핏 대원으로 참가할 필요도 있는 것이다. 각각의 경우에 목표는 같다 : 서로가 이기도록 도와주는 것이다.

앞에서 보았듯이, 현대의 생활방식은 서로에게 균형과 양육, 방어망을 제공해 줄 인간관계를 빼앗아가고 있다. 대부분이 친척과 떨어져서 살고 있고, 우리는 생활이 얼마나 광범위한지 알지도 못할 만큼 바쁜 속도로 움직이고 있다. 교회 성도들은 우리의 어떤 단면을 보고, 가족들은 또 다른 면, 직장 동료들은 또 다른 면을 본다. 이 세 가지 면(또 다른 면들도 많겠지만)이 일치해서, 행위에 통합성이 있는가를 확신하는 일에는 별 중요성을 두고 있지 않은 것 같다.

우리는 내면의 자아에 반역과 속임수의 영 또한 있다는 것을 언제나 기억하고 있어야만 한다. 정말 강한 자만이 우리가 필요로 하는 그런 통합성을 유지할 수가 있다. 솔직히, 우리는 다른 사람들의 도움이 필요한 것이다.

바로 그것이 기독교 공동체가 해야 할 일이다. 또 바울이 "사랑은 모든 것을 덮어 주며"(고전 13:7 표준 새번역 성경)라고 한 이유이다. 대부분의 사람들이 이해는 고사하고 잘 인정하려고도 않는 구절이다. 우리는 서로 가까이 붙어 있어야 함을 말하는 것이다. 마치 공중전에서 편대 동료기의 조종사가 파트너 전투기 옆에서 나는 것과 같은 식으로. 내가 널 보호해 주겠다, 너도 날 보호해 다오 라고.

"사랑은 모든 것을 덮어 주며"라는 짧은 구절이 '책임'의 의미를 요약한다. 우리는 믿음 안에서 형제 자매들의 관심거리와 발전을 돌봐줄 책임이 있고, 그들도 우리에게 똑같은 책임이 있는 것이다. 그러면 어떻게 하면 그렇게 될까?

성장을 보일 때면 격려와 확신의 말을 해 주고, 하나님의 뜻에 어긋나는 행동을 보일 때는 하나님의 사람들이 지켜야 할 기준을 가지고 질책하고 붙들어주어야 한다. 그리스도를 닮아가는 과정 안에서 우정을 키울 수 있다는 것은 우리가 일생에 가질 수 있는 가장 귀중한 것들 중의 하나일 것이다.

한번 더 번연의 '천로역정'으로 돌아가서 크리스챤과 동료 '소망(Hopeful)'의 친교를 떠올려 보기로 하자. 크리스챤의 순례의 길이 거의 다른 사람들과의 동행으로 되어 있는 것은 우연의 일치가 아니다. 번연은 기독교가 고독을 씹는 종교가 아님을 지적하고 있는 것이다.

여행 중에 소망은 극심한 피로를 느껴 졸려워하기 시작하는데, 깨어 있지 않으면 큰 공격을 당할 위험에 놓이게 되었다. 크리스챤은 그를 깨어있도록 주의를 주고, 마침내 소망이 위험을 깨닫게 되자 그는 친구에게 감사의 말을 건넨다.

> 내 잘못을 인정합니다. 만약 내가 혼자 여기 있었더라면, 나는 잠을 자다가 큰 위험을 당하고 말았을 것입니다. 나는 지혜자의 한 말이 옳다는 것을 알겠습니다. '두 사람이 한 사람보다 나으니.'(전 4:9) 지금까지 당신이 동행해 주심은 내게 큰 자비였습니다. 당신은 당신의 노고에 합당한 보상을 받을 것입니다.(Pilgrim's Progress)

나는 친구가 스트레스를 받고 있다는 걸 알고 어려운 질문을 피함으로써, 그 친구를 완전히 망쳐버린 것 같은 친구관계를 생각해본다. 또한 감사하게도, 친구를 잃을 위험에 처했을 때 숨을 들이쉬고 정말 골수에 사무치는 심한 말을 하여 행동을 바꾸도록 한 적도 떠올려볼 수가 있다. 친구들이 내게 그런 똑같은 일을 해준 것을 기록하라고 하면 나는 끊임없이 쓸 수 있을 것이다.

　서로 책임감을 느끼고 있는 친구들 사이에 물어볼 수 있는 질문에는 무엇이 있을까요 하는 질문을 나는 종종 들어 왔다. 이런 문제에 관하여 적은 책을 거의 보지 못했기 때문에 나는 스물일곱 가지의 질문을 적어 본다. 이 개인 방어 개시 규율을 효과적으로 이용하기 위해서는 검토해 볼 만한 것들이다.

1. 지금 당신과 하나님과의 관계는 어때요?
2. 지난 주에 읽은 성경 말씀은 무엇이죠?
3. 그 묵상을 통해 하나님께서 주신 적용의 말씀은?
4. 요즘 생활중에 그분의 말씀을 잘 따르지 않는다고 생각되는 부분은?
5. 다른 이들에 대해 특별히 기도하고 있는 것은 뭐죠?
6. 당신 자신에 대해 특별히 기도하고 있는 것은?
7. 이 순간 마주하고 있는, 다 끝내지 못했다고 생각하는 특별한 과제는?
8. 어떤 습관이 가장 겁이 나죠?
9. 이번주에 신문에서 뭘 읽었어요?
10. 무슨 책을 읽고 있나요?
11. 잘 놀았습니까?
12. 요즘 배우자나 아이들과는 잘 지냅니까?
13. 만일 내가 당신의 배우자분께, 당신의 마음 상태, 영의 상태, 활력의 상태 등을 물었다면 뭐라고 대답할 것 같습니까?
14. 당신은 지금 적으로부터 오는 영적인 공격을 느끼고 있습니까?
15. 만약 사탄이 당신을 인간으로나 하나님의 종으로나 쓸모없게 만들어버리려고 애쓰고 있다고 칩시다. 그는 무슨 방법을 쓸까요?
16. 성에 대한 당신의 관점은 지금 어때요? 유혹당합니까? 환상을 붙들고 있나요? 아니면 즐기는 쪽입니까?
17. 재정적으로는 어떤 상태죠? (잘 챙겨가며 사는지? 걱정되는지? 아니면

큰 빚이 있나요?)

18. 지금 현재 사람들과의 관계 속에서 해결되지 못한 문제들이 있습니까?

19. 친한 동성 친구와 가장 최근에 만난 것은 언제입니까?

20. 지난 달 동안 비기독교 신자와 보낸 시간들은 어땠습니까?

21. 다가오는 주일이나 달에 마주해야 할 도전에는 무엇이 있다고 생각하세요?

22. 지금 현재 가장 두려운 게 뭡니까?

23. 잠은 잘 자요?

24. 가장 감사하게 생각하는 게 세 가지 있다면?

25. 신앙생활을 해 가면서 지금 상태에 만족하고 있나요?

26. 하나님과의 관계 중에 가장 크게 혼란을 겪고 있는 부분은?

성숙한 그리스도인들이라면 사역과 가치를 나눌 수 있는 사람들과의 개인적인 친교를 형성할 필요가 있음을 나는 이렇게까지 확신해본 적이 없었다. 그러나 이런 얘기를 할 때마다 사람들 - 특히 남자 - 은 내가 말하고 있는 것만큼 친밀한 관계에 있는 사람이 아무도 없다는 것을 시인하곤 했다.

다시금 예수께서 시몬 베드로에게 하신 관대한 말씀을 되돌아본다. "시몬아 보라 사탄이 밀 까부르듯 하려고 너희를 청구(請求)하였으나"(눅 22:31) 그것은 시몬이 조심하지 않았다는 경고였다. 앞으로 일어날 일을 알고 계셨던 '친구'의 입에서 나온 말씀이었다. PDI 규율이 적용된 것이지만 그것에 주의하지 않았던 것이다.

어떻게 서로를 보호해 줄 수 있을까? 친구의 눈을 들여다 보자. 비정상적인 피곤, 분노, 진실을 회피하는 듯한 눈치가 보이는가? 우리는 친구가 하는 말을 들어 봐서 모순과 화난 태도, 사람들에 대한 부정적인 비판 등을 차분히 알아낼 수 있다. 돈 쓰는 방식도 조금 살펴보자. 지나치게 쓰는가? 무언가 증명하고 싶어 하는가? 다른 사람들에게 주는 경의와 애정에도 주목해볼 수 있다. 배우자나 아이들을 사랑으로 대하는가? 너무 엄한가? 경멸적인가? 무례한가? 다른 사람들에게 너무 치근대진 않는가? 우리는 질문해 보는 습관을 들여야 한다. 뭔가 오용하고 있지는 않은지? 불면증? 혹시 일 중독은 아닌가?

나는 서로에게 KGB가 문초하듯 꼬치꼬치 캐물으라는 뜻은 아니다. 그러나 서로를 진심으로 아끼는 친구들이라면 서로를 무너진 세계로 인도할 가능성으로부터 보호해 주어야 한다. 나는 친구들을 보호할 한 가지 방법을 알고 있다. 그에게 꼭 붙어서 서로가 솔직해지는 것이다. 그럼으로써 친구가 제어할 수 없게 되기 전에 정도를 벗어난 생활방식을 짚어줄 수가 있는 것이다.

친구들이란 시간을 들여 만들어야 한다. 이 기독교 공동체의 친교를 두텁게 하는 일에 중점을 두지 않는 이상 우리 대부분은 그 시간을 갖지 못한다.

■ 그리스도께 속한 '찬양'을 자기 것으로 하지 말라

나는 여호와니 이는 내 이름이라
나는 내 영광을 다른 자에게,
내 찬송을 우상에게 주지 아니하리라 (사 42:8)

여호와께서는 선지자 이사야를 통해 이 말씀을 왕들과 패역한 지도자들에게 전하게 하셔서, 오직 그분께만 속한 영광을 백성들로 하여금 자신들에게 돌리게 하지 말라고 하셨다.

무너진 세계로 직통하는 선택이 일어나기 쉬운 장소마다, 이 문제는 가장 교묘하고 우리를 무감각하게 만드는 역할을 한다. 영을 죽이는 데 있어 사람들의 갈채에 중독되는 것보다 더 빠른 방법은 없다.

우리가 오직 하나님의 아들께 속한 찬양을 사람에게 보낼 때, 우리 모두는 그를 적의 손아귀에 던져넣는 데 일조한 죄를 범하는 것이다. 그들의 타락은 보지 않아도 뻔하다. 이 말은 우리를 섬기는 분들에게 적절한 감사를 표현하지 말라는 뜻이 아니라, 그 분들을 임명하고 또 찬사를 드리는 방법에 있어 더욱 조심할 필요가 있음을 말하는 것이다.

아마도 오늘날 우리는 기독교 공동체 안에서 이것을 허가하는 위험에 처한 듯 하다. 설교단에 서신 분들이나 조직 안에서의 지도자들 뿐만 아니라 교회 안의 모든 영역에서 그렇다. 세상과 마찬가지로, 우리는 우리 자신의 영웅을 만드는 위험을 강행하고 있는 것이다. 뛰어난 언변의 재능을 가진 설교자, 음악가, 사업가 혹은 예술가를 불문하고 말이다.

우리는 이들을 지나친 찬사로 망쳐서는 절대로 안 되며, 또한 그 찬사가 우리에게 오는 것도 허락해선 안 된다. 기분좋은 순간에 사람들이 말해주는 멋진 말들을 믿고 싶은 유혹이 너무도 심하다. 그런 갈채는 우리의 죄악된 상태와 하나님의 은혜에 매일 의지하며 사는 사실에 대한 인식을 슬그머니 흐려 놓는다. 찬사를 받을 때 우리는 감사함으로 받은 후에, 마음 속에 그것이 머물러 곧 믿을 만한 사실이 되기 전에 버려야 한다.

■ 재미있게 즐기는 데도 시간을 들이라

이 규율은 누구보다도 지도자의 자리에 있는 사람들을 위한 것이라 하겠다. 그러나 안팎에 도사린 적들은 인생의 이 기묘한 영역을 다른 어느 것들보다 잘 이용한다는 것을 확신하고 있다. 내가 '재미(fun)'라는 단어를 쓰는 것에 대해 얼굴을 찡그릴 사람들이 있을 것이다. 아마 그들은 '기분전환(diversion)'이라는 단어를 더 선호할지 모른다.

현대 기독교는 매우 심각한 인생관을 가지고 있다고 생각되어 왔다. 수고는 끝이 없고, 논의는 너무 진지하며, 세상은 위험한 곳으로 규정되어 있다. 이것들이 우리가 삶에 접근하고 일을 하는 표어 구실을 한다. 비평에 대한 민감함, 때로는 제한된 기금, 그리고 죄의식은 우리로 하여금 대단히 심각한 인생관을 갖게 만들고 삶의 기쁨을 위하여 순수하게 즐기는 것에 대해 불편해하도록 만들어버리기 쉽다.

'재미'라는 것은 생각과 감정의 운동이라고 부를 수 있을 것이다. 교회나 직장에서 일하면서 마주하기 쉬운 격심한 압력으로부터 한숨 돌리게 하는 기분전환 요법인 것이다. 나는 신약 안에서 이런 예를 찾을 수는 없었다. 성경 기자들은 사도들의 사적인 생활은 쓰고 있지 않기 때문에 그들이 사역 도중 종종 쉬면서 개운하게 음료를 마셨다거나 우스개를 하며 잡담을 나누었다는 얘기는 들을 수가 없다. 바울이 농담을 잘하는 사람이었다거나, 바나바가 어느 오후 나무 아래 누워 사색하기를 즐겼다는 것은 가능한 얘기일까?

오래 걸어야 하는 여행이나 뱃길, 혹은 사도들이 머무르는 집에서 그런 식의 기분전환이 있었다는 것이 이치에 맞을 것이다. 오늘날 우리는 그런 휴식의 순간들을 시간표에서 모조리 없애 버리고, 누군가가 쉬고 놀자는 애기라도 꺼내면 거의 죄의식을 느끼고 있다.

야망이 있고 부지런히 일하는 지도자는, 몸과 마음을 새롭게 해 주고 생활에 웃음과 긍정적인 기분을 가져다주는 이런 기분전환의 시간 없이 몇 주를 계속 일하기가 쉽다. 우리는 시간표에서 즐길 시간을 싹 빼버린 듯 열심히 일하는 사람들을 보고 감탄하지만, 후에 그들이 탈진해 녹초가 되거나 다양한 유혹들에 굴복하는 것을 보며 충격을 받곤 한다. 우리는 우리를 꽉 붙들고 갖가지 압력들로부터 해방을 주지 않는 체제에 응하면 안 된다는 것을 기억해야 할 필요가 있다.

■ 가진 것에서 자유로와지라

신약에 나오는 인물들을 보면, 자기 가진 것들을 - 재산, 직업, 안전, 마침내는 그들의 생명까지 - 버리고 주를 따르기 전까지는 거의 연구할 존재가 못 되는 사람들이었다. 그들은 그 모든 것을 마치 대여해 온 것처럼 보았고, 부르실 때 갈 준비가 되어 있었던 것 같다. 그들에겐 이의라는 게 없었다.

그런 행동은 쉽게 만들어지지는 않았다. 그 갈등은 베드로가 예수님께 한 말에 암시되어 있다. "보옵소서 우리가 우리의 것을 다 버리고 주를 좇았나이다"(눅 18:28) 다른 비슷한 말들로도 보아 처음에 제자들은 그리스도께 충성함으로 어떤 수지맞는 보상을 받을 수 있으리라 기대했던 것 같다. 그러나 그 보상은 그들의 기대와는 조금 다른 형태로 갚아졌다.

세례 요한은 무리들이 자기를 떠나 그리스도를 따르는 것을 보았고, 원한을 품은 한 여인의 요청에 의해서 목이 잘리고 말았다.

시몬 베드로는 직업을 버리고 로마에서 순교할 때까지 전 세계를 돌아다니며 복음을 전했다. 사도 바울은 그리스도를 영접한 후에, 유대 최고 의회의 좋은 자리를 버리고 소아시아와 유럽에 교회를 세우는 데 남은 생애를 바쳤다. 그는 분명 돈 한푼 없이 죽었으며, 그가 한 노력이 계속될 것인가 의문도 가지고 있었을 수가 있다.

우리는 우리가 따르는 구세주께서 사역하시는 동안에 빈민이나 다름없었음을 잘 알고 있다. 그분은 집도, 옷도, 소득도, 아무것도 없으셨다. 우리의 믿음은 그 가진 것에서 자유하고 예고도 없이 그것들을 기꺼이 버릴 수 있는 도전 외에는 재물에 대해서 별 말할 것이 없다.

이런 생각은 현대 기독교 사회의 많은 부분에서 반대를 받고 있는 것 같으며, 또한 그것이 성도들을 무너진 세계로 이끄는 주요 원인일지도 모른다. 사실 많은 교회들이 곤란한 상태로 끝을 맺는 이유일 수도 있다. 그리스도인 개인과 교구가 소유, 소득, 또 다른 형태의 재산을 쌓기 시작할 때 그들은 쉽게 분쟁에 빠지고 무너진 세계로 이끌 수 있는 선택을 하게 된다.

사람들이 경쟁을 하고, 지키고 부정하게 탐을 낼 정도로 재산을 붙들게 될 때 죄는 급증하게 된다. 그리고 소유를 습득하려는 욕망에 사로잡혀 촛점이 믿음에서 재산으로 옮겨가 버릴 때도 죄는 만연한다. 그 촛점을 바꾸는 과정에서 사람들은 수백가지 악한 영에 자신을 열어주게 된다.

이 물질적인 문제로 인해 무너진 세계의 선택을 하게 만드는 함정은 무엇인가? 빚이 있다. 그리고 그로 인해 우리는 재정적인 속박을 당하기가 쉽다. 자만심, 그것은 스스로를 다른 이들과 비교하며 우쭐대게 만든다. 탐욕, 그것은 우리 마음 속에 불만족이라는 위험한 감정을 야기시킨다. 우리는 이 개인 방어 개시 규율을 잘 사용하여 빚 없이, 소득의 내에서, 또 빈곤한 이들에게나 교회 사역에 쓸 때는 성경의 기준에 입각한 관용을 베풀며 생활해야 할 것이다.

■ 성령 충만하라

이 규율을 가장 뒤로 빼 놓은 이유는, 가장 중요하기 때문이다. 성경에 보면, 성령으로 충만해 있다는 것은 한 인간이 어떤 일을 이루기 위한 비상한 능력이나 사물을 분간하는 지혜, 혹은 지도자나 예언자가 될 비범한 성격상의 힘을 받게 됨을 의미한다.

구약 성경에는 이 이상하고도 놀라운 경험은 아주 짧은 기간동안 나타났지만, 항상 보통 사람들이 그 경험에 가까이 접근한 때를 지적하고 있다. 그때는 오순절이었는데, 많은 사람들이 예루살렘 거리에 들어오면서 방언을 하고 다른 쪽 세상에서 순례를 온 다른 큰 무리와도 말을 통할 수가 있었다.

그 때 이후로, 한 개인 세계의 성령 충만함이 그리스도인들에게 큰 문제가 되었다. 이런 특별한 방법으로 하나님의 영을 갖는다는 것이 무슨 뜻이었을까?

그것은 신약 성경의 성도들의 특별한 선물과 능력, 보통은 이해되지 않는 것들에 대한 통찰력, 보통 사람들은 해낼 수 없는 일을 할 힘 등을 의미하는 것이었다. 다시 말하면, 그들은 정상적인 능력과 성격을 뛰어넘어 들렸다는 뜻이다.

예수께서는 이 성령에 대해 말씀하시기를, 그리스도인들의 생활에 들어와 진리로 인도하시는 이, 그리스도의 가르침을 생각나게 하시는 이, 우리로 믿음의 대변자가 되도록 힘주실 이라고 하셨다. 이 모든 것의 기초는, 성령이 믿는 자들 가운데서 활동하실 때, 그 자체로 무너진 세계를 방어하는 가장 강력한 '무기'가 되실 것이라는 확신에 있다.

성령은 무시되고 억압당하고 방해받을 수도 있음을 바울은 데살로니가 사람들에게 경고하였다. 우리 세계가 무너져버린 사람들은 그것이 바로 우리가 했던 일임을 알고 있다. 일시적으로 우리는 경고와 책망을 무시해버린 것이다.

성령 충만함은 정규적으로 구하는 그리스도인이라면 누구에게든 해당된다. 이것은 주님을 따르는 사람이 성령을 구하고 그 방향에 순종하는가를 의식하고 있을 때, 그에게 있어 힘과 생기의 성쇠가 될 수도 있다. 매일 영적 훈련을 하려는 사람의 일지에는 이것이 가장 중요한 항목일 것이다.

많은 친구관계 가운데 교회 사역을 하시는 나이많은 분이 있는데, 그분은 내게 전화할 때면 항상 이렇게 묻는다. "고든, 오늘은 성령 충만해 있나?" 처음에 이 질문을 들었을 때 나는 움찔 했다. 너무 꼬치꼬치 캐물으시는 게 아닌가? 너무 생소한 질문인걸 하고 말이다. 하지만 잘 생각해 보니, 지금까지 들어왔던 어떤 질문보다도 중요한 말임을 깨닫게 되었다. 그것은 그리스도인들간의 애정의 표현이었다.

"성령 충만해 계십니까?" 참으로 소중하고도 도전이 되는 질문이다. 친구들에게 이 질문을 매우 자주 하지 않고, 또 그들이 내게 묻는 것을 달가와하지 않는다면 어떨까 나는 의아스럽다. 그 질문은 내면을 들여다보게 한다. 내면 생활이 하나님의 목적에 의해 충전되는지 아니면 그보다 못한 문제들에 의해서인지 잘 체크해볼 수 있는 순간이다.

"적군의 견지에서 저 언덕을 다시 보게." 브래들리 소령은 웨스트모어랜드 대위에게 말했다. 방어해야 할 언덕을 적들로부터 지키고 싶어하는 젊은 군인에게 참 좋은 충고였다. 무너진 세계로 직통하는 선택을 막고 싶은 성도들에게도 또한 좋은 충고이다. 우리는 반드시 막아야 하며, 그렇지 못할 때 우리의 세계는 무너지기 십상인 것이다.

그러면 그 언덕에서 적군이 가장 이용하기 쉬운 '갈라진 틈'은 어디인가? 회개하지 않는 마음, 훈련되지 않은 영, 고립된 그리스도인, 받아서는 안 될 찬양, 과잉 노동으로 지친 심신, 물질의 노예가 된 심령들, 하나님께서 힘주시는 은신처로 오지 못하는 사람들 등등의 틈을 적은 노리고 있는 것이다.

어떻게 하면 개인 세계의 붕괴를 막을 수 있을 것인가? 브래들리 방어지침을 보자. 자신을 적군의 위치에 놓고 보라. 적은 공격하기 쉬운 약한 지점을 노리고 있다.

CHAPTER18

재 건

> 무너진 세계를 재건하는 데 도움을 주는
> 은혜는 주어지는 것이다 : 마땅히 받는
> 것도, 요구하는 것도, 받는 사람이
> 유도해서 되는 것도 아니다.

나는 갈릴리 호숫가에서 벌어졌던 일을 수 없이 상상해 보았다. 이른 새벽, 동쪽 골란 언덕 하늘 위로 막 해가 떠오르려는 때다. 호수에는 여기저기 고기잡이 배들이 떠 있고, 여러분이 시력이 좋다면 그만두기 전에 뭔가 큰 게 걸리기를 바라며 그물을 잡아당기고 있는 사람들의 무리를 볼 수 있을 것이다.

배 하나에 보니 지치고 의기소침하게 보이는 남자들이 타고 있다. 지휘하는 이는 시몬 베드로라는 사람이고, 그와 함께 요한과 몇몇, 최근에 예수의 제자로 알려졌던 사람들이 있다. 그들의 머릿속 생각을 들여다본다면 무엇을 알게 될까?

얼마 전에 주님을 버리고 도망갔던 그 밤을 끊임없이 생각하며, 그들의 내면 세계는 어떤 감정과 설명으로 뒤흔들리고 있었을까? 그 시험의 순간에, 주님처럼 결연한 태도로 맞았어야 할 그 고약한 일을 용기있게 대하지 못하고 그들은 급히 내뺐을 뿐이다. 그들은 도망친 후, 뭔가 다른 일을 열심히 함으로써 그 혼란에서 빠져나오려 하고 있었던 것이다.

시몬 베드로가 가장 생각에 잠겨 있다. 그의 마음 속은 지키지도 못한 부조리한 약속, 동산에서 검을 뽑아든 일, 그리스도와의 관계를 세 번이나 부인한 것 등에 관해 설명을 필요로 하고 있었을 것이다. 다른 제자들의 겁많은 행동도 나쁜 건 마찬가지였지만, 만약 천하의 바보 멍청이에게 주는 상이 있었다면 분명 베드로가 차지했을 것이다.

갑자기 바닷가에서 소리가 들린다. "얘들아, 고기를 잡았느냐?"

"아니오." 짜증섞인 대답이 되돌아간다. 정말 재수가 없는 밤이었다.

"그물을 배 오른편으로 던져 봐라, 그럼 조금 잡을 수 있을 테니."

그들은 말씀대로 했다! 그리고 고기들이 그물 안에 가득 잡혔다. 너무 많아서 사실은 그물을 배에 끌어올릴 수조차 없었다. 탔던 사람들 중 계산에 밝은 이가 나중에 세어보니 153마리나 잡혔다.

요한은 바닷가의 음성을 듣고 생각한 끝에 그가 예수님임을 알았다. "주님이시다." 이 말은 승리에 찬 외침이었을까 아니면 겁에 질린 속삭임이었을까?

상관없었다. 시몬 베드로는 그것만 들으면 되었다. 수초만에 그는 바다로 뛰어내려 젖먹던 힘까지 다 내어 해변을 향해 헤엄쳤다. 다시 그의 마음 속으로 들어가 보자. 헤엄치면서 무슨 생각을 했을까? 무얼 찾고 있던 것인가? 해변에 도착했을 때 예수께서 무슨 말씀을 하시길 기대한 것일까?

이렇게 말씀하실 가능성을 생각하고 있던 것은 아닐까? "작별인사하러 왔다." 혹은 "베드로야, 나는 널 유능한 사도로 만들기 위해 정말로 힘써 왔지만, 넌 아쉽게도 조금 모자라는 것 같구나." 어쩌면 주께서 이렇게 말씀하시길 기다렸는지도 모른다. "어디, 앉아서 그날 밤 네가 뭘 잘못했는지 얘기 조금 하자꾸나."

그러나 아무 말씀도 없었다. 그 대신에, 피곤한 몸을 질질 끌며 도착한 베드로가 본 것은 숯불로 아침식사를 준비하고 계시는 주님이셨다. 생선과 떡이 그 허기지고 춥고 지친 사람들을 기다리고 있었다. 생각해 보라, 하나님의 아들이 그 실패자들의 무리를 위해 아침식사를 준비하고 계셨다니. 그것이 바로 은혜이다!

아니었다. 우리라면 할 말이 쌓이고 쌓였을 베드로에게 주님은 단 한 마디의 책망도 하지 않으셨다. 그 대신에 베드로에게 세 번 똑같은 질문을 하셨다 : "네가 나를 사랑하느냐?" 그 세번 모두 베드로는 이제 통찰력을 갖게 된 상태에서 진실을 놓고 갈등했다. 이제는 약속이 아니었다. 오직 진실이었다. "그렇습니다, 주께서 아십니다." 베드로는 이렇게 생각했을 것이다. "어떻게 표현해야 할지 모르겠지만, 내 마음이 이제 어디 있는지 말씀드리겠습니다."

그가 대답할 때마다 그는 다시는 듣지 못하리라 생각했던 말씀을 들었다. 내 어린 양을 먹이라, 내 양을 치라, 내 양을 먹이라 ··· 처음 받은 사명이 아직 유효했던 것이다. 베드로는 버려진 것이 아니었다. 그는 회복된 것이다. 그의 무너졌던 세계가 재건된 것이다.

모든 성도마다 좋아하는 성경 이야기가 있다. 나는 이 이야기가 좋다. 무척 현실적이고 뭉클하며 소망을 주는 이야기이기 때문이다. 이것은 회복의 은혜를 선물로 받아, 개인 세계가 무너져버린 후 그 조각들을 다시 붙이는 데 도움을 필요로 하는 한 인간의 인생에 부어줌을 뜻하는 대표적인 본보기이다.

나는 요한복음의 마지막 장이 주의 제자들의 회복으로 끝을 맺고 있는 것과, 다음인 사도행전의 첫 장이 세계 복음화의 이야기를 담고 있는 것에서 큰 통찰력을 얻게 된다. 그것들이 모두 하나님께서 시몬 베드로와 같은 실패했던 사람들을 모아서 그의 나라 확장 사역에 요원으로 쓰셨다는 의미로 다가오는 것이다.

그날 아침 해변에서는 세 가지 중요한 일이 일어났다. 첫째, 예수님은 베드로의 세계 안으로 들어오셨다. 그 재건자는 베드로가 너무 상처를 입어 스스로 시작하지 못하는 것을 알고 계셨던 것이다. 둘째, 예수님은 제자가 내뱉었던 세 번의 부인을 대치할 기회를 주셨다. 주님에 대한 사랑을 솔직하게 다시 고백할 기회를 세 번 주신 것이다. 셋째, 예수님은 제자에게 주신 사명을 재확인하셨다. 이 이야기가 끝나고 나면, 예수님 안의 공동체에서는 2류 시민이란 더 이상 존재하지 않는다.

무너진 세계로 괴로와하는 사람에게 교회가 주어야 할 가장 귀중한 선물은 회복의 은혜이다. 그런 곳에서는 당사자가 잘못을 고백할 수 있고 용서받고 조언을 구할 수 있어서 다시는 똑같은 잘못된 선택이 되풀이되지 않고, 그 때야말로 다시 하나님을 섬길 수 있는 유용함을 경험하기 시작하는 것이다. 그게 바로 베드로가 해변에서 찾은 것이며, 오늘날 무너진 세계로 아파하는 사람이 교회에서 찾아야 할 필요가 있는 것이다.

회복에 대해 말하려면, 우리는 먼저 세계가 무너져버린 사람들이 기독교 공동체가 마음아파할 만한 비통한 결과와 범죄를 저지르는 행동과 태도를 보였다는 것을 시인해야 한다는 가정에서 시작해야 한다. 그것이 고백과 회개이며, 아무도 그 사람 대신 해줄 수 없는 일이다. 그러나 거꾸로, 회개하는 사람은 스스로 회복될 수 없다. 반드시 타인에 의해 회복되어야 한다. 개인적으로 그런 회복을 받을 수 있었기 때문에 나는 이 문제에 대해 자유롭게 쓰고 있다는 것을 다시금 말해야만 하겠다.

회복의 많은 사례들이 성경에 등장하는데, 그 커다란 주제는 이스라엘의 역사에 잘 나타나 있다. 예레미야는 위대한 회복의 선지자라고 불릴 만 하다. 그의 말은 '배역한 이스라엘'을 여호와께로 돌아오게 하려는 간청이 흠뻑 배어 있다.

> 나는 너의 남편임이니라 내가 너희를 성읍에서 하나와 족속 중에서 둘을 택하여 시온으로 데려오겠고 내가 또 내 마음에 합하는 목자를 너희에게 주리니 그들이 지식과 명철로 너희를 양육하리라 (렘 3:14-15)

다시 예레미야는 부정한 이스라엘에 대한 하나님의 말씀을 묵상한다.

> 네가 만일 돌아오면 내가 너를 다시 이끌어서 내 앞에 세울 것이며 네가 만일 천한 것에서 귀한 것을 취할 것 같으면 너는 내 입같이 될 것이라 (렘 15:19)

이스라엘 역사에서 가장 사악한 왕들도 그중 몇몇은 하나님의 회복의 은총에 대해 배웠다. 유다 왕 므낫세는 그 누구보다도 배울 것이 많았을 것이다.

> 유다와 예루살렘 거민이 므낫세의 꾀임을 받고 악을 행한 것이 여호와께서 이스라엘 자손 앞에서 멸하신 열방보다 더욱 심하였더라 여호와께서 므낫세와 그 백성에게 이르셨으나 저희가 듣지 아니한 고로 (대하 33:9-10)

결과는? 무너진 세계밖에 또 있겠는가.

> 여호와께서 앗수르 왕의 군대장관들로 와서 치게 하시매 저희가 므낫세를 사로잡고 쇠사슬로 결박하여 바벨론으로 끌어 간지라 (대하 33:11)

그러나 므낫세 왕은 회개했다.

저가 환난(患難)을 당하여 그 하나님 여호와께 간구하고 그 열조의 하나님 앞에
크게 겸비하여 기도한 고로 하나님이 그 기도를 받으시며 그 간구를 들으시사 저
로 예루살렘에 돌아와서 다시 왕위에 거하게 하시매 므낫세가 그제야 여호와께
서 하나님이신 줄을 알았더라 (대하 33:12-13)

므낫세의 행위의 결과는? 잘 되었다. 하지만 회복은? 그것도 물론이다.
사도 바울도 회복시키시는 하나님에 대하여 생각하며, 비교적 새로이 주
를 영접하게 된 신자들에게 다음과 같이 가르치고 있다.

형제들아 사람이 만일 무슨 범죄한 일이 드러나거든 신령한 너희는 온유한 심령
으로 그러한 자를 바로잡고 네 자신을 돌아보아 너도 시험을 받을까 두려워하라
너희가 짐을 서로 지라 그리하여 그리스도의 법을 성취하라
(갈 6:1-2)

핵심 단어는 '바로잡고(restore)'이다. 신약 성경의 다른 부분에도 똑같은
희랍어가 수리, 손질, 회복이라는 단어들로 나와 어떤 것이 다시 쓸모있게
될 수 있음을 말해주고 있다.

바울이 맘속에 품은 생각을, 커다란 부정을 저지른 한 사람에 대하여 고
린도 사람들에게 편지했을 때보다 더 잘 볼 수 있는 곳은 없다. 원래 바울
은 그 죄악이 드러나고 죄지은 자를 징계한 교회의 잘못에 대해 대단히 화
를 내었지만, 그들이 규율에 따라 행동하게 되자 바울은 회복의 문제로 넘
어갔다.

그 죄지은 자가 자기 죄를 슬퍼하며 회개했음을 알고 나자 바울은 이렇
게 썼다.

이러한 사람이 많은 사람에게서 벌받은 것이 족하도다 그런즉 너희는 차라리 저
를 용서하고 위로할 것이니 저가 너무 많은 근심에 잠길까 두려워하노라 그러므
로 너희를 권하노니 사랑을 저희에게 나타내라 (고후 2:6-8)

용서와 위로, 이 두 가지가 회복을 위한 바울의 중점이었다. 용서란 과거
가 더 이상 기억되지 않는다는 특별한 선포의 행위였던 것으로 보인다. 위

로는 그 사람에게 감정을 해친 사람들과 화해하는 뚜렷한 경로를 제공해주고, 그 교회에서 다시 성도로서의 위치와 교제를 시작할 수 있게 도와주는 행위로 보여진다.

그 회복의 과정에는 모든 사람들이 참가하도록 한 것으로 보이는데, 바울이 편지에서 회복을 중요한 문제로 꼽을 만큼 우선 사항이었다. 그 일이 이루어지지 않으면 교회의 적(사탄)이 교구를 없앨지도 모르는 상태였기 때문에 무척 중요한 것이었다.

> 너희가 무슨 일이든지 뉘게 용서하면 나도 그리하고 내가 만일 용서한 일이 있으면 용서한 그것은 너희를 위하여 그리스도 앞에서 한 것이니 이는 우리로 사탄에게 속지 않게 하려 함이라 우리가 그 궤계를 알지 못하는 바가 아니로라 (고후 2:10-11)

이 때 바울은 '그 죄인이 아무리 용서받고 화해했더라도 그 교회에서 특정한 자격으로는 섬길 수 없다'고 말할 수도 있었을 것이다. 나는 바울이 그런 식으로 말하지 않았다는 것이 중요하다고 본다. 회복이란 완전히 교회 생활로 돌아가는 것을 의미하는 것이다. 정말이다.

나는 바울이 고린도 사람들의 행동을 완전히 신뢰했다는 사실에 또한 감명을 받는다. 그가 말하는 것을 들어보라. 너희들은 분명히 옳은 일을 했다. 나는 너희의 행위가 옳음을 확신하고 그 결론에 동의한다. 나를 동역자로서 받아들여주기 바란다.

스탠리 존스는 자신이 무너진 세계의 경험을 할 수도 있었던, 인생의 매우 괴로운 순간에 이 과정을 이해해 주었던 사람들의 모임에 대해 쓰고 있다.

> 개종한 후 몇 달 동안, 나는 구름 한 점 없는 하늘 밑을 달리고 있었다. 그런데 갑자기 죄의 일보 직전에서 뒷걸음치다가 비틀거리고, 거의 넘어질 뻔 했다. 그러나 나는 그렇게까지 죄에 가까이 와 있었다는 것에 충격을 받고 또 창피했다. 나는 내가 해방되었다고 생각했으나 그렇지 못하다는 것을 알게 된 것이다. 나는 모임에 나갔다. - 나는 그때 결석하지 않은 것을 감사드리고 있다 - 가긴 갔지만 나의 (영혼의) 음악은 사라져버린 상태였다. 나는 내 수금을 늘어진 버드나무 가지에 걸었다. 다른 성도들

이 기쁨과 한 주간의 승리를 말하고 있을 때, 나는 뺨에 눈물이 굴러떨어
지도록 울며 앉아 있었다. 나는 비탄에 잠겨 있었던 것이다. 다른 이들의
간증이 끝나자, 모임의 리더였던 존 징크가 내게 말했다. "자, 스탠리. 무
엇이 문제인지 말해 주세요." 나는 내가 기도할 수 없으니 날 위해 기꺼
이 기도해 주겠느냐고 물었다. 한 사람이 된 것처럼 그들은 정연히 무릎
을 꿇었고, 그들은 믿음과 사랑으로서 나를 다시 하나님의 품으로 돌려보
내 주었던 것이다. 우리가 일어났을 때, 나는 조화될 수 있었다. 우주는
그 팔을 열고 나를 받아 주었으며, 소외도 사라져 버렸다. 나는 버드나무
가지에서 수금을 내려 다시 노래하기 시작했다 - 모세의 노래와 어린양
의 노래, 특히 어린양의 노래였다. 십자가는 나의 피난처이자 해방이 되
었다.

이것은 나의 '천국의 노래(Song of Ascents)' 안의 매우 중대한 순간, 내
가 음악을 잃어버렸던 순간이었다. 나의 운명은 그 모임의 손에 달려 있
었다. 나는 상한 갈대 그 자체였다. 그들은 나를 꺾으려 들까? 나는 꺼져
가는 등불이었다. 그들은 날 꺼버릴 것인가? 비평할 것인가? "내가 말했
잖아. 어쩌나 했지. 그는 곤두박질치고 있는 거라구." 그러나 그들은 비평
이라곤 한 마디도, 아니, 생각지도 않았다. 적어도 내가 보기에는 그랬다. 그
반응은 오직 구속하는 사랑이었다. 그 모임의 사람들은 구속자들이 되었다.
나는 그 그룹 속에 실현된 구속의 사랑이라는 능력을 보고 또 경험했던
것이다.(A Song of Ascents)

이 회복시키는 그룹의 놀라운 이야기는 정말 아름답다. 은혜가 스며나오
는 듯 하다. 물론 이것이 완전한 이야기는 아니다. 그 무너진 세계로 괴로
하는 사람의 행복을 위해 반드시 있어야 할 다툼과 비평의 시간이 있기 때
문이다. 그러나 이것은 그 팀이 실패한 사람이 반드시 재건되어야 한다고
결정할 때 일어나는 치유의 차원의 이야기이다. 회복 안에서 그런 팀이나
교회만이 할 수 있는 일들이 있다. 세계가 무너져버린 사람의 두 손은 묶인
것이다.

충만한 회복의 과정을 구성하는 많은 요소들은 생각해볼 만한 것들이다.
퍼즐 조각처럼 각각이 다른 사람들과 꼭 맞아들어가서, 완성되고 나면 우리

는 무너진 세계가 차분히 재건되고 있음을 볼 수가 있는 것이다.

회복은 우선, 세계가 무너져버린 사람의 고백을 요구한다. 마음의 비밀과 과거의 행위가 빛 가운데로 나와야만 한다. 그것이 바로 다윗이 한 일이다. 결국 붙들고 싸우던 것을 그치고 나단 선지자에게 시인한 것이다. "내가 여호와께 죄를 범하였노라"라고. 다윗은 시편 51편에서 그동안 일어났던 일에 대한 회개와 무너진 세계를 재건코자 하는 소망이 담긴 자신의 마음을 하나님과 사람들에게 쏟아놓음으로써 한 단계 더 나아간 고백을 하고 있다.

이것은 죄의식과 책임의 고백이다. 어떤 변명도 합리화도 없다. 타인을 비난하거나 일어났던 일에 대한 책임을 회피하는 시도도 있을 수가 없다. 이 일이 일어나기 전까지는 치유의 과정은 시작할 기회를 잡지 못한다.

회복이나 재건의 과정의 두번째 면은, 무너진 세계 사람이나 회복시키는 팀이 그릇된 행실을 하게 만든 사건의 전모를 밝히는 데 시간을 들일 때 시작될 수 있다. 이것은 마치, 치과의사가 구멍을 채우고 전같은 힘을 갖도록 하기 전에 치아를 드릴로 갈아내야 하는 것처럼 중요한 과정이라 할 수 있다. 그러나 이 과정에 많은 사람들이 참여할 필요는 없다. 고민에 빠져서 진실을 밝히고 싶어하는 사람, 그리고 마주 앉아 조언을 줄 수 있을 만큼 성숙한 신도까지, 셋 정도가 모이면 된다. 한 개인의 실패를 만인에게 자세히 알릴 필요는 없다. 그러나 충만한 회복이 있으려면 몇몇이 같이 있으면서 그 문제가 다루어졌다는 것을 확언해줄 필요가 있다.

나 자신의 무너진 세계 경험 중에 이런 순간을 마주했을 때, 내 최초의 회복시키는 팀이었던 세 명이 날 만나서 법정과도 비슷한 격을 갖춘 회합을 진행했다. 우리는 서로에게 했던 말들을 모두 꼼꼼히 적은 공책을 가지고 있었다.

아는 한 솔직하게 나는 내 생활을 그들에게 열어 보였다. 내가 한 말을 다 듣고 나서, 그들은 나로 재건의 과정에 착수하도록 도와줄 방법을 알게 되었다. 그 회합은 기도와 용서, 지금까지도 계속되고 있는 치유의 시작이라는 놀라운 경험으로 끝이 났다.

나는 여기서 조언의 중요성을 강조해야만 하겠다. 우리가 용서를 베풀고 또 받는다고 해서, 모든 그릇된 행실의 뿌리가 발견되었다는 보장이 없다.

유능한 치료사로부터 얻는 조언은 "썩은 곳"이 치료되고 있다는 확신을 줄 수가 있다.

셋째, 회복은 규율을 필요로 한다. 세계가 무너져버린 사람은 이 일을 스스로는 할 수 없다. 그는 재건이라는 실천해야 할 의무를 가진 성숙하고 독실한 사람들을 신뢰할 필요가 있다. 그것과 함께 조금 고통스런 단계, 다른 사람들의 확신을 다시 얻고 치유의 경험을 하는 단계를 거쳐야만 한다. 그리고 회복시키는 팀은 허락된 시간이 얼마나 되는지 결정해야 한다.

훈련은 대개 제한을 의미한다. 어떤 책임에서 면제되는 것, 개인적인 영적 활동에 대해 다른 사람에게 말해달라는 요청, 목회자의 감독이나 조언에 순종하라는 요구 등등. 몇몇 경우에서는, 훈련은 보상의 행위도 요구할 수 있다. 적대감을 갖는 쪽으로부터 용서를 찾고 또 받는 것, 빼앗았던 돈을 갚는 것, 더 이상 말공격이나 중상모략을 하지 않겠다는 동의 등등을 말이다. 가능한 한, 훈련은 손상과 범죄가 인식되고 자리잡기를 요구하기도 한다. 이것은 벌이 아니라 관계된 모든 이들의 이로움을 위해 '물러남'의 시간을 갖게 함으로써, 그리스도와 그분의 교회가 이루고자 하는 재건의 과정이 진정 일어날 수 있다는 인식으로 보아야 한다. 부상당한 군인을 다시 싸우게 한다면 우리는 절대 잘못하고 있는 것이다.

회복에는 위로가 따른다. 그릇된 행동과 그 결과에서 오는 수치와 상실이 얼마나 고통스러운지, 무너진 세계로 괴로와하는 이들 외에는 아무도 모를 것이다. 기독교 공동체가 한 개인을 회복시키기 원한다면, 정규적으로 그에게 용기와 자신감을 불어넣어주는 일이 있어야 한다.

나의 무너진 세계를 회복시키는 일을 돕기로 작정한 형제들로부터 매일 전화가 왔던 것을 나는 생생히 기억하고 있다. 그들은 전화를 걸어 성경을 읽어주고, 소망을 심어줄 수 있는 구절들을 찾아 주었다. 전화에 대고 우리가 필요로 하는 것들을 하나님께 올려드리면서 기도를 해 주기도 했다. 우편으로 쪽지, 사설, 책들이 배달되어져 왔다. 가능한 방법을 다 써서 그들은 이렇게 말해 주었다. "내일이 있습니다. 기다리세요."

구세군의 선교사였던 새뮤얼 로간 브렝글(Samuel Logan Brengle)은 한때 자신과 함께 사역하는 동료에게 그런 위로를 주라는 요청을 받은 적이 있었다. 그 동료는 영적으로 절망에 빠져 바닥을 헤메고 있었다. 그는 자신이 더 이상 그리스도의 사역에 쓸모없어진 존재라는 확신에 사로잡혀 있었다. 아래 편지에서 브렝글이 동료에게 격려해 주는 것을 잘 보라.

나의 친애하는, 심란한 친구에게 : "하나님과 사람에게 전혀 쓸모없는 인간!" 자네는 이 말을 함으로써 자네 휴식을 깨뜨리는 나를 용서해 주어야만 하겠네. 하지만 난 여전히 웃고 기뻐한다네. 자네의 그 지친 머리에서 나온 어처구니없는 생각에 웃고, 이제 마귀가 한 방 먹을 것을 생각하니 기뻐해야 하겠네.

내게 준 쪽지 속에서 자네는 이렇게 말했지. "나는 싸우려고 태어난 사람이야." 자, 이제 자네는 "쓸모없어!"라고 느끼는 진짜 전쟁을 치르고 있는 걸세. 아니, 아니야. 자네는 싸운다고 생각했지만 그건 가장행렬같은 것일 뿐이었네. 자네가 수천 명의 격려를 받으며 수많은 소리치는 군중을 선도하고 있을 때, 마귀는 다리를 꼬고 앉아서 그것을 가소롭다는 듯 보고 있었어. 하지만 그는 이미 일을 꾸미고 있었던 거야. 그가 식식거리는 소리가 들리는 것 같네. "이제 저 녀석을 박살내 버려야지. 저놈의 구원의 투구를 부숴 버리고, 믿음의 방패를 빼앗고, 성령의 검을 부러뜨리고, 저놈의 기도하는 영을 찍소리 못하게 해 줄 테다!" 대단한 마귀일세. 그렇지 않나?

이제 싸움에서 물러났다고 절대 생각지 말게. 아직도 전쟁터야. 자네는 외로움과 약점 속에서 믿음의 선한 싸움을 싸워야 하네. 하지만 자네는 승리할 거야.

우리 구세군 사람들은 활동적인 미덕을 많이 칭찬하기보다는 너무 배타적으로 칭찬하고 있네. 우리의 운명과 아직 태어나지 않은 세대의 운명을 결정할 커다란 전쟁은 공식적인 연단에서가 아니라 밤중의 외로운 시간과 고뇌의 순간에서 이루어지는 거라네.

자네는 정말 "싸우기 위해 태어난 사람"이야.(Portrait of a Prophet)

회복의 다섯번째 면은 옹호이다. 재건의 과정은 언제나 분명한 목적이 있다. 바로 치유와, 그것으로써 섬김과 쓸모있음의 상태로 돌아가게 하는 것이다. 재건에 참여하는 사람들은 사실 그 무너진 세계로 괴로와하는 사람을 위해 대변해 주어야 할 책임, 다른 사람들에게 그가 재건의 가능성이 있음을 말해주어야 할 책임이 있다.

나는 교회 안에서 이 옹호의 문제에 관해 거의 들어본 적이 없다. 그러나 바나바(많은 이들이 좋아하는 인물)는 우리가 앞에서 보았듯이 적어도 두 번의 경우에 성도를 변호해 줄 줄 알았다. 그는 예루살렘 교회에 있는 사람들이 아무도 바울을 믿으려고 하지 않을 때, 그의 관심과 성장을 성도들에게 전해 주었다. 그리고 바울이 젊은 마가를 믿으려고 하지 않을 때 그의 관심과 가능성을 변호해 준 것이다.

누가 세계가 무너져버린 사람을 옹호해 줄 것인가? 그 사람의 개인 세계가 진실하다는 것을 누가 확신해 줄 것인가? 누가 그 회개하는 죄인의 편에 서서 그들이 하나님께서 주기 원하시는 용서와 은혜를 받았음을 확신해 줄 것인가? 나의 세계를 재건해 주기로 작정한 사람들로부터 얻은 이 모든 것을 경험하고 또 그것의 소망을 주는 가치를 알고 나니, 나는 이 모든 것을 다른 실패한 사람들에게 전하고 싶다.

마지막으로, 회복이 이루어졌을 때는 공식적인 발표가 있어야 한다.

훈련을 마친 사람에게는 특별한 시간이 꼭 와야 한다. 아마 이것은 공식염려하고 있는 사람들에게 말할 준비를 할 때가 바로 그 순간이다. 이 사람은 다시 책임을 수행할 준비가 되었습니다 하는 발표인 것이다. 이것은 그리스도인들에게 있어 크고 작은 섬김의 순간이 될 수 있다. 무슨 일이 일어났는가의 소식은 넓게 퍼져야 한다. 왜냐하면 나쁜 소식도 넓고 또 빠르게 전달되기 때문이다. 그러나 좋은 소식은 보통 늦게 퍼진다. 선언을 해야 할 필요가 있다.

나는 무너진 세계를 경험한 사람들이 거의 언제나 마음의 고통이나 잘못된 선택에서 불가피하게 흘러나온 결과를 가지고 살게 될 것이라는 말을 한 번 더 하지 않고는 활동적인 회복의 은혜에 대한 설명을 감히 마감할 수가 없다. 어느날 밤 하나님의 천사와 감히 씨름한 이후 항상 다리를 절며 다녔던 야곱의 입장을 기억하는 사람들은, 무너진 세계를 경험한 사람들도 그런 종류의 절름발이 상태를 겪으며 살 것이라고 말할 것이다. 대개 회복시키는 팀도 이것은 제거하지 못한다. 그러나 그들은 최선을 다하여, 전쟁에서 잃은 병사도 없고, 낭비된 선물도 없으며, 사명도 종료된 것이 없음을 보증해줄 수 있다.

갈릴리 바닷가에서 예수께서는 이 모든 것을 시몬 베드로를 위해서 이루어 놓으신 것처럼 보인다. 베드로가 휘청거리며 해변으로 달려가 숯불과 음식을 봄에 따라 이루어져야 할 순간은 무엇이었을까? 그것에서 베드로는 엄한 문초가 아닌 환대를 받으리라는 생각을 했을까? "시몬아, 네가 나를 사랑하느냐?"라는 세 번의 질문이 차츰 베드로의 부끄러운 내면 세계로, 자신이 처음 부인했던 것을 이제 긍정할 수 있는 두번째 기회를 얻었다는 확신과 함께 고여든 것일까? 하나님의 아들이 "내 양을 먹이라"라고 하신 말씀을 들었을 때 이것은 무엇을 의미한 것일까? 당장에 그는 알았을 것이다. 사명이 아직 유효함을. 그는 여전히 앞으로 나아갈 기회를, 자기를 위해 죽으신 이를 위해 죽을 기회를 가지고 있었던 것이다. 은혜는 진정한 것이었으며, 회복도 달성된 사실이 되었다.

> 베드로,
> 내가 당신처럼
> 그분을 열성적으로 따르고
> 충심으로 섬기고
> 온 맘을 다하여 사랑하고
> 기꺼이 함께 죽기를 다짐했더라면
> 그리고는 그렇게 비열하게
> 세 번이나 그분을 부인했더라면
> 나는 수탉이 울 때 통곡했을 것이다.
> 그렇지만
> 나는 모든 일을 고루하게 했으며
> 전혀 죽음도 생각지 않아서
> 그렇게 통곡하지 못했고
> 또한 그렇게 부드러이 회복되어
> 반석이라 불리우지도 못했다.
>
> (Gerald Oosterveen, Decision Magazine)

경주를 끝내며

> *떠밀려 넘어지거나 필드 위에 나뒹굴었을 때, 유용한 해결책은 단 하나 뿐이다 : 일어나서 경주를 끝내라!*

나는 경기 도중에 안쪽 잔디로 나뒹군 두 주자의 이야기로 이 책을 시작했다. 한 명은 일어섰고, 다른 한 명은 그렇지 않았거나 할 수가 없었다. 여기서, 최근에 그런 경험을 한 세번째 유명한 선수를 언급하고자 한다. 그는 짐 런(Jim Ryun)이었다.

런이 넘어지고 만 그 날은 올림픽 1500미터 경주가 있었는데 그가 강력한 우승 후보였다. 경기장을 꽉 채운 관중들과 텔레비젼 시청자들이 지켜보는 가운데, 런은 다른 잘 단련된 선수들과 무리를 지어 트랙을 돌기 시작했다. 그때 위의 두 사람들에게 일어났던 그대로 그도 땅에 뒹굴어버렸다. 그런 종류의 경기에서는

넘어진다는 것이 사실상 승리할 가망이 없다는 확증이 되기 마련이었다. 바닥에 앉아 있는 런도 그것을 잘 알고 있었을 것이다.

그 순간 런의 머리를 스치고 지나갔을 생각들을 정리해 보자. 그만 두고 라커룸에 가서 뜨거운 샤워나 할까? 이 경기를 위해 그렇게 오랜 시간을 훈련했는데 금메달을 딸 수 없게 되다니 하며 화를 냈을까? 무리들 가운데 떠밀려 나뒹굴어버린 자기 운나쁜 신세를 한탄할 것인가?

해답은 위 세 가지에는 없었다. 분명했다. 그는 내가 언급한 이 모든 가능성들을 덮어버릴 단 한 가지 생각을 가지고 있었던 것 같다. 일어나서 다시 달리는 것, 승리할 수

없더라도 끝까지 달리자는 생각이었다. 짐 런은 바로 그렇게 했다. 그는 일어나 다시 달렸다. 메달은 타지 못했으나, 런은 경주를 끝내고자 결심했기에 수많은 이들에게서 찬사를 받게 된 것이다.

수많은 성경적인 도전은 우리에게 메달에 합당한 행동을 요구하고 있다. 그러나 이 모든 격려의 아래에는 좀더 근본적인 중요한 요구가 있다 : 경주를 끝내라는 것이다.

이 은유는 교회와 십자가를 지는 삶이 단 하나의 살 방법임을 깨달은 성도 공동체에게 또한 도전이 된다. 그분들께 한 가지 부탁하고자 한다 : 무너진 세계로 아파하는 이들을 도와 경주를 끝내게 해 주라는 것이다. 나단이 다윗에게 했듯이 그들을 깨우쳐 주고, 호세아가 그의 방탕한 아내 고멜에게 한 것처럼 그들을 찾아 나서고, 바울이 빌립보 간수에게 한 것처럼 그들을 용서해 주며, 스데반이 자기를 죽이는 이들을 향하여 했듯 그들을 위해 기도하며, 바나바가 마가에게 해 준 것처럼 그들을 재건시켜 주라. 그리고 가능할 때마다 예수께서 시몬 베드로를 위해 하신 것처럼 그들을 회복시켜 쓸모있게 만들어 주라.

최근에 우리는 서구의 교회가 어떻게 하면 새로와질 수 있을까 하는 문제로 무지한 양의 에너지를 써 왔다. 그래서 능력있는 설교, 선교 마케팅 전략, 그룹 활동, 그리고 활성화된, 그러나 일시적인 공공의 섬기는 일에서 그 해답을 찾아 왔다. 그 모든 것이 나름대로 좋을 수도 있다. 그러나 나는, 회복의 은혜를 전하는 일을 재발견할 수 있다면 엄청난 수의 사람들을 하나님이 예수 그리스도를 통하여 주시고자 하신 것으로 인도할 수 있을 것이라고 제안하고 싶다. 회복의 목회 안에 소생의 열쇠가 있다.

교회 안이나 밖이나 무너진 세계로 고통하는 이들이 있으며, 그 숫자도 대규모이다. 그들은 이해와 사랑으로 경청해줄 사람들을 갈망하고 있다 : 모든 것을 바르고 새롭게 만들 기회를 제공해 주는 '특사'를 몹시 바라고 있는 것이다. 그 생각이 옳다면, 그들은 자신들의 죄가 줄어들거나 간과되기를 바라는 것이 아니고, 사람들이 아무 일도 안 일어난 듯 행동하기도 바라지 않는다. 그들이 찾는 것은 바로 그리스도의 십자가가 주는 것 – 자유로이 주어지는 은혜, 충만한 치유, 회복된 유용함인 것이다.

269

무너진 세계로 아파하는 이들에게 : 쓸모없고 소망없는 느낌이 어떤 것인지 잘 알고 있는 전 세계의 형제 자매들이여, 마음이 즐겁고 훈련하시는 하나님의 음성을 향해 열려 있을 때 소중한 배울 것들이 있다. 찰스 스펄전(Charles Spurgeon)은 인생의 암담했던 시기를 돌아보며 이렇게 썼다.

> 나는 기꺼이, 내 주님의 일터에 있는 그 어떤 것들보다 불과 망치와 줄에 큰 신세를 지고 있음을 분명히 말할 수 있다. 나는 가끔, 회초리를 안 맞았다면 도대체 하나라도 배운 게 있었을까 질문해 보곤 한다. 교실이 어두워질 때 나는 가장 많이 본다.

무너진 세계를 재건하는 목적은, 마치 아무 일도 없었던 것마냥 '평소처럼' 하는 삶으로 되돌리는 데에 있지 않다. 결코 그럴 수 없다. 암담한 시간에서 나와, 다른 상황 아래서라면 일어나지 못할 은혜와 겸손의 깊이를 가지고 경주를 끝내는 데 목적이 있는 것이다.

우리 세계가 무너져버린 사람들은 묘한 아이러니 속에서 산다. 그 붕괴를 일으킨 원인을 되풀이하고 싶을 리가 없다. 하지만 회복이 잘 진행되고 있을 때, 우리는 다른 이들에게 통찰력과 은혜를 줌에 있어서 예전의 우리 자신보다 더 나은 위치에 있을 수 있다는 사실을 무시할 수가 없는 것이다. 우리는 스스로를 영웅이라고 여기거나 특별한 관심을 받을 자격이 있다는 생각을 해서는 안 되지만, 한 가지 꼭 이행해야 할 책무가 있다 : 고통과 은혜, 그리고 하나님과 그분의 자녀들의 교제 안으로 다시 들어가게 된 것에 대한 기쁨을 증거할 의무가 있는 것이다.

무너진 세계를 경험한 사람들은 이제 다른 사람들의 갈등을 이해할 준비가 되었다. 우리는 은혜를 받았으므로 이제 베풀 줄을 안다. 어떤 이가 잘못된 방향으로 가고 있다는 신호를 감지하고 지적해 줄 수 있으며, 현명하고 조심스럽다면 예전에 스스로를 도왔던 식으로 다른 사람들을 도울 수 있을 것이다.

이 모든 것들이, 넘어졌을 때 다시 일어나 경기를 끝내기로 작정한 사람들에 의해 달성된다. 성경 안의, 안쪽 잔디에 뒹굴었던 그 많은 사람들이 이

크신 은혜를 증거하고 있다.

다시 일어나 달리기로 작정한 세계가 무너진 사람들마다, 재건의 상황은 아마 어느 정도씩 특이할 것이다. 지지대도 다를 것이고, 여러 부류의 '천사들'이 있을 것이며, 그 체제도 다를 것이다. 재건 과정 안에서 내게 있어 가장 중요한 요소는 게일과 나누었던 동료애였다. 우리는 가장 암담한 시기를 함께 보냈고, 피스 리지 규율들을 함께 찾았으며, 다른 이들이 지켜보는 가운데 회복의 과정을 함께 겪었다. 날마다 함께 하면서 우리는 주님이 주시는 의미를 찾고, 예전보다 훨씬 강한, 기운을 북돋아주는 애정을 서로에게 쏟았다. 오늘날 우리가 나누는 교제는 정말로 특별한 것이다. 깨지지 않으며 회복이 빠르다. 나는 다른 모든 무너진 세계 사람들이, 이 고통스런 시기를 함께 해온 나의 동료같은 투사들이기를 바란다.

내가 안쪽 잔디로 넘어지고 후에 그 소식이 알려지게 되었을 때, 게일과 나는 전 세계에서 쏟아져 들어오는 격려의 편지를 받아볼 수 있었다. 편지들 중 몇 통은 쉽게 열어볼 수가 없었는데, 그 겉봉에 쓰인 이름이 내가 특히 실망시켰던 이들임을 알고 있었기 때문이다. 그러나 편지들마다 사랑의 메시지를 담고 있었고, 꼭 읽어보아야 할 것들이었다.

정말 오랜 친구 한 명에게서 그런 편지를 받았다. 대학원에서 강의하시던 교수로, 그 인품과 독실함으로 나도 종종 입에 올리곤 하던 분이었다. 그 레이먼드 부커(Raymond Buker) 박사는 과거 올림픽 출전 선수였는데, 묘하게도 에릭 리들이 체육사에 남을 기록을 세운 1924년 파리 올림픽에서 뛰셨었다.

내가 괴로와하고 있을 때 보내신 편지 안에는, 마치 내 생각을 읽고서 쓴 듯한 내용이 담겨 있었다.

고든 군 : 1923년 나는 초청 1마일 경기에서 조이 레이(Joey Ray)와 레이 왓슨(Ray Watson)과 함께 뛴 적이 있었지.

우리 셋은 4마일 릴레이 경주에서 20년이 넘게 기록을 보유하고 있는 '팀'이었다네. 그 둘은 기록면에서는 나보다 3, 4초 가량 더 앞서 있었지만 경기에서는 나를 이기지 못했어. 나는 경쟁이 아닌 경우에는 그리 잘 뛰지 못했네.

어쨌든 이 경주에서 우리 셋은 1마일 길을 함께 뛰고 있었네. 한 바퀴, 두 바퀴 … 갑자기 나는 왼쪽 어깨를 굵다란 나뭇가지에 부딪히고 말았다네. 너무 큰 타격이라 나는 완전히 멈춰 버렸어. 거의 나가떨어졌어. 2, 3초 가량 아무 생각도 나지 않더군. 정말 땅바닥에 쓰러졌는지는 잘 기억할 수가 없지만, 어쨌든 제 페이스에서 벗어나 완전히 멈춰 버린 것은 확실하지.

이젠 뭘 해야 할까를 생각하던 게 기억나네. 어떻게 저들을 따라잡지? 경주에 다시 끼어야 하나? 내가 나뭇가지에 부딪혀 나가떨어졌다는 것을 모두가 이해해주지 않겠는가.

여하간 나는 휘청휘청하며 트랙으로 들어왔고, 비틀거리면서 뛰었네. 이제 내 앞으로 엄청 멀어져버린 경주자들을 볼 수가 있었어.

하지만 그때 맘 속에 품었던 한 가지 결론을 기억하고 있지. "많이 뒤떨어지긴 했지만, 어쨌든 계속해야 한다. 그만두면 안 된다." 그래서 계속 뛰었네. 그리고 승리했네.

그게 내가 얻은 교훈이었네. 무슨 어려움이(타격이) 있더라도 우린 계속 뛰어야 하네. 주님께서 당신께 영광돌리는 결과로 인도해 주실 거야.

실로 능력의 조언이었고, 나는 굳게 붙들었다. 지금 땅에 나뒹굴어버린 이들이 있다면 이렇게 되길 소망한다.

> 또 그들 중 지혜로운 자 몇 사람이 쇠패하여 무리로 연단(鍊鍛)되며 정결케 되며 희게 되어 마지막 때까지 이르게 하리니 이는 작정된 기한이 있음이니라 (단 11:35)

리더는 많지만 진정한 리더가 없다!

리더십의 12가지 원리

> 1. 비전 원리
> 2. 목표설정 원리
> 3. 사랑 원리
> 4. 겸손 원리
> 5. 절제 원리
> 6. 의사소통 원리
> 7. 투자 원리
> 8. 기회 포착 원리
> 9. 에너지 원리
> 10. 힘을 유지하는 원리
> 11. 권세 원리
> 12. 자각 원리

진정한 Leadership이 필요합니까?

**존 하가이 박사가 말하는
21C가 원하는 리더를 만날 수 있습니다.**

하나님께서는 리더를 부르신다. 메디슨가에서 과대 선전하는 예술가들도 아니다.
권력을 남용하는 자가 아니요, 군중들을 모으고 휘저으며 자기과시하는 선동가도 아니다.
하나님께서는 리더를 부르신다.
본서는 스페인어, 포르투갈어, 프랑스어, 중국어로 번역되었고,
미국 교회의 리더십 프로그램의 교재와 신학교의 교과서로 사용되고 있다.
리더십의 12가지 원칙을 제시하여 탁월함에 도달하는 지도력의 방법과
리더로서의 소명을 일깨워 주는 책으로
교회 지도자들 뿐만 아니라 이 사회의 지도자들에게 소중한 지침서가 될 것이다.

존 E. 하가이 지음/임하나 옮김/신국판/값 13,000원

하나님은 예배하는 자를 찾으신다

영적인 예배 사역을 위한 지침서!

하나님은 예배의 형식에는 관심이 없으시고
다만 전심으로 자신을 향하고, 자신의 인도함에 열려 있으며
자신의 음성에 민감하게 귀기울이는 자를 찾으시며
자신과 아버지의 관계를 발전시키시는 아들을 찾고 계신다.
이 책은 예배 인도자와 하나님을 예배하기 위한
모든 사람들에게 효과적인 지침서가 될 것이다.

크리스 보와터 지음/정규운 옮김/값 6,000원

이것이 예배다

예배에 대한 패러다임을 말한다!

21세기 예배 교과서로
하나님에 대한 갈망으로 목말라하는 이들에게,
시대에 뒤떨어지는 문화를 어떻게 재구상할 것인가
고민하는 경배 사역자, 찬양리더들에게 어떻게 하면
문화적으로 적절하며 진실된 경배로
이끌어 갈 것인가에 관한 모든 것을 말하고 있다.

샐리 모겐쌀러 지음/임하나 옮김/값 17,000원

하나님을 갈망하는 예배사역

감격과 기쁨이 있는 예배를 말한다!

금세기 최고의 예배 사역자인 저자는
이 책에서 예배의 본질과 예배가 삶이 되어야 하는 이유,
하나님이 찾으시는 예배, 예배 인도의 방법과
예배 인도자의 자세 등을 다루고 있다.
우리의 예배가 단순히 과거의 제한적인 상태나
현재 교회의 새로운 유행에 반응하지 않도록 도와줄 것이다.

그래함 켄드릭 지음/채슬기 옮김/값 6,500원

온전한 찬양

하나님을 향한 사랑은 표현되어야 한다!

설교의 황제 스펄전은 주님의 백성으로
마땅히 해야 할 바는 찬양이며,
그 찬양을 온전하게 드려져야 한다고 말한다.
우리의 찬양이 제 흥에 겨워 불려지는 노래가 아닌
하나님과 주고받는 음악이 되기 위해서는
찬양의 대상과 의미와 능력을 잊어서는 안 된다고
저자는 강력하게 말한다.

찰스 H. 스펄전 지음/김혜진 옮김/값 6,000원

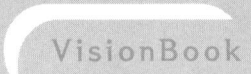 **VisionBook**

 **휫셔맨 성경 연구 시리즈**

A FISHERMAN BIBLE STUDY

TS01 예배　래리 시블리 지음

어떻게 하나님을 예배할 것인가?

이 교재는 "신령과 진정으로 드리는 예배"의 성경적 의미를 깨닫게 하고 삶 전체가 예배인 것에 대한 진정한 의미와 모델을 제시할 것이다.

TS02 하나님을 아는 지식　데이빗 사무드 지음

진정 하나님을 얼마만큼 알고 있는가?

성경에 나타난 하나님의 다양한 성품을 관찰함으로써 하나님에 대한 관점을 확장시키고 그분께 우리의 삶을 의뢰할 수 있도록 돕고 있다.

TS03 내면세계의 회복　루스 고링 지음

마음의 회복을 통한 부흥 원리

우리의 내면세계는 질서 있게 회복되어야 한다. 이 교재는 침체된 사람들이 하나님의 말씀을 통해 삶의 목적을 새롭게 하고, 영적으로 회복하도록 도울 것이다.

TS04 일과 만족　폴 스티븐슨&게리 소버즈 지음

일하는 기쁨과 직장사역의 성경적 원리

오늘을 사는 크리스천의 일에 대한 관점은 무엇인가? 성경에 나타난 일과 예배, 직업윤리, 승진과 성공, 창조적인 쉼 등을 통해 일하는 만족과 함께 직장에서의 소명과 의미 있는 사역에 대한 지침을 제공할 것이다.

TS05 영적 전쟁　스콧 모리우 지음

성경은 영적 전쟁에 대해 어떻게 말하는가?

이 교재는 독자들로 하여금 영적 전쟁에 대한 균형 잡힌 관점과, 하나님의 능력과 주권을 잃지 않고 영적 전쟁을 승리로 이끌기 위한 답을 알려줄 것이다.

TS06 격려　린 존슨 지음

격려와 돌봄을 위한 성경적 모델

그리스도인들이 세상에서 믿음의 삶을 지속시키려면 충고와 도전 그리고 격려가 필요하다. 이 교재는 그리스도인들 서로가 격려하고 신앙을 쌓아가도록 성경적 관점을 제시해 준다.

TS07 **예수님을 아는 지식**   롯 E. 반 레켄 지음

진정 예수님을 얼마만큼 알고 있는가?
예수님의 삶을 조명해 봄으로써 예수님을 바르고도 깊게 알 수 있도록 가르친다.

TS08 **하나님의 뜻을 아는 법**   톰&조안 스탁 지음

하나님의 인도하심과 하나님의 뜻
우리를 향한 하나님의 뜻을 어떻게 알 수 있는가? 이 교재를 통해 사도 바울의 삶 속에 드러나는 성경적이 원칙을 매일의 삶에 적용하는 방법을 얻게 될 것이다.

TS09 **정의와 자비**   비니타 햄프턴 롸이터 지음

세상을 향한 크리스천의 행동양식
옳지 못한 것에 대한 성경의 가르침은 확실하다. 이 교재에서 하나님의 말씀은 어두움 가운데 빛처럼 살아 움직여 우리를 꾸짖고 세상을 향한 참진리를 드러낸다.

TS10 **민족과 열방을 향한 하나님의 사랑**   짐&캐롤 플루데만 지음

우리는 온세상의 증인
민족과 열방을 향한 하나님의 사랑은 시간과 공간을 초월하여 드러난다. 이 교재는 하나님의 관점에서 세계를 볼 수 있도록 인도할 것이다.

열매가 없으면 수확의 기쁨도 없다!

입술의 열매 1,2

꿈이 많은 사람 지음/국판/각권 6,500원

지치고 방황하는 모든 사람들에게 따뜻한 말, 위로의 말, 사랑의 말이 필요하다.
그들에게 힘과 용기를 주고 비전을 품을 수 있는 긍정적인 말을 들려주자!
이 시대의 절망이 사라지고 희망을 부르는 격려와 희망의 말을 건네자!

순종의 열매 1,2

꿈이 많은 사람 지음/국판/각권 7,000원

순종이 제사보다 낫다는 사무엘의 명언을 기억하는가?
많은 헌금, 빠짐없는 예배 참석, 여러 가지 교회 사역들…
보이는 것만으로 당신이 하나님의 사람이라고 말하지 말라!
하나님은 작은 것부터 순종하는 자에게 하나님의 나라를 허락하셨다.

겸손의 열매 1,2

꿈이 많은 사람 지음/국판/각권 값 6,000원

동서고금을 막론하고 "겸손"은 사람들에게 최고의 덕목이었다.
지금까지 실패한 사람들의 공통점은 겸손하지 않았다는 것이다.
예수님은 겸손하시므로 언제나 최고의 것들을 드러내셨다.
진정 성공하길 원한다면, 예수님을 닮기 원한다면 겸손의 열매를 맺으라!

"뭐 좋은 선물 없을까?"

입술의 열매

선물용케이스/값 12,000원

순종의 열매

선물용케이스/값 13,000원

소중한 사람들에게 줄 선물 때문에 고민하고 계신가요?
그들이 삶 속에서 풍성한 열매를 맺을 수 있도록 씨앗을 선물해 보는 건 어떨런지요!
누군가에게 의미 있는 선물을 하고 싶다면 기억하세요.
좋은 선물이 될 것입니다.

비전북 출판사는 오직 믿음으로만 살았던 개혁 신앙을 계승 발전시키고
다시 오실 주님의 길을 예비하는 마음으로 21세기에도 역동적인 신앙을 세우는데
꿈과 비전을 품고 예배와 삶의 일치를 이루는 출판 공동체입니다.

무너진 세계를 재건하라

저자 : 고든 맥도날드 / 역자 : 박가영
발행처 : **비전북출판사**
전화 : (031)955-4421 / 팩스 : (031)955-4432
공급처 : **미스바출판유통**
전화 : (031)955-4433 / 팩스 : (080)300-9191

값 10,000원

예배와 삶의 일치